興亡の世界史

ロシア・ロマノフ王朝の大地

土肥恒之

講談社学術文庫

目次

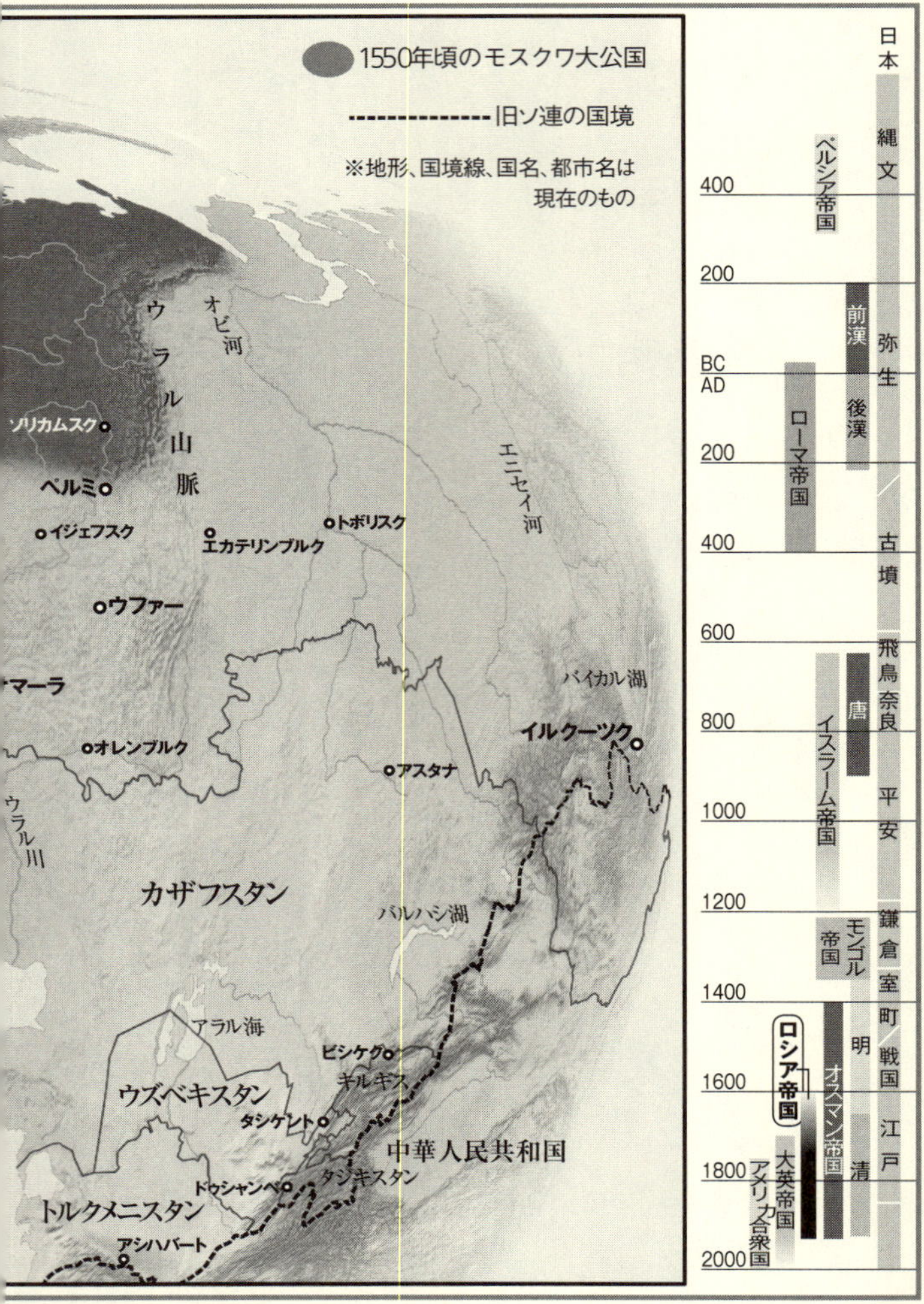

1550年頃のモスクワ大公国
旧ソ連の国境
※地形、国境線、国名、都市名は現在のもの
ウラル山脈
オビ河
ソリカムスク
ペルミ
イジェフスク
エカテリンブルク
トボリスク
ウファー
エニセイ河
バイカル湖
イルクーツク
マーラ
オレンブルク
アスタナ
ウラル川
カザフスタン
バルハシ湖
アラル海
ビシケク
キルギス
ウズベキスタン
タシケント
中華人民共和国
ドゥシャンベ
タジキスタン
トルクメニスタン
アシハバート
400
200
BC
AD
200
400
600
800
1000
1200
1400
1600
1800
2000
日本
縄文
弥生
古墳
飛鳥
奈良
平安
鎌倉
室町
戦国
江戸
ペルシア帝国
前漢
後漢
ローマ帝国
唐
イスラーム帝国
モンゴル帝国
明
清
オスマン帝国
ロシア帝国
大英帝国
アメリカ合衆国

ヨーロッパとアジアの間に興った「ロシア」

16世紀半ばのイヴァン雷帝の時代に
東方へ進出し始めたモスクワ大公国は、
ロマノフ朝のピョートル大帝の時代に
「ロシア帝国」へと移行し、
19世紀末までには
中央アジアを含む
広大な領土を
獲得した。

地図・図版作成
ジェイ・マップ
さくら工芸社

興亡の世界史

ロシア・ロマノフ王朝の大地

序——ヨーロッパとアジアの間で

ソ連邦崩壊後のモスクワで

一九九三年の三月末、春先とはいえモスクワはまだ肌寒く、雪解けで街は汚れていた。トヴェールスカヤ大通りを泥だらけの中古車がひきも切らず排気ガスをだしながら猛スピードで走っていた。私はゴルバチョフの時代に短い旅行をしたことがあるだけで、長期滞在ははじめてである。ソ連邦の崩壊後に生まれた「ロシア連邦」の首都で一〇ヵ月暮らすことになったわけだが、当初は肌寒い気候と生活の不案内のために疲労困憊の日々であった。

だが四月下旬になると一息に夏のような暖気が押し寄せ、木々が一斉に芽吹いた。街の様子も明るく、華やいだように見えた。私たちの日常の生活にもようやくリズムができ、仕事の方もなんとか滑りだした。留学先は科学アカデミーのロシア史研究所で、普段は街のなかにある古文書館や図書館に通った。日本では到底手の届かない本や史料を読むという単調な日々だが、受け入れ教授の暖かい指導を受けることができた。土日は妻とともにモスクワ市内や郊外の博物館や古い教会・修道院を訪ね、夜はコンサートやバレエの観劇である。バレエにはさして興味があったわけではなく、日本では一、二度しか観たことはなかった。けれどもここモスクワではチケットは高くなく、毎晩どこかで出し物があった。見るとたしかに楽しく、舞台もバレリーナもたいへん綺麗である。こうしてよく耳にするような危険な目に遭うこともなく、心底モスクワの生活を享受することができたのである。

新しいロシア連邦は経済的には自由な市場経済の方向に大きく舵を切った。だがモスクワの人びとの現実が厳しいことは日々肌で感じられた。科学アカデミーの副総裁はある新聞で「改革者たちの努力のおかげで、ロシア人の三分の二が乞食になってしまった」と憤《いきどお》っていた。中心街や地下鉄の駅の出入り口のいたる所に物乞いが立っていた。「ホームレス」を指す「バムジ」という新しいロシア語ができて、すっかり定着していた。モスクワっ子はわずかな金額を施していたが、彼ら自身の生活にも余裕はなかった。古文書館にはトロリー・バスで通っていたが、あるとき運転手は停留所でもないところにバスを停めて出ていった。間もなく戻ってきた彼の両腕にパンが二つ抱かれていた。これは微笑ましい部類で、幾度となく悲惨な光景を目にした。ちなみにこの誰もが利用する「環境にやさしい」トロリー・バスは安くて便利だが、例外なくできてから一度も更新されていないと思われるほどのガタガタの車体であった。

政治的にもしばしば緊迫した場面を迎えていた。モスクワっ子が「黄金の秋」と讃える一〇月はじめの日曜日、私たちは帝政期の著名な歴史家クリュチェフスキーのお墓があると聞いたドンスコイ修道院に出かけた。そこには後に日本の往年の女優岡田嘉子も埋葬されたのだが、歴史家の墓を探して記念写真を撮り、近くの地下鉄の駅まで来るとなにやら妙に騒々しい。宿舎のホテルに帰ると、「ベールイ・ドーム（最高会議ビル）」に大砲が撃ち込まれた

1993年の「十月事件」　反エリツィン大統領派が、ベールイ・ドーム（最高会議ビル）に籠城した事件で、大統領側は正規軍を投入して砲撃し、制圧した。右は事件を伝える週刊新聞『論拠と事実』。著者提供

「十月事件」の勃発をアメリカのテレビが放映していた。日本大使館からは何度も外出を控えるように電話がかかる。その後私たちの宿舎も小銃を手にした民兵たちによる「家宅捜索」を受けた。この頃はチェチェン問題が深刻化していて、モスクワ在住資格のない人びとの検挙が繰り返されていた。楽しみにしていたクレムリンの大会宮殿での「民族舞踊」が何の説明もなく、突然中止されたこともあった。

　以上のような私の体験は些細なもので、ロシア人には日常的ということかも知れない。私の研究対象はいささか古い時代のロシアで、今も昔も現在については素人同然である。新聞は政治経済的事件を歴史に例をとりながら詳しく解説していたし、いろいろな示唆は得られたが、私的な見聞だけで全体の状況を判断するわけにはいかない。ましてモスクワは「特別な町」である。問題は新生ロシアになって、これまでのロシア史の見方も変わったはずだが、どう変わったのかという点である。これについても問題が大きすぎて、私な

らずとも答えに窮するだろう。だが逃げてばかりはいられない。一言でいうと、ソ連邦の崩壊とその後の十数年間、ロシア史の原像についての私のそれまでの見方にほとんど変化はなかったということになる。

日本のロシア史研究の歴史は浅く、第二次大戦前からの伝統をもつイギリス（近代）史、ドイツ（中世）史などとは較べものにならないほど遅れて出発した。「赤い隣国」ロシアに対する関心には強いものがあったが、地道な学問研究となると大きく遅れていた。ロシア史の草分けで、二〇〇五年に亡くなられた鳥山成人《とりやましげと》氏が「日本におけるロシア史研究は現在なお研究史と呼べるようなものをもつにいたっていない」と書いたのは一九五九年のことである。

だが、この三十年ほどのあいだにロシア近現代史研究は長足の進歩をとげた。そこで特徴的なことはソヴィエト史学の主流に安易に同調せず、それに批判的な一部の歴史家たち、また帝政期の歴史家たちと亡命史家たち、そして欧米のロシア史家たちの著作に注意を払ってきたことにあると思われる。あるいは他の西洋諸国の歴史との比較に強い関心を寄せてきたことである。私もまたそうした潮流のなかで仕事をしてきた。確かに崩壊後ロシアの歴史学では、さまざまな史実の修正や未知の領域の開拓が精力的に進められている。特に宗教などタブーとされていた分野についての歴史研究は興味深いが、全体としてロシア史の基本的な流れについての従来の見解を覆すものではないように思われる。「新しい見解」といっても帝政期の、あるいは亡命した歴史家によってかつて指摘されていたものも少なくない。崩壊以来続いている彼らの著作の復刻、あるいは欧米の歴史家の翻訳はそれを証左するものといえるのではないだろうか。

以上のように本書はまったく新しいロシア史像を提示しようとするものではないが、もとより従来の歴史像の再現では意味がないだろう。新しい成果を取り入れながらも、特に「ヨーロッパとアジアの間」にあるロシアという歴史地理的な視点をより明確に打ち出すこと、これが本書の基本的な立場である。最初に関連する幾つかの問題を簡潔に述べることにしよう。

広大無辺の大地ロシア

国家とか国境についての厳密な定義はさておき、ロシアという国の最大の特徴は限りなき大地とその拡がりにある。私たちはまずこの誰もが知っている事実を確認することから始めなければならない。私たちの暮らす日本が四周を大海原に囲まれた小さな列島であり、そのことが私たち日本人の生活と観念を強く支配してきたことはいうまでもない。地理的環境は国の歴史の進路に規定的な枠をはめ、そして今後もなお規定されるからである。

バルト海のほとりから太平洋の岸まで広がる現在のロシア領には山らしい山はなく、巨大な平原である。けれどもそれは、歴史の始めからロシア人のために前提として与えられていたわけではない。中世以来のロシア人による植民の結果生み出されたのである。帝政末期のモスクワ大学で長くロシア史を講じたヴァシリー・クリュチェフスキーは、『ロシア史講話』

第一巻の冒頭で「植民」をロシア史の「基本的事実」として指摘して、次のように述べている。

……何世紀もの間このスラヴ民族はある程度の均等をもってロシアの全平原を隈《くま》なく占めるにはまったく十分ではなかった。しかも、その歴史生活と地理的環境の条件によって、彼らがこの平原に広がったのは人口増による漸次的なものではなかった。それは分布ではなくて移住によるものであり、渡り鳥のように人びとは地方から地方へ、住み馴れた場所を捨てて新住地に腰を据えたのであった。……ロシアの歴史は植民された国の歴史である。その植民の地域は、その国家領域とともに拡大していった。ときには衰退し、ときには昂揚しつつ、この長く古い運動は今日まで続いている。それは（一八六一年の）農奴制の廃止とともに強まった。そのとき長い間人為的に押し込められていた中央黒土諸県からの住民流出が始まったのである。そこから住民は各方面への流れとなってノヴォロシアへ、カフカースへ、ヴォルガを越えてさらにカスピ海の彼方へ、特にウラルを越えてシベリアへ、太平洋の岸辺にまで達した。……このように移住、すなわち国土の植民はわが国の歴史の基本的事実であり、その他のすべての事実は、遠かれ近かれそれと関連を持っている。

（八重樫喬任訳）

このように指摘した後に、クリュチェフスキーは「植民の主要段階」についても区分しているが、ここでは省略する。こうした「長く古い運動」を繰り返すことで、ロシア人は森林を切り開き、そして広々としたステップ（草原）に進出していった。「森林とステップ」、これがロシア人の生活を根本において規定した条件であった。

そのステップへのロシア人の愛着について、ロシア文学者ドミートリー・リハチョフは「広大な空間はロシア人の心を常にとらえて離しませんでした」と述べている。例えば「気《き》儘《まま》な自由」という言葉はよその国にはない概念、観念である。それはいかなる境界も持たない広大な空間と結びついた「自由」のことで、曳き綱をひいて川岸の狭い道を歩む船曳人夫たちですら、この自由を味わった。リハチョフによると、私たちに馴染みのロシア民謡もそうである。

クリュチェフスキー　帝政末期の歴史家。政治史偏重の傾向に対し、社会経済史を重視するロシア史像を構築した

> ロシアの叙情的な、テンポのゆったりとした歌謡——その中には広大な世界を想う気持ちが現れています。そしてその歌はどこよりも家の外、さえぎるもののない野原で歌われるのです。鐘の音はできるかぎり遠くまで聞こえなければなりません。新しい鐘が鐘楼に取りつけられると、わざわざ人をやって、どれほど離れたところまで聞こえるか試させたものです。
>
> （長縄光男訳）

以上のように歴史家クリュチェフスキーがロシア史を「植民された国の歴史」として理解したのに対して、文学者リハチョフはその結果生まれた「広大な空間」に対するロシア人の喜び、愛着をロシア人の心性の特徴としたのである。二人の大家による分析はきわめて的確なものと思われるが、私たちはそれだけで満足するわけにいかない。そもそも「植民」はまったくの無人の地への移住ではなかったからである。ステップは古くから騎馬遊牧民の世界であった。

ヴォルガ——「アジアの川」から「ロシアの河」へ

一五五〇年頃のロシアは、ヴォルガの支流・オカ川の南を国境とし、おもに森林地帯に住む人口約六五〇万人の大きいが未開の国であった。人口のほとんどは農民で、民族的には東スラヴ人、つまりロシア人であった。ところがそれから三世紀半後の一九世紀末には、バルト海から太平洋まで、北極のツンドラから中央アジアの不毛の砂漠まで達する広大な多民族帝国へと変貌していた。ロシア人の比重は帝国の全人口の五〇パーセントを割っていた。このような著しい変貌の主因はツァーリ政府の植民政策にあったことはいうまでもないだろう。

ヴォルガはロシアの中央部を滔々《とうとう》と流れる大河である。モスクワ北西のヴァルダイ丘陵の小さな沼に源を発して、平原と森を通って南部へ向かい、そしてカスピ海に注ぐ約三五三〇キロのこの川は、「母なるヴォルガ」の愛称で知られる。ロシアの人びとは「ヴォルガ、それはロシアそのもの」とさえ口にするが、一六世紀半ばまでヴォルガは「アジアの川」であった。つまりヴォルガ中流にあって、中世ロシアを支配したキプチャク・ハン国の継承国家であるカザン・ハン国（そしてアストラハン・ハン国）のロシア政府軍による壊滅によって、はじめて「ロシアの河」となったのである。こうしてロシアには東方への道が開かれた。ヴォルガ中流域からウラルへ、さらにウラルを越えて豊かな南シベリアへの植民が展開されたのである。その間政府はカルムイク、バシキール、タタールなどのステップの諸民族を相互に戦わせ、あるいはそのエリートたちを統治に組み込むなど巧みな民族政策によって帝国の支配下においた。あるいは帝国の心臓部や移住地に生まれた町や村のロシア人を遊牧民の襲撃から守るために、長大な軍事的防衛線を築いたのである。

「植民」は次のようなパターンで進められた。まず「武装した入植者」がフロンティアに派遣され、ひとまず安全が確保されると貴族や出自の低い入植者たちに土地が分与された。この辺境の肥沃《ひよく》な土地を耕すために貴族たちは中央部の領地から自分の農民を強制移住させたが、豊かで未開な土地を目指して不法に移住する人びと、つまり逃亡農民も少なくなかった。このようにして一六、一七世紀に森林・ステップの諸地域で展開された植民運動は、その後一八、一九世紀には西シベリア、南ウラル、ヴォルガ下流域、そして北カフカースでも繰り返されたのである。

このような辺境へのロシア人農民の入植と政府の南部、東部へのフロンティア拡大政策とは相互依存的であった。移住農民たちは政府の軍事的保護を必要としたし、国の軍事力の一部は彼ら農民から取り立てる租税と兵士に依存していたからである。私たちになじみのコサック（ロシア語ではカザーク）とは、元来は南部のフロンティアを目指した逃亡農民であった。ヴォルガ、ドン、ドニエプルなどの大河の河口付近に町を形成した彼らは、農耕を捨てて、遊牧民の生活様式をとりいれて自治的に暮らした。騎馬と航海に秀《ひい》でたコサックたちにとって、略奪的な遠征が基本的な生業となったのである。

他方でステップの遊牧民は家畜の群れに食《は》ませる牧草地を奪われ、定住化・非遊牧民化を余儀なくされた。定住するか、さもなくばその土地から立ち退《の》かなければならなかったので

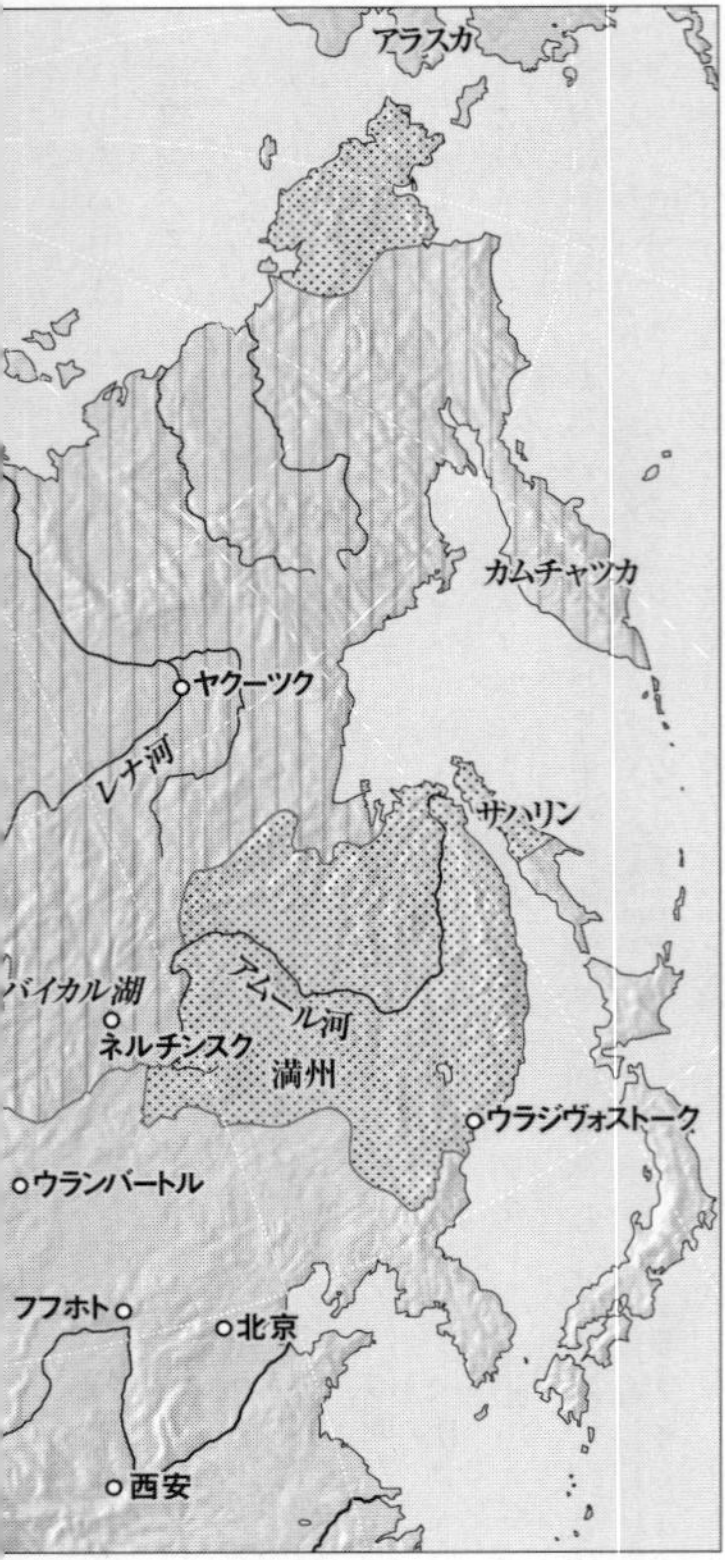

ロシアの拡大　モスクワ大公国は、16世紀半ばのイヴァン雷帝の時代にウラル山脈に達した。ロマノフ朝のピョートル大帝期（1700年頃）には北太平洋岸までを獲得。19世紀にはカフカース、中央アジアなどへ進出して、広大な多民族帝国を建設した

ある。もとより彼らとて従順であったわけではなく、キリスト教への強制的な改宗に対して、ときに正当な怒りが爆発した。だが大勢は揺るがなかった。ロシア人とは異なる信仰を持つ彼らの住む地域は「民族地域」として一定の自治を認められたものの、ロシア帝国に統合されていったのである。

「ヨーロッパの大国」として

以上のように、一六世紀半ば以来ロシアは東部、南部に向かって植民と領土の拡大を続け、その結果多くのイスラム諸民族を抱える多民族国家となった。東方拡大という傾向はロシア史に一貫しているが、近代ロシアの支配者の「表の顔」はヨーロッパに向けられていた。ロシアはヨーロッパ諸国の一員として、その国際政治における発言力を強めていったのである。この動きはロマノフ王朝の成立以前からみられたが、決定的なのはピョートル大帝の登場であった。

ピョートル大帝の親政が始まったのは一七世紀末のことだが、彼がまず実施したのは西欧

	総人口（百万人）	1646年の国境内		1646年以後の併合地域		人口密度
		（百万人）	（%）	（百万人）	（%）	（1km²当たり）
1646	7.0	7.0	100.0			0.5
1678	11.2	9.6	85.7	1.6	14.3	0.8
1719	15.6	13.6	87.2	2.0	12.8	1.1
1762	23.2	18.1	78.0	5.1	22.0	1.6
1782	28.4	22.1	77.8	6.3	22.2	2.0
1796	37.4	23.8	63.6	13.6	36.4	2.3
1815	46.3	28.6	61.8	17.7	38.2	2.7
1858	74.5	40.8	54.8	33.7	45.2	4.1
1897	128.9	52.0	40.3	76.9	59.7	5.9
1914	178.4	73.0	40.9	105.4	59.1	8.2

ロシアの人口成長　ミローノフ『ロシア社会史』第1巻より作成

先進国への大使節団の派遣であった。オランダ、イギリスなど当時の海洋先進国が改革のモデルとされ、あらゆる面で改革が断行された。新首都サンクト・ペテルブルクが建設され、海事を中心とする重商主義政策が採られ、さらに行政官庁が一新された。上層貴族たちはヒゲを落とし、洋服の着用を強制された。教会は世俗国家に完全に従属させられた。こうしてピョートルは「西欧化」に向けて大きく舵を切ったのである。彼の統治した三〇年ほどの間に、ロシアは少なくとも表面的にはヨーロッパ風に生まれ変わった。以来ロシアはピョートルが開いた「林道」を歩むことになる。女帝エカテリーナ二世は流行の「啓蒙《けいもう》思想」を取り入れたさまざまな改革を実施することで、ピョートルと並ぶ「大帝」の称号を与えられた。「ロシアはヨーロッパの大国である」という言葉を発したのはドイツ生まれのエカテリーナであった。

　一九世紀ロシアは文字通り「ヨーロッパの大国」として国際政治の一方の柱であった。ナポレオンのロシア遠征を打ち破ってウィーン会議をリードしたアレクサンドル一世、革命に揺れるヨーロッパ諸国の「憲兵」の役割を担うとともに「ロシア・ナショナリズム」を追求したニコライ一

エカテリーナ２世　「ヨーロッパの大国」をめざして領土を拡大する女帝を風刺した18世紀末の絵

世、そして農奴解放など近代化を推進したアレクサンドル二世がそうである。またロマノフ家はピョートル以来ヨーロッパ、特にドイツの王家と婚姻関係を続け、何よりもヨーロッパの王家として知られたのである。

だが西欧化はロシアの民衆とは別の次元の問題であった。大多数を占めた農民たちにとってピョートル改革は課税の強化と兵士の徴用を意味しただけであった。古来「土地は誰のものでもなく、神のもの」というナイーヴな意識を持っていた彼らは土地割替、つまり共有制を強めることによって「西欧化」の重荷を背負わなければならなかった。

一九世紀に入って進められた工業化は大都市への大量の出稼ぎをもたらしたが、農民たちの懐を潤すことはなかった。ヨーロッパの諸政府が本腰を入れはじめた農民に対する初等教育も、ロシアでは一九世紀後半まで行われなかった。相変わらず教会とイコンだけが彼らの心の拠り所であったが、専制君主である「ツァーリ」への思いも強かった。「よきツァーリ」の存在を信じて疑わなかったのだが、皇帝一族そのものに対する目はより厳しくなりつつあった。ロマノフ王朝最後のニコライ二世は、ピョートル以前の古風なツァーリ像を示したが、もはや専制政治が過去のものであることに無自覚であったのである。

本書が中心的に扱うのはロマノフ王朝の三〇〇年であるが、前提としての「中世のロシア」は不可欠な部分で、たとえ扱いが不十分におわるとしても省略するわけにはいかない。また帝政ロシアの「継承国家」である「ソ連邦」の七四年間の理解を抜きに今日のロシアを語ることはできない。というわけで、結果としてロシア史の通史という体裁となったが、末尾で中世から現代にいたるロシアの歴史と社会の特質について、あらためて私なりの理解を述べることにしよう。

（なお本書では、ロシア暦＝ユリウス暦を使用している。西暦＝グレゴリオ暦に換算するには、一八世紀では一一日、一九世紀では一二日、一九〇〇年から一九八一年一月三一日までは一三日を加えればよい）

第一章　中世のロシア

キエフ国家と「受洗」

キエフ国家の成立

地中海世界を支配した西ローマ帝国が崩壊したのは四七六年のことだが、それから四〇〇年ほどが経った九世紀のユーラシア大陸の西部では、「中世国家」の形成に向けてさまざまな動きがみられた。そのなかで注目されるのがスカンジナヴィアを本拠地とするヴァイキング、つまりノルマン人の「移動」である。勇敢な航海者であるとともに、機動的な軍事力にすぐれたノルマン人の部隊は、八八五年フランスに上陸した。ルーアンを占領した彼らはパリを包囲した。「ノルマンディー公国」が建てられたのは九一一年のことである。その君主である大公ギヨーム（ウィリアム）はイングランド国王の王位継承にからんで、軍勢を率いて海峡を渡りこの地を征服した。一〇六六年のいわゆる「ノルマン・コンクェスト」である。かくて海峡を挟んだノルマンディーと「ノルマン朝」イングランドは、その後五世紀にわたって「太く錯綜《さくそう》した絆《きずな》」で結ばれた。フランスのノルマンディーの戦士たちは、さらに一一世紀初めに傭兵として南イタリアに入り、そしてイスラム教徒の島シチリアを征服し

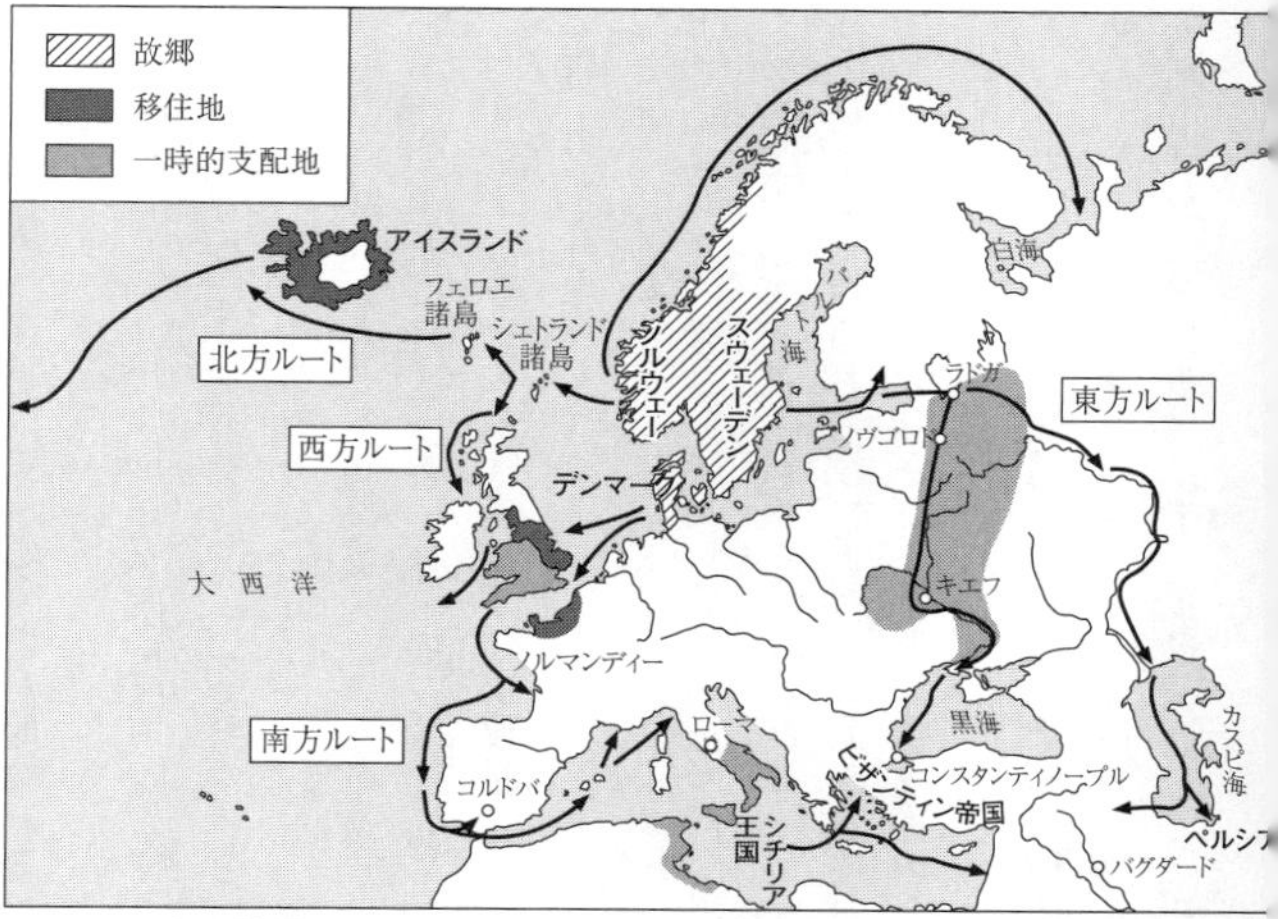

ノルマン人の移動　スカンジナヴィアを本拠とするノルマン人は各地に移住した

た。ここにシチリア王国が建てられたのは一一三〇年のことであった。

　ノルマン人は東ヨーロッパでも顕著な動きをみせた。彼らはすでに八世紀にはラドガ湖に拠点を築いていたとされるが、「伝説上の人物」リューリクは南下してノヴゴロドの町を征服した。さらに彼らは大陸を縦断するドニエプル水系を知るにいたった。リューリクの家来で、別の種族の貴族であったアスコリドとヂルの兄弟の部隊は東ローマ帝国の首都コンスタンティノープル（現在のイスタンブル）に遠征して、ときの皇帝を驚かせた。八六〇年頃のことである。その途中彼ら兄弟はドニエプル河の中ほどの町キエフを見て野心をもった。現在はウクライナの首都であるキエフは当時南ロシア一帯の広大な地域を支配していたハザール国の支配下にあったが、兄弟はハザールに代わって町を征服したのである。

だが兄弟の支配は長くは続かなかった。八七九年のリューリクの死後、一族を率いたオレーグ公は南下して、兄弟を殺害してキエフを征服した。北のノヴゴロドと南のキエフはこうして共にリューリク家の支配下におかれた。『原初年代記』によると、オレーグはキエフに対して「お前こそ、ルーシ（ロシアの古称）の町々の母となれ」、と語ったという。八八二年のことである。ここにキエフ国家が形成されたわけだが、ロシアを支配したノルマン人は、フランスのそれとは違って、少数派であった。数のうえでは圧倒的なスラヴ人との通婚を通して同化したのである。

キエフ国家は、オレーグ、イーゴリ、スヴャトスラフという初期の三代の大公の治世において南ロシアに勢力を拡大していった。だが当時の人びとにとって土地所有・農業は副次的なものであって、彼らの関心の中心にあったのは周辺の諸族からの貢税《こうぜい》であり、そして商業活動によって得られる富であった。ロシアを征服したノルマン人は元来そこで手に入れた奴隷と毛皮を中東で売りさばくことで富を獲得してきたが、その伝統も受け継がれた。ドニエプル河の中流の小高い丘にあり、「ヴァリャーギ（ノルマン人の意）からギリシアへの道」という当時の国際的交易路において重要な位置を占めていたキエフは積極的に交易相手を求めた。眼はコンスタンティノープルにも向けられた。オレーグは九〇七年に人口四〇万人の大都市コンスタンティノープルに遠征して、その後「通商条約」を結んだ。イーゴリも九四一年の遠征後に同じく通商条約を結んだのである。他方でロシア南部の遊牧民との戦いは、歴代の大公にとってきわめて困難な課題であった。イーゴリはドレヴリャーネ族との戦いで、スヴャトスラフはペチェネーギ族との戦いで落命したのである。

キリスト教の受容

さてイーゴリ公の後に政治の実権を握ったのは、息子のスヴャトスラフではなく、公妃オリガであった。ドレヴリャーネ族に復讐を果たした未亡人オリガは、「摂政《せっしょう》」として以後二〇年ものあいだ国を治めた。ノヴゴロドに赴いて税制の改革を実施したオリガは、次いで九五七年コンスタンティノープルを訪問した。そこでキリスト教の洗礼を受けたのである。その際彼女は皇帝に求婚されたが、彼を洗礼のさいの「代父」とすることでこの申し出を切り抜けた、という話が伝えられている。それはともかく、「オリガの受洗《じゅせん》」は、あくまで個人的な行動とされ、ロシアという国のキリスト教の受容とみなされていない。「公式の受容」とされているのは彼女の孫にあたるウラジーミル大公による「受洗」で、九八八年のことである。

その前年ビザンツ皇帝バシレイオス二世は「対立皇帝」を擁する反乱鎮圧のため、つまり危急存亡のときにあたってキエフ大公ウラジーミルに援軍を求めた。そのときビザンツ皇帝は妹で、宮殿の「緋衣《ひい》の間」で誕生したアンナを妻とすることを認めた。ウラジーミルが派遣した六〇〇〇人の部隊によって反乱は鎮圧された。ところがビザンツ皇帝は約束の履行をしぶった。「緋衣の間」で誕生した皇女は、いまだかつて外国へ降嫁したことはなかったからである。ウラジーミルはクリミア半島のビザンツ領に攻撃をかけ、ケルソネソスを占領した。皇帝バシレイオス二世はしぶしぶ約束を履行したが、結婚の条件として相手のウラジーミルにキリスト教への改宗を求めた。こうしてウラジーミルは洗礼を受けた後に、正式にビザンツ皇女との結婚式を挙げた。先の年代記によると、彼はそれまでの異教の神ペルーンの神像を倒し、町のなかを引き回し、ドニエプル河に捨てるとともに、キエフのすべての住民を川のほとりに集め、集団洗礼を行わせたという。

以上の経過とともに、年代記は「ルーシの受洗」について興味深い「物語」を伝えている。つまりウラジーミルは「異教」を捨てる前にイスラム教徒のブルガール人、ユダヤ教徒のハザール人、西方教会のドイツ人、およびビザンツ教会に使者を派遣して、各宗派の長所短所を調べさせたという。帰ってきた使者は、三つについて順次報告した。「それからわれらはギリシア人のもとへおもむいた。彼らはわれらを自分たちの神に仕える場所に導いたが、そのときわれらは天にいたのか、それとも地上にいたのか、わからなかった。地上にはあのような眺めも、あれほどの美しさもない。それは口では言い尽くしがたい。われわれにわかっているのは、かしこでは神は人とともにあり、彼らの勤行《ごんぎょう》は他のいかなる国のものよりもすぐれているということだけである」。「もしギリシアの掟《おきて》が悪いものであったならば、あらゆる人間のうちで最も賢明であったあなたの祖母のオリガは、それを受けなかったはずである」。もちろん後世の創作だが、ビザンツ教会の典礼美への憧れの一端を示すものである。

聖ソフィア教会の「黄金のイコン」、そして大都市コンスタンティノープルの多数の修道院と教会はロシア人を驚かせるに十分であっただろう。それとともに私たちはこの時期キエフに対して改宗へのさまざまな働きかけがあったことを知る。スラヴ人の国チェコは九二二年、ポーランドは九六六年、そしてマジャール人の国ハンガリーは一〇〇〇年にキリスト教化された。キリスト教を受け入れた支配者は、いわば国際的に対等な地位を認められたわけで、「独立」を確保するとともに、自分の地位を強めることができた。ウラジーミルの場合もそうで、「中世のローマ帝国」と提携をはかることによって、キエフの国際的な地位の向上、そして大公権力の伸長を図ったのである。

ウラジーミルの受洗　キエフの大公ウラジーミルは、988年、ケルソネソスで洗礼を受けたとされる

改宗後のキエフの教会について具体的なことは明らかではないが、ヤロスラフ賢公（在位一〇一九〜五四）の時代にキリスト教は制度面でも整えられた。キエフには府主教が置かれ、コンスタンティノープルからギリシア人聖職者が派遣された。「キリル文字」が導入され、またイコン画「ウラジーミルの聖母」がもたらされた。のちに学芸の中心となるキエフ洞窟修道院の基が置かれたのをはじめ、一

二世紀までにキエフだけで一七の修道院が創建されたという。

キエフ国家の分裂

ヤロスラフ賢公以後、都市を中心とする諸公の領域支配圏が形成され、相互に対立抗争を繰り返すことで、キエフ国家は分裂の傾向を強めた。一二世紀初めにキエフ大公位に就いたウラジーミル・モノマフはそうした諸公をなんとか束ねて、遊牧のポロヴェツ人を敗走させた。イーゴリ公とポロヴェツ人との戦いを詠った中世文学の傑作『イーゴリ軍記』は史実に基づくもので、ロシア人と彼ら遊牧民との戦いは後々まで続いた。ウラジーミルはキエフ国家のいわば「中興の祖」であったが、分裂の流れを止めることはできなかった。一二世紀半ばにはすでに一五の公国が存在し、大公位は頻繁に交代した。世紀後半にはキエフ国家は事実上解体していたのである。

こうして地域支配の実権は完全に諸公の手に移ったのだが、特に急速な成長を示したのがウラジーミル・スーズダリ公国であった。モノマフから末子ユーリ・ドルゴルキーに分領として与えられたこの公国はロシア中央部の森林地帯を基盤としたが、戦乱のたえない南部の町や村からの移住民を吸収し、ヴォルガ河畔に住む諸族を征討し、そしてニジニ・ノヴゴロドの町を築くことで力をつけた。「首都」はクリャジマ河畔のウラジーミルで、府主教座もここへ移された。かくてウラジーミルがキエフの直接の後継者となったのである。

中世都市ノヴゴロドの「自由」

ノヴゴロドはキエフとはまったく別の運命をたどった。歴史家ヤーニンはこの町の「三つの特殊性」を次のように説明している。まずノヴゴロドはキエフ、ウラジーミルあるいは後のモスクワのような「王政」の公国ではなく、民会制度をもつ「共和政国家」であったこと、次にノヴゴロドは国際貿易の主要中心都市と密接な結びつきを持つと同時に、それ自身も同様な交易都市の一つであったこと、そして最後に中世ロシアの大部分の諸公国の「首都」とは違って、ノヴゴロドは非常に広い周辺領域を後背地としてかかえ、しかも都市的生活がほとんど完全に市そのものに集中しているような中心都市であったこと、以上である。こうしたノヴゴロドの独特の在り方を研究するために、ヤーニンは「白樺文書」つまり白樺の樹皮に書かれた文書の重要性を強調している。

なぜノヴゴロドにだけ、このような都市が誕生したのだろうか。まず重要なのは、ノヴゴロドの地理的な位置である。史料上の初出は八五九年とされるこの町は、すでに述べたようにバルト海と地中海を結ぶ重要な交易ルートの上にあっただけでなく、ヴォルガ水系によって東方諸国に通ずる交易路に位置していた。こうして商工業の著しい発展がおこり、キエフ国家の成立とともに政治的な重要性も高まった。キエフ大公は嫡子をノヴゴロド公とするなどしてその掌握に努めたが、南北二つの都市にはかなりの距離があった。公一族がノヴゴロドに定住することはなかったのである。かくてノヴゴロドの政治の実権はしだいに土着の貴族層を中心とする都市上層に移ることになったのだが、都市の有力貴族や修道院は市の四配する、独特の都市国家ノヴゴロドが形成されたのである。あえて類比するならばドイツ型ではなく、イタリア型の中世都市ということになるだろう。

ノヴゴロドの最高権力は「ヴェーチェ」と呼ばれた「民会」、つまり市民集会にあった。大主教、市長官、千人長など聖俗の最高権力が「民会」で選ばれたのである。召集のために「鐘」が鳴らされ、「鐘」は「民会」のシンボルとなった。すべての「自由民」に投票権があったとされるが、もとより「平等」な社会ではなかった。市の行政権力をめぐって、少数の有力貴族による熾烈な闘争が繰り広げられていた。他方で「公位」はまったく名目的なものとなり、都市内外の政治状況に応じて頻繁に廃立された。こうしてノヴゴロドでは一二世紀以来「民会」中心の自立的な貴族共和政が確立されたのである。

すでに述べたようにノヴゴロドは広大な属州農村を支配していたが、都市の繁栄はこれによっても支えられていた。特に属州農村からノヴゴロドに流入する黒テンなどの良質の毛皮や蠟《ろう》はハンザ同盟に属する商人の手でヨーロッパ各地に搬出された。夏冬の二回、市内のハンザ商館を訪れるドイツ人商人たちは見返りに毛織物、銀などの貴金属を持ち込んだ。ノヴゴロド商人の交易範囲は北ヨーロッパの多くの都市におよび、またロシアの他の諸国との取引も活発に行われた。都市では手工業の発展もみられ、豊かな市民層の台頭をもたらした。それは貴族たちの寡頭支配を打ち破るにはいたらなかったにせよ、この都市の「自由」を支えたのである。

タタールのくびき

モンゴル帝国の盛衰

キエフ国家がすでに完全に分裂状態にあった一三世紀前半、正確には一二二三年のことだが、東方の騎馬民族の一団がロシア南東部のカルカ川近くに現れて、ロシア人とポロヴェツ人に攻撃をかけたことがあった。「タタール人」「タルタル人」と呼ばれた彼らは間もなくステップのなかに消え去り、大事にいたらなかった。けれどもその一三年後の一二三六年に再び現れた彼らは大軍で、あきらかにロシア征服の意図を持つものであった。ロシアの大地は彼らの略奪と殺戮《さつりく》のために徹底的に荒廃させられたのみならず、その後二四〇年におよぶ支配の契機となったのである。ロシア史上「タタールのくびき」として知られるこの問題の歴史的評価はいまだに定着していない。そもそもモンゴルの遊牧民はなぜ「西方遠征」という途方もない企てにおよんだのだろうか。まずその辺の事情から簡単にみることにしよう。

当時のロシアの人びとにはまったく知るよしもなかったことだが、現在のモンゴルあたりには数世紀前から馬・羊・駱駝《らくだ》・山羊《やぎ》などの遊牧を生業とする多くの騎馬民族が点在していた。彼らはいずれも優れた戦士で好戦的であり、部族は絶えまなく抗争していた。そうしたモンゴル高原の諸部族を統一したのが「蒼き狼」テムジンである。一二〇六年にチンギス・ハンを称した彼は、以後二〇年にわたって「大モンゴル国」の基礎を固めたのである。特に彼は積極的な対外遠征を開始したが、その支配は定住農耕社会にもおよんだ。チンギス・ハンは一二二七年に亡くなったが、その壮大な事業は息子と孫たちに引き継がれた。「西方遠征」についてみると、チンギス・ハンの孫バトゥの部隊がロシアと中部ヨーロッパに深く侵攻した。ロシアに次いでポーランドを打ちのめし、さらにドイツに侵攻した。一二四一年の「リーグニッツの戦い」はヨーロッパ世界を震えあがらせた。さらに彼らはカルパチア山脈をこえて、ハンガリーの大平原でその軍隊を打ち破ったのである。

中国では一二六〇年に「元」王朝が成立して、初代皇帝にモンゴルのフビライが即位した。彼は首都として「大都」、つまり現在の北京を建設した後に、南宋を滅ぼして中国全域の領有をはたした。もちろん日本とも無関係ではない。二度にわたる「元寇」(一二七四年、一二八一年)は鎌倉幕府の懸命な防御と「神風」によって辛うじて防がれたが、その脅威に震えたのである。

こうしてユーラシア大陸の大半に領土を広げ、「タタールの平和」を実現したモンゴル帝国であったが、結末はあっけないものであった。一四世紀後半にユーラシア全域におよんだ災害と疫病、そして内部の反乱などによって、そして最後に洪武帝《こうぶてい》の「明」に敗北した彼らは故郷のモンゴル高原に退いたのである。

バトゥの遠征とロシア支配

さて話をロシア侵攻に戻すと、一二三六年にウラル山脈を横切ったバトゥの部隊は一五万から二〇万の規模とされるが、彼らはヴォルガ下流域でブルガール人を攻撃した後に、翌年末リャザン公国に攻め込んだ。六日間の激しい戦闘の後に、リャザンの町の住民はほとんどすべて虐殺されたという。さらにスーズダリ地方に入った部隊は多くの町で虐殺を繰り返し、ウラジーミル大公領に入った。一二三八年三月、ウラジーミル大公ユーリ自身も戦いで落命したのである。

このようにしてバトゥのモンゴル軍は数ヵ月のうちに当時のロシアの主要な部分を征服したが、最も繁栄する北のノヴゴロドにはロシアに特有な「春の悪路」のために侵攻を諦めなければならなかった。南部のステップにいったん後退したバトゥは、秋にふたたび大規模な行動に出た。一二四〇年から翌年にかけてキエフの町を攻撃した。これについては数年後ローマ教皇の使節としてカラコルムに派遣されたプラーノ・カルピニのよく知られた次のような報告がある。「わたしどもが旅の途中にその土地を通った際、数えきれぬほどの死者の頭蓋骨と骨が地面に散らばっているのに出会いました。キエフは以前は大変大きく人口稠密《ちゅうみつ》な町だったのですが、いまではほとんど無に帰してしまいました。このように申しますのは、今ではそこの人家はせいぜい二〇〇世帯あるかないかで、住民はまったくの隷属状態に陥っているからです」。バトゥの部隊はキエフ攻撃後、さらに南西部の公国を根こそぎにして通り抜け、ポーランド、ハンガリーへと向かったのである。

だが一二四二年春、バトゥのもとへ大ハンのウゲディの死が伝えられた。それを聞いた彼は「西方遠征」を止めて、部隊をロシア南部のステップへと引き上げた。そしてヴォルガ下流に「サライ」という町を築いた。現在のアストラハンの北一三〇キロほどの所であり、バトゥはこの町から広大なロシアを支配することになる。キプチャク（ポロヴェツ）草原にちなんで「キプチャク・ハン国」と呼ばれるこの国は当初はモンゴル帝国の一部をなしていたが、間もなく自立した。翌年大公ヤロスラフ・フセヴォロドヴィチがサライの宮廷に召喚され、臣従《しんじゅう》の礼をとらされ、「ルーシ諸公の長老」としての承認をうけた。その際「ヤルルイク」と呼ばれる詔書が授与された。その三年後、ヤロスラフ大公は大ハン即位式への列席のためにはるかカラコルムの宮廷にまででかけたのである。ウグリッチ、ロストフ、ヤロスラヴリの諸公もバトゥの宮廷に出向き、臣従の礼を受けた。彼の求めに応じなかったチェルニゴフ公ミハイルは殺害されたのである。このようにバトゥは自己に臣従するルーシ諸公の「公位」を認め、公位継承についての「叙任権《じょにんけん》」を行使した。つまりロシアを間接的な支配下においたのである。

当初バトゥは「徴税官（バスカク）制」を設けて、ロシアの治安にあたるとともに、人びとから「貢税（ダーニ）」を直接徴収した。モンゴル人バスカクは諸都市の近郊に住み、配下の部隊を使って毎年徴税したが、ハン国がロシアの人びとに課した「貢納」は一四種にもおよんだという。彼らの取り立ては厳しく、ときに反感をかった。間もなくバスカク制は廃止され、ロシア人諸公による徴税代行に切り替えられた。

モンゴルはロシアに「野蛮で簡素な人頭税」を設けたとされているが、これは年代記の次のような記述に基づくものである。一二五七年冬に「タタールの人口調査官がやってきて、

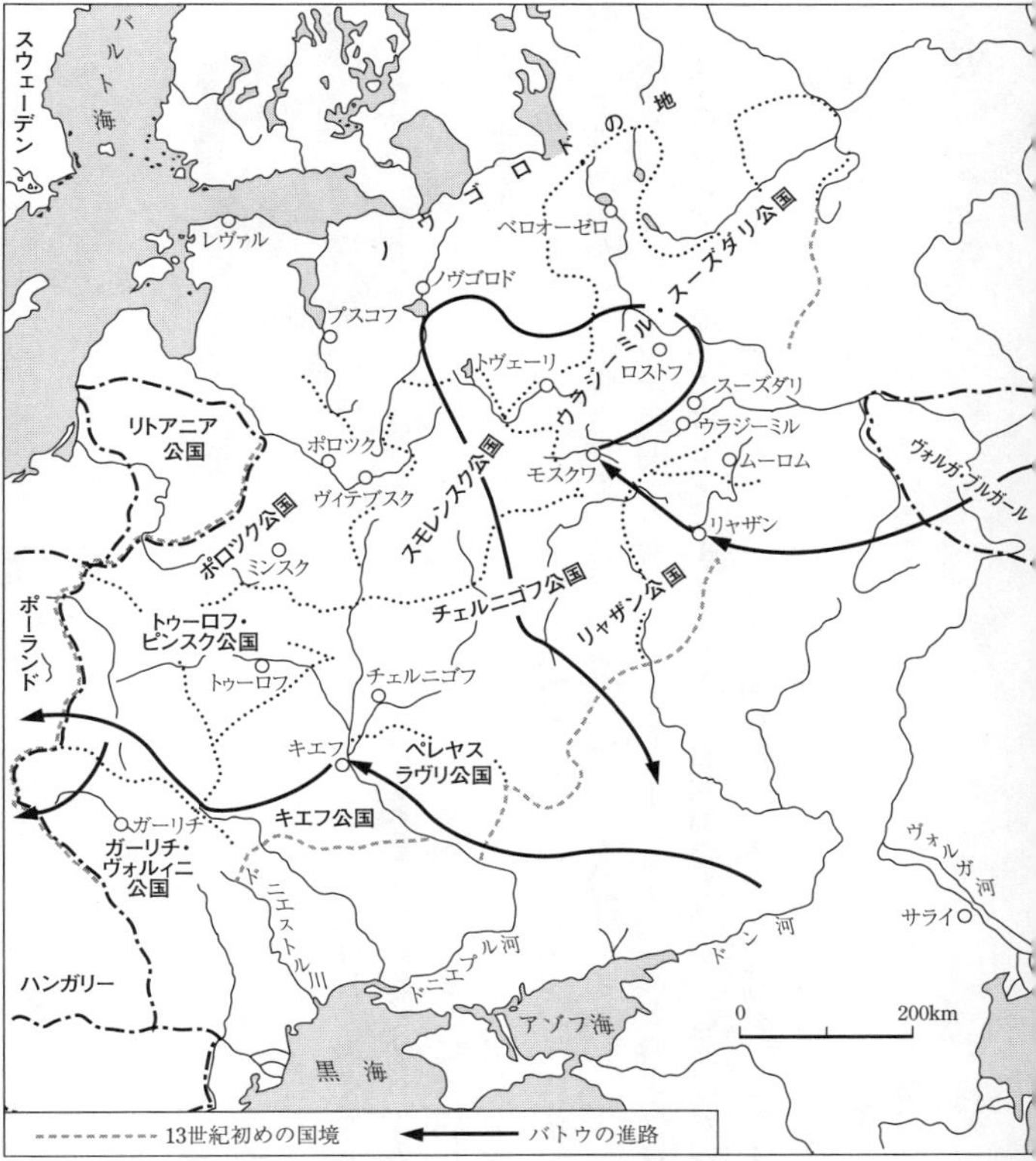

諸公国の分立とバトゥの侵攻　1236年にウラル山脈を越えたバトゥ率いるモンゴル軍は、たちまちロシア主要部に侵攻して制圧した

モンゴル軍の攻撃 バトゥの軍隊は各地で殺戮を繰り返した。16世紀の細密画

スーズダリ、リャザン、ムーロムの諸公国を読み通し、十戸、百戸、千戸、万戸を置いてハン国に帰った。修道院長、修道士、司祭、聖歌隊などの聖母をみつめる人びとに対しては読み通しを行わなかった」。「読み通し」とは住民を数えることであり、そこから聖職者を除くすべての住民の人口調査が実施され、そして人頭税が導入されたとされている。それがどのような性格のものであったかは不明だが、モンゴル人の徴税やその仕組みが後のロシアに部分的に受け継がれたことは語源からも示唆されている。つまり「金銭」を意味する「ジェーニガ」、「国庫」を意味する「カズナー」、「税関」を意味する「タモージニア」、などのように税金や財政にかんするロシア語のなかにはモンゴル・チュルク語起源のものが少なくないのである。「モンゴルの遺産」として人頭税以上によく知られているのが駅逓《えきてい》制度と女子の「隔離」であるが、彼らはロシアの人びとの「信仰」に介入することはなかったとされる。教会には布教の自由を認め、免税特権を与え、そしてその財産を保護した。民衆の信仰にも一切干渉することはなかったという。とはいえこの時代にはかつてのような大きな教会が建設されることはなかったのである。

「モンゴルの支配」の意味

二四〇年におよぶモンゴル人のロシア支配は、このように「間接的」であった。特に一三八〇年の「クリコーヴォの戦い」以降はロシアの自立性が強まったから、初期と後期を同列に論ずることはできない。多くの歴史家はモンゴル侵略と破壊のネガティヴな影響を認めているが、それがロシアの歴史的発展にどの程度の影響をおよぼしたのかという点で意見が分かれる。クリュチェフスキーのようにマイナーとするものが多くを占めるが、逆にモンゴル支配のインパクトを「ポジティヴで、創造的なもの」として評価する歴史家もいる。こうした見解の代表はロシア革命後にチェコを経てアメリカに亡命した「ユーラシア学派」の歴史家ジョージ・ヴェルナツキーである。プラハ時代に発表された彼の『ロシア史の輪郭』（一九二六）がそれで、彼の主張は一言でいうと、「弱く、分割された分領ロシア」が「強力で、訓練された一枚岩の専制」への転換にあたっては、モンゴルの影響を抜きに考えることはできない。モスクワ・ロシアの諸制度、法規範、そして「心理」はすべて「チンギス・ハンの遺産」である。したがってモスクワのツァーリとその国家はモンゴル帝国とキプチャク・ハン国の後継者並びに後継国家である、というのがヴェルナツキーの見解である。

ヴェルナツキーをはじめ「ユーラシア学派」の議論はモンゴルの政治的役割を重視しているところに特徴があり、一定の説得力を持っている。けれども多くの問題点をかかえている。例えば中世における封建諸公の分立から近世の絶対王政への移行は全ヨーロッパ的な現象であって、その「転換」が「モンゴルの影響」を必ずしも必要としないという意見もあり得るだろう。そのように考えるならば、「ポジティヴで、肯定的なもの」とする見方はかなり一面的で、「タタールのくびき」が特にその直後の数十年間におけるロシアの社会に与えたネガティヴな影響を軽視するわけにはいかない。また文化的にもそうで、キエフ時代に比べて、文化水準はかなり低下した。読み書きのできない諸公、石造りの教会の消失などに示されるような文化的後退が生じた。ロシアをビザンツと西洋から切り離し、ヨーロッパ世界からの「相対的な孤立」を強めたのも事実である。モンゴルの侵略と支配によって、ある歴史家によると、ロシアの発展は一五〇〇年から二〇〇年遅れたとさえ見積もられている。この点で特に致命的なのは都市の破壊であった。

タタールの侵攻によって、ロシアの都市は破壊と略奪にさらされ、都市間のネットワークはズタズタに切られた。短期的には都市自身に重いダメージがもたらされ、大多数の場所が略奪を受けた。それを免れたのは北部のノヴゴロドとスモレンスクだけであった。クールスク、ヴォローネジのような森林・ステップの前哨都市は完全に破壊され、三世紀以上も再建されず、より小さな町は永遠に消えうせた。「諸都市の母」キエフの人口は数百世帯まで減少し、数世紀にわたってその重要性を取り戻すことはなかった。たとえ一部の町が再建され、そして経済生活が復興されたとしても、定期的にタタールの攻撃をうけたのである。

こうして交易路は暴力的に断ち切られ、多くの都市では人口減によって手工業生産に影響をうけた。生き残ったロシアの都市でも経済活動は大きく衰退した。次の一四世紀にも都市は回復せず、新たにフロンティアの要塞が築かれ始めた。このように地域の経済的中心である都市の衰退は、農村と農民に対しても当然否定的に作用した。また文化的な衰退も見逃すことはできない。キエフの諸都市の性格という問題は残るが、タタール後に生まれた「要塞」都市にヨーロッパ中世都市にみられたような「市民文化」が開花することはなかったのである。

見方によって都市の破壊以上に重要なのは、その後遺症である。「くびき」からの解放は一四八〇年とされるが、クリミア・タタールの間歇《かんけつ》的な侵攻にみられるように、ロシア政府はその後も長く国境警備に細心の注意を払うとともに多くの軍事力をさかなければならなかった。この点については、本書で繰り返し言及することになるだろう。

モンゴルによるロシア南部のステップ支配は、その後数世紀のあいだロシア人を「最良の土地」から排除した。そのためにロシアの人口、経済活動、そして政治権力は大きく北東部へシフトした。一二九九年、キエフ府主教も北東の中心ウラジーミルの町に居を移した。新しい「モスクワ・ロシア」の時代が準備されたのである。

モスクワ・ロシアの形成

モスクワ公国の勃興

現在一二〇〇万をこえる人びとが住む大都市モスクワ。そのトヴェールスカヤ大通りの中ほどの市庁舎の向かいの広場にユーリ・ドルゴルキー公の銅像が建てられている。毎年九月初めの「都市の祭り」はここが舞台となるのだが、もちろん理由がある。モスクワという地名はドルゴルキー公の館や砦《とりで》とともに一一四七年に初めて文書に記されたからである。その一〇年後に新しい砦が築かれたとされるが、これはモンゴル人の襲来によって焼き払われた。だがモスクワはなんといっても「地の利」に恵まれていた。そこはヴォルガ河とモスクワ川を通してロシアの北西部と南東部を結ぶ商業路の要に位置した。またキプチャク・ハン国と西のリトワ大公国とはかなりの距離があり、絶えまない侵略にさらされることはなかった。「タタールの襲来」後モスクワはすぐに再建されたのである。

モスクワを都とするモスクワ公国はウラジーミル・スーズダリ公国の一分領国として出発したが、すでに一四世紀初めには当初の領土を倍加させていた。モスクワ公はトヴェーリ公と「ウラジーミル大公位」を争うほど力を付けたのである。二つの公国は「大公位」を手に入れるためにキプチャク・ハンへの伺候《しこう》とともに、戦争でたえず実力を競っていたのだが、イヴァン・カリター（在位一三二五～四〇）は頻繁にサライへ出向いてハンとの間に緊密な関係を築いた。彼の治世には諸公国がハンに納める貢税を一手に引き受け、トヴェーリから「大公位」を奪うことに成功したのである。さらに彼の孫ドミートリーは、一三八〇年秋ドン河上流のクリコーヴォでキプチャク・ハン国のママイ・ハンの大軍を敗走させた。彼はドミートリー・ドンスコイ、つまり「ドン河のドミートリー」と呼ばれた。この事件はただちに「くびき」からの離脱を意味するものではなく、二年後にモスクワはタタール軍によって一時的に占領された。けれどもロシア統一の担い手としてのモスクワ公の威信を大きく高めたことは間違いなかった。

ロシアの府主教座がウラジーミルからモスクワに移転されたのもイヴァン・カリターの時代のことであった。府主教のほとんどはまだギリシア人であったが、世俗の権力は聖界と結びつき、ロシア正教会はモスクワの支配者の庇護《ひご》下で大きく発展した。特に目覚ましいのが修道制の発展である。かつて修道院は町の近郊に建てられたが、一四世紀半ばから新しい動きがみられた。修道院は町を出て、遠方の人里離れた森のなかや荒地に創建されるようになる。モスクワ近郊の名刹トロイツェ・セルギエフ修道院をはじめ、北部の各地にキリロ・ベロゼルスキー修道院、ソロヴェツキー修道院、あるいはアントニェヴォ・シイスキー修道院などが建設された。これらの修道院は、おおむね社会的な出自は低く、「企業心に富んだ」人びとによって創建されたもので、大公から広大な村の下賜を受けた彼らは、農民労働力を使って大経営に乗り出した。修道院の領地経営は、その「拡大路線」のために周囲の村々と対立・衝突を繰り返したが、こうした「新しいタイプの修道院」は、一四世紀には四二、一五世紀には五七が北部を中心に創建されたのである。

トロイツェ・セルギエフ修道院
16世紀の祈りと労働の様子

イヴァン大帝の国内統一

一五世紀の前半のモスクワ大公国は「大公位」をめぐって親族間の血なまぐさい内部抗争に明け暮れた。ドミートリー・ドンスコイの孫モスクワ大公ヴァシリー二世は一四二五年、父の死去にともなって九歳で「大公位」を継承した。だがすぐに叔父でガリーチ公のユーリーの、そして彼の死後はその長子ヴァシリー・コソイとその弟のドミートリー・シェミャーカの挑戦を受けた。「長子」でも「年長」でもないシェミャーカに継承権の見込みはないはずだが、野心的な彼の行動によって事態はきわめて複雑化して、ほぼ三〇年におよぶ「仁義なき」内戦が続いた。また戦いはきわめて残虐なものとなった。ヴァシリー二世は後に「盲目公」と渾名《あだな》された。それはガリーチ公のヴァシリーを捕らえて目を潰した彼が、一〇年後にシェミャーカによって同じ仕打ちを受けたことによるものである。こうした抗争に終止符を打ち、後のロシア帝国の基礎を築いたのが一四六二年に二二歳でモスクワ大公となったイヴァン三世（在位一四六二〜一五〇五）であった。

まず第一に挙げなければならないのは国内統一である。イヴァン三世の時代にはロストフ、ヤロスラヴリ、トヴェーリなどの諸公国の併合、南西ロシアの諸公国の回復が続くが、その仕上げは都市共和国ノヴゴロドの併合であった。一四七一年に始まるノヴゴロド攻撃は七八年一月の共和国の廃止によって成しとげられた。ノヴゴロドはモスクワから送り込まれた「代官」によって支配され、自由と独立のシンボルである伝統的な「民会の鐘」はモスクワに持ち運ばれた。約一〇〇〇人もの貴族たちが強制移住を余儀なくされ、残された広大な領地は分割され、モスクワ士族たちに「封地《ほうち》」として下賜された。大公の軍隊の核として創設された士族層は、これによって大いに拡充されたのである。

イヴァン三世ははじめて「全ロシアの君主」、「ツァーリ」を名乗り、モスクワのクレムリンは二キロの頑丈な城壁で囲まれた。だが彼の支配はまだ磐石《ばんじゃく》とはいえなかった。たしかに自立的な諸公国はなくなり、諸公たちは「貴族」として大公に仕えることになった。政治の中心である伝統的な「貴族会議」にはかつての公国の諸公をはじめ名門貴族が列席した。イヴァンは彼らの発言力を無視するわけにはいかなかったのである。そこで彼は「貴族会議」に側近の有力な「書記官」「士族」を送りこみ、彼らの発言力を抑えることに腐心した。また「世襲領」中心の行政・財政という古い宮廷の伝統を断ち切って、官僚制的な国家機構の設立に向けて最初の一歩を踏み出したのである。

イヴァン３世　モスクワ大公。ロシアを統一し、「ツァーリ」を名乗った

次に対外的な関係、とりわけ「タタールのくびき」からの解放である。キプチャク・ハン国は「クリコーヴォの戦い」ののちにノガイ、カザン、アストラハン、クリミア、シビルの各ハン国、そして「正統な後継者」を自任するヴォルガ下流の「大ハン国」に分裂した。「大ハン国」のアフマト・ハンは一四七二年に支配の再建のために遠征したものの、

不首尾に終わった。イヴァン三世はその後間もなく貢税の支払いを停止した。一四八〇年秋、一〇万の大軍を率いたハンはオカ川上流のウグラ河畔でイヴァンの軍隊と対峙した。両者の睨みあいが続いた。結局ハンは進軍を諦め、そして二度と遠征計画が立てられることはなかった(「大ハン国」は一六世紀初めに消滅した)。「タタールのくびき」は、これをもって終わりを迎えたのだが、もとより危険が去ったわけではない。このことはすぐに明らかになるのだが、一四八〇年が転換点であったことは疑いえないのである。

「第三のローマ」モスクワ

最後にイヴァン三世の結婚である。イヴァンの最初の后《きさき》は宿敵であったトヴェーリ公の娘マリアであったが、一四六七年に死去した。彼女の死には毒殺の疑いがあるというが、第二の后として白羽の矢がたったのは「中世のローマ帝国」、ビザンツ皇帝の姪ゾエ・パレオログであった。高校で世界史を学んだ人であれば誰もが知るように、帝国の首都コンスタンティノープルは一四五三年にオスマン帝国の軍隊によって陥落せしめられた。皇帝コンスタンチノス一一世は壮絶な戦死をとげ、皇帝の弟はゾエら子供たちとともにローマに亡命した。そこで一家はローマ教皇、というよりもカトリック教会とギリシア正教会の合同を画策していた「合同派」、ニカイア府主教で枢機卿《すうききょう》ベッサリオンの庇護《ひご》を受けた。そこにゾエとロシアの大公との縁談話が生まれたのである。

これには前例がないわけではなかった。すでに述べたように、ロシアをキリスト教化したウラジーミルは、正教の受容を条件に皇帝バシレイオス二世の妹アンナを后に迎えた。五〇〇年もの大昔のことだが、その後も何度か例があった。近くは一四一一年にイヴァン三世の伯母が後の皇帝ヨハンネス八世に嫁いでいたのである。ただ今回の后候補はローマ育ちで、「カトリック」の疑いもあった。ロシア人使者はそれを危惧したが、ともかく一四七二年六月末にローマを発ったゾエ、つまりソフィアの一行がモスクワに着いたのは年末であった。クレムリンのなかの教会で府主教から祝福を受けた彼女は、その日のうちに婚姻の儀式に臨んだ。彼女の容姿については「なかなかの美人」というものから、そうでもないとするものまでいろいろだが、肖像画は現存しない。イヴァンとの間に次のツァーリ、ヴァシリーをはじめ男女九人の子宝に恵まれたのである。

モスクワ公・大公	在位年
ダニール	1283〜1303
ユーリ	1303〜　25
イヴァン1世（巾着公）	1325〜　40
セミョン	1340〜　53
イヴァン2世	1353〜　59
ドミートリー・ドンスコイ	1359〜　89
ヴァシリー1世	1389〜1425
ヴァシリー2世（盲目公）	1425〜　62
イヴァン3世（大帝）	1462〜1505
ヴァシリー3世	1505〜　33
イヴァン4世（雷帝）	1533〜　84
フョードル	1584〜　98

歴代のモスクワ大公　1547年からは「ツァーリ」を公的な称号とした

イヴァン三世のこの結婚については、正教ロシアが「ビザンツの遺産」を引き継いだことの象徴的な出来事として語られてきた。つまりモスクワの威信を高めようという政治的な意図としてこの結婚が画策されたというのである。けれども実はそうした対外的な配慮よりも、それによって国内の諸公や大貴族を抑えるのに役立ったという見方がある。年代的にみても、この結婚はノヴゴロド攻撃が始まって間もない、きわめて不安定な時期に執り行われているのである。

ソフィアの嫁入りによって、モスクワとイタリアの関係が始まった。彼女とともにローマとコンスタンティノープルから大勢の技術者がやってきたし、その後何度か使節団が送りだされ、「ルネサンス」のイタリアから技術者が招聘《しょうへい》された。一六世紀初めに建設されたクレムリンの城壁と塔が北イタリアの城のそれに似ているのには理由がある。これらの建築家のほとんどはミラノの出身であったからだというが、もとより教会建築は別である。歴代のツ

信仰の世界　10世紀末にビザンツ帝国から公式にもたらされたキリスト教は、独自の発達をとげ、社会に深く根をおろした。特にイコン（聖像画）の崇拝はロシア正教会の要となった。イコン画家、ルブリョフの代表作「三位一体」（15世紀初頭）。142cm×114cm。トレチャコフ美術館蔵

ァーリの戴冠式が行われることになるウスペンスキー聖堂も彼らイタリア人の建築家によるものだが、それらはロシア人のパトロンが命ずる通り建てられねばならなかったのである。

イヴァン大帝を継いだヴァシリー三世（在位一五〇五〜三三）の仕事は、父親の事業の完成にあった。彼もまた領土を拡大し、そして建築マニアと呼ばれるほど数多くの教会を建て、要塞を築いた。モスクワは「第三のローマ」であるという新しいイデオロギーがプスコフの修道士フィロフェイによって唱えられた。第一のローマと第二のローマ、つまりコンスタンティノープルは正しい教えから逸れたために崩壊した。モスクワこそ第三のローマであり、第四のローマは存在しないという教えである。一六世紀のロシアはヨーロッパを席捲《せっけん》したルターの「宗教改革」の動きとは無縁であったが、修道院の土地所有権を否定して、苦行を説く「清廉派」が生まれた。だが「清廉派」を批判して、教会が手にしたあらゆる特権と土地財産の保護を主張した「所有派」のヨシフ・ヴォロツキーは、モスクワ大公権力が神に由来するとして、世俗権力の支持を受けたのである。

イヴァン雷帝の悲願

一五三三年に三歳で即位し、その後半世紀にわたって帝位にあったイヴァン四世は「雷帝」の名で広く知られている。独特の個性もあって評価は分かれるが、ほぼ一貫しているのは、古来の大貴族、諸公の権力の排除という政策であった。一七歳で親政をはじめた彼は、古代ローマの「カエサル」に由来する「ツァーリ」を称号として用いたが、名門貴族たちの

雷帝イヴァン４世　ロシア史上もっとも強力かつ個性的な君主とされる

拘束を受けない権力の行使、つまり専制こそ彼の悲願であった。

一五四九年雷帝は「選抜会議」という強力な政府を設けて、名門や諸公の合議機関である「貴族会議」からの制約を受けずに改革を進めようとした。プリカースという名の中央官庁、つまり「使節官署」「大蔵官署」「補任《ぶにん》官署」「嘆願官署」などが置かれた。プリカースの設置はイヴァン三世の時代に始まるものだが、それが本格化したのである。地方行政についても、門閥《もんばつ》貴族の代官・郷司の派遣に代えて自治制への移行が計られた。また「ゼムスキー・ソボール」という諮問《しもん》機関の設置によって士族や商工業者の出席を求め「地方の声」をくみ上げようとした。さらに「選抜千人隊」として、士族一〇〇〇人余りにモスクワ郡とその近郊に「封地《ほうち》」を与えることでツァーリの軍隊の増強がはかられた。モスクワの治安維持のために「銃兵隊」が設置された。

一五六四年末のことである。イヴァン四世は突如モスクワを去り、アレクサンドロフ村に入って人びとを驚かせた。そこから貴族や聖職者に宛てて送った書状には貴族たちの横暴や裏切り、そして聖職者たちもその共犯者として非難した後に、退位の意向が表明されていた。彼一流の戦略とみることができるが、貴族たちは商工民からの圧力のなかで、ツァーリの絶対的な権利を認めるという条件を呑んだのである。

モスクワに戻ったイヴァンは、翌年からいわゆる「オプリチニナ」政策を実施した。ロシア全土を「国土（ゼムシチナ）」と「皇室特別領（オプリチニナ）」に分けたイヴァンは、彼の私領「オプリチニナ」には士族たちから成る「オプリチニキ」を投入した。黒衣を着て黒い軍馬に乗り、馬の鞍頭に犬の頭と箒《ほうき》とをぶらさげた彼らは、「ツァーリの敵」をみると襲いかかり、テロ行為に出た。貴族、士族、そして平民を問わず犠牲者は少なくなかった。いささか常軌を逸したこの反貴族の「政策」は、混乱だけを後に残した。さらに一五五八年に始まったリヴォニア戦争は、その長期化もあって雷帝期のロシアの荒廃に拍車をかけた。イヴァン四世は一五八四年に没し、後継の息子フョードル帝は世継ぎを残さないまま一五九八年に亡くなった。こうして古来のリューリク朝は絶えたのである。

カザンとシベリアの征服

イヴァン雷帝のもっとも輝かしい成果はカザン・ハン国の征服であった。「タタールのくびき」からの解放後も、クリミア、カザンの騎馬部隊はたえず国境地帯を荒らしまわっただけでなく、ロシアの国内深く侵攻していた。イヴァンは後に「クリミアとカザンのゆえに、全土の半分が荒地になった」と書いているが、事実彼らはロシア人捕虜を奴隷として用いるか、奴隷市場で売り飛ばしたのである。

こうしてカザン・ハン、そしてアストラハン・ハンの征服が日程に上った。カザン征服計

イェルマーク　?–1585。シベリアの征服者

画はそこに領地を手にいれようとする士族たちの支持も受けていた。一五五二年の遠征で、ロシア軍はあらかじめカザンをのぞむヴォルガ右岸に要塞を築き、八月末にカザンを包囲し、一〇月初め陥落させることに成功した。征服後にイヴァンがとった最初の行為は地中に十字架を埋めることだったという。教会が建設される一方、イスラムのモスクの破壊が命じられた。モスクワの教会会議はカザン主教区の設立を決定して、初代の大主教にグリイを任命した。しかし、その後九年間の改宗者は「地方住民」の約一〇パーセントにすぎなかった。よく知られているように、モスクワのクレムリンの赤の広場にはこの勝利を記念してヴァシリー聖堂の建設が始まった。色鮮やかな九つの玉ネギ頭の屋根（クーポラ）をもつこの教会こそ現在にいたるまでこの街のシンボルとなったのである。

タタール人貴族たちの多くはモスクワへ行き、新しい君主に仕えた。彼らはキリスト教に改宗して高位のポストを手にしたが、改宗は必ずしも「勤務」の絶対的な条件ではなかった。また他のものは正教徒の女性と結婚して、支配身分として新たな歩みを始めた。カザン征服後二〇年ほど経った一五七五年、イヴァン雷帝は「チンギス・ハンの子孫」とされる

「カザン皇子」シメオン・ベクブラートヴィチを「全ルーシの大公」に任じた。彼は五年前からイヴァンに仕えており、ロシア人貴族の女性と結婚して洗礼も受けていた。シメオンは一年後に退位したが、この「人事」は単に「ツァーリの気紛れ」と見るべきなのだろうか。それとも何かより本質的な問題の所在を示唆するものなのだろうか。

イヴァン四世の治世についてはまだまだ欠かすことのできない、多くの興味深い史実があるが、最後に一つだけ簡単に触れておこう。シベリア進出である。シベリアの語源は「シビル・ハン国」にあるが、モスクワ大公つまり雷帝の許可の下に、また北部の富裕な製塩業者ストローガノフの援助でもってコサック部隊など一五〇〇人余りの軍勢と三人の司祭を引き連れたイエルマークが、ハン国の首都に攻撃をかけたのが一五八一年のことであった。壮絶な戦いのなかでイエルマークは落命したが、その後シベリアでは河川交通の要衝《ようしょう》の小高い丘に砦《とりで》が築かれ、次々と要塞が建設されていった。最初の町は一五八七年に「シビル・ハン国」の首都でイルティシュ川に臨むカシュルイクの一七キロ下流に建設されたトボリスクであった。トボリスクは初期のシベリア行政と教会・布教の中心地となった。

第二章　ロマノフ王朝の誕生

ゼムスキー・ソボールの時代

「動乱」とゼムスキー・ソボール

一五九八年の王朝断絶以来、ロシアは一五年におよぶ「動乱」の時代に入った。この間「偽者」を含む数人のツァーリが擁立され、ポーランドとスウェーデンといった隣の強国が王位を要求して侵略した。ロシアは存亡の危機に立たされたのである。西部国境の若干の都市はポーランドにもぎ取られ、ノヴゴロドはスウェーデンに加えられる有り様であった。こうして西部、北西部の国境はほとんど無防備のまま棄ておかれ、盗賊が跋扈《ばっこ》していた。南部では「ツァーリ僭称者《せんしょうしゃ》」が相次ぎ、クリミア・タタールの動きが活発化した。「カザン公国」でも自立的な国家形成をめざす動きがみられた。わずかに戦場とならなかったモスクワ近郊の諸都市だけが比較的安定していたが、それも程度の問題であった。加えて一六〇一年から三年間ロシアは大飢饉で、国の人口の三分の一を失ったという同時代人の意見さえある。「動乱」によって、モスクワの人びとは物質的には零落の淵にあり、精神的にも喪失の状態にあった。そうしたなかで、この国を救ったのはゼムスキー・ソボールであった。

ゼムスキー・ソボールは日本では「全国会議」と訳され、しばしばヨーロッパの歴史における「身分制議会」に相当するという位置づけが与えられてきた。「ゼムスキー」は「土地」「国土」を意味する「ゼムリャ」の形容詞であり、「ソボール」は「集会」「会議」である。つまり諸身分の代表が集って、ツァーリの提案を審議する場で、それを通して君主の権力も制限されるという理解である。けれどもこれには強い異論がある。それはせいぜいツァーリの「諮問《しもん》機関」にすぎず、「諸身分」といっても確たる組織を持たず、ツァーリの意志を抑える機能などはなかったという理解である。けれどもそれはゼムスキー・ソボールに力がなかったということを意味するものではない。その逆であり、ゼムスキー・ソボールは一七世紀前半に二度にわたって国家と社会の命運を左右する重要な役割を果たすことになったのである。

ゼムスキー・ソボールがはじめて召集されたのは一五四九年、つまりイヴァン雷帝の治世のことである。クレムリンの宮殿に召集されたのは貴族会議のメンバー、聖職者会議のメンバーといった聖俗のエリートたち、そして地方士族の代表であり、後に都市の商工業者の代表が加わった。その規模は数百人にのぼるが、聖俗エリートの数は少なく、多数を占めたのは後者であった。だがゼムスキー・ソボールは召集にしても、議事の進め方にしても厳密な規定はなく、開催の間隔も定まっていなかった。そこでは対外戦争や修道院財産の制限、法典の編纂《へんさん》などツァーリから提出されたさまざまな重要な方針が議論されたが、それをどう扱うかはもとよりツァーリの意のままであった。

けれども重要なことはツァーリの座への選出もこの場で「確認」、そして時には「審議」されたことである。イヴァン雷帝の逝去にともなって開催された一五八四年のゼムスキー・ソボールではフョードル帝がここで「確認」された。さらに彼の没後、つまり王朝断絶後にツァーリとなったボリス・ゴドノフは、総勢六〇〇人を集めたゼムスキー・ソボールで「選出」されるという形式をとったのである。前者は正当な後継者の即位についての単なる「確認」だが、後者はまったく違う。ゼムスキー・ソボールが王朝とは血縁関係にはない実力者を新しいツァーリに「選出」したのである。こうしてそれは「公的な権限」を持つことになったのである。

ミハイル・ロマノフの「選出」

一六一二年の一〇月末、ポーランド人を追放してモスクワを解放したミーニンとポジャルスキーの国民軍は空位となっている「ツァーリの選出のため」のゼムスキー・ソボールを開催する旨の文書を全国の諸都市に送った。五〇人近くの都市代表のほかに、高位聖職者、貴族、宮廷官、地方都市の士族、そしてコサックなど総勢七〇〇人によるツァーリ選びが始まった。大国ポーランドやスウェーデンの国王の息子を推すものもいたが、当時の愛国的な雰囲気のなかで、「外国人」が選ばれる可能性は小さかった。そこでロシアの名門貴族のなかからとなると、ロマノフ家が最初に指を屈するところで、結局その当主で一六歳のミハイルが「選出」されたのである。

ロマノフ家は一四世紀にまでさかのぼる古い貴族の家柄であっただけでなく、かつて旧王朝とも縁戚関係にあった。イヴァン雷帝の最初の后《きさき》アナスタシアはロマノフ家の出身だったのである。また彼女の兄ニキータは優れた政治家で、一三人の子供たちの婚姻を通じて他の名門貴族たちとのあいだに姻戚関係を築いていた。彼の息子で、ミハイルの父親フョードルも有力者で、亡きフョードル帝の従兄弟に当たった。伝説によると、死に瀕したフョードル帝は彼に「王杖《おうじょう》」を与えようとした、つまり後継者とみていたという。

だが実際に帝位に「選出」されたのはボリス・ゴドノフであった。このような事情からか、ゴドノフはフョードル・ロマノフの家族に「陰謀」を仕掛け、彼らを失脚させた。フョードルは剃髪《ていはつ》を余儀なくされ、修道士フィラレートとして北方の修道院に幽閉された。彼の妻子もきびしい運命をたどった。ボリス・ゴドノフとその息子フョードル二世の政権が打倒されると、フィラレートはロストフ府主教として返り咲いたが、新しいツァーリ選びの過程で今度はポーランドの捕虜として囚われの身となったのである。だがこのことがロマノフ家には幸いした。つまり社会の同情をかったのである。息子ミハイルがまだ一六歳の、ほとんど政治的な経験

ミハイル・ロマノフ　16歳でツァーリに選出され、ロマノフ朝を創始した

もない若者であったことも幸いした。老練な貴族・政治家にとっては、御しやすい存在に映ったからである。その武力によってモスクワ解放の立て役者となったコサックたちも「フィラレートの息子」を支持しており、歴史家のなかにはこの点を第一にみるものもいる。つまりミハイルは「コサックのツァーリ」であったというわけである。

こうしてミハイル・ロマノフが新しいツァーリに選出された。「会議の意志」がクレムリンに隣接する「赤の広場」で公にされると、モスクワの民衆は「モスクワ国家と全ルーシの君主にしてツァーリ、ミハイル・フョードロヴィチ」と歓喜の声をあげたという。一六一三年二月二一日のことである。三月初め名門貴族シェレメーチェフを団長とする使節がこの決定を伝えるためにミハイルとその母マルファ（俗名クセニア・シェストワ）が身を寄せていたコストロマの町のイパチェフ修道院に向かった。母子は予想される苦難と困難をおもい、この申し出を強く拒んだ。そして拒みつづけた。だが神がミハイルを選ぶように命じたのであり、受諾の拒否は神の怒りを呼び起こすだろう、という言葉に信仰篤い母子は従わざるを得なかった。「青白い顔をした敬虔《けいけん》な若者」ミハイルは、三ヵ月後モスクワに向けて出発して、即位の儀式にのぞんだのである。

戦争と平和

ゼムスキー・ソボールは、ミハイルの初期の治世において「権力の恒常的な付属物」となった。つまり一六一三年から約一〇年間、ゼムスキー・ソボールは毎年のように開催され、大勢の参加者があった。それまで権力の中枢であった「貴族会議」は、自発的に抑制していた。戦乱と荒廃の淵にある国を立て直すためには何といっても「国民」の協力が不可欠であった。反乱や外国軍との戦闘のために地方士族たちに何度も召集をかけ、そして都市の商工業者たちからは繰り返し「臨時税」を徴収しなければならなかった。そうした「不人気な政策」の採択と実施にはゼムスキー・ソボールの「権威」が必要であった。とはいえゼムスキー・ソボールが具体的な政策を決定したわけではなかった。立法のイニシアティヴがツァーリにあることには変わりなく、ツァーリの権力に何らかの「制限」が加えられたわけでもなかったからである。

一六一九年六月、ポーランドとの間に和平が成立して、囚われていたフィラレートが帰還した。息子のミハイルと違ってエネルギッシュな彼は、ただちに「総主教」の座に就き、そして「大君」の称号を得て、事実上政治を動かした。彼の狙いは政治をノーマルな軌道にのせ秩序をもたらすことであり、過去に理想を求めた。しばしば王権を麻痺《まひ》させているポーランドの「国会（セイム）」を知っていた彼は、それと似ていなくもないゼムスキー・ソボールの召集には否定的であった。「全土（フシャ・ゼムリャ）」の参加抜きに問題の解決を図るというのが彼の立場であり、間もなくソボールの開催は止んだ。ポーランドとの戦いに備えてヨーロッパ型の歩兵中心の「新軍」が編制され、旧来の騎兵軍も強化された。こうしてフィラレートの発意の下、一六三二年四月ロシア軍は西部国境の町スモレンスクを取り戻すべく、ポーランド軍との戦闘に入った。だが彼は戦争中に病没し、戦争そのものも不首尾に終わったのである。

スモレンスク戦争は、ミハイルの政府に大きな教訓を残した。敗北の直接の原因は、「クリミア・タタールの侵入」という知らせを聞いた南部出身の士族たちが戦場を離れたことにあった。クリミア・タタールは肥沃《ひよく》な南部にでき始めたロシア人の町や村を襲って、人や家畜の略奪を繰り返していた。そうした事態を改善するために、政府は士族たちに小規模な「封地《ほうち》」を与えて防衛を委ねていたわけだが、さしたる効果はないことが明らかになったのである。ミハイルの政府は一六三五年から南部国境の防衛のために、全長八〇〇キロにおよぶ「ベルゴロド線」の建設に取り掛かった。つまり要塞都市を築き、その都市間を土塁《どるい》や「逆茂木《さかもぎ》」で結ぶのである。いわば古代ローマの「リーメス・ゲルマニア」、あるいは中国の「万里の長城」のロシア版である。一六世紀の前半にモスクワのすぐ南に「トゥーラ線」が築かれていたが、これではまったく不十分になっていた。「ベルゴロド線」の建設には二〇年を要したが、これによってタタールの侵攻はくい止められた。南部は一段と安全になり、貴族たちも肥沃なステップでの土地獲得に乗り出した。一六七九年から翌年にかけて全長五三〇キロの「イジュム線」も完成した。のちに南部の黒土地帯は「ロシアの穀倉」となるのである。

一六三七年ミハイルは「フィラレートの時代」にはほとんど開かれなかったゼムスキー・ソボールを召集した。問題はドン・コサックの部隊がドン河の河口にあるオスマン帝国の要塞アゾフを占拠して、ロシア政府に支援を求めてきたことにあった。政府の伝統的な政策からすると、すぐにでも支援の軍隊を差し向けなければならないところである。けれどもスモレンスク戦争後の政府にはそのための資金はなかった。ゼムスキー・ソボールが開かれ、要塞の放棄というミハイルの意志が伝えられた。こうして四年におよぶコサックの英雄的な「アゾフ籠城」は、不名誉な結果に終わった。ミハイルの治世は長かったものの、国内秩序の回復に精一杯であった。

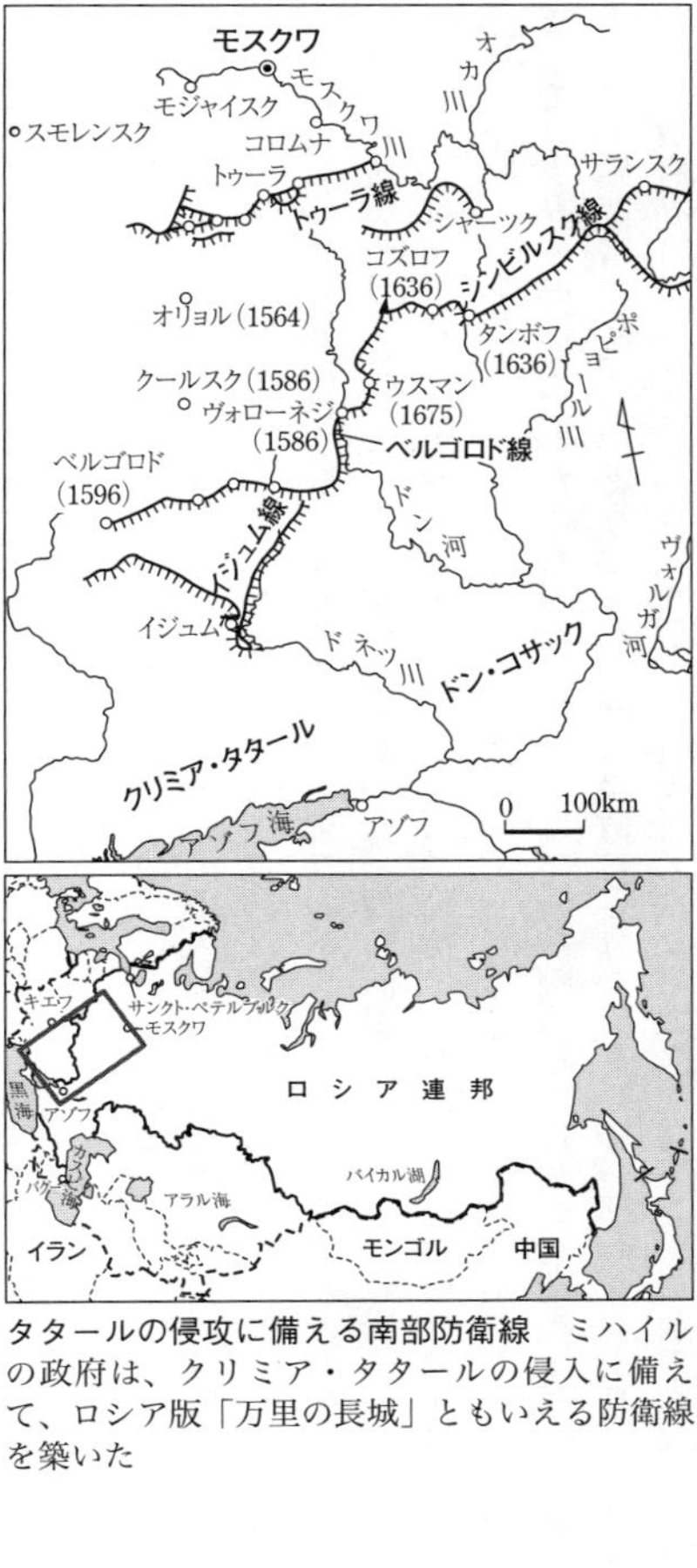

タタールの侵攻に備える南部防衛線　ミハイルの政府は、クリミア・タタールの侵入に備えて、ロシア版「万里の長城」ともいえる防衛線を築いた

モスクワ蜂起と「会議法典」

ロマノフ家の初代ミハイルは一六四五年七月に亡くなった。そして長子のアレクセイがツァーリの座を「世襲」した。つまりその際ゼムスキー・ソボールが召集され、形式的にせよ即位を「確認」することはなかった。アレクセイの不人気はそこにある、という歴史家もいるのだが、父親と同じく一六歳でツァーリとなった彼は早々にモスクワ都市民の一揆の洗礼を受けた。一揆の原因はアレクセイ帝のかつての扶育官で、政府の実力者ボリス・モロゾフによる塩税の引き上げ、という税制改革にあった。他の諸税の撤廃という政府の約束にもかかわらず、都市民たちは塩を買い控えることでこれに抵抗した。慌てた政府は二年後に改革を取り下げ、古い税制に戻すとともに、過去をふくむ三年分の税の徴収に乗り出したのである。モスクワの庶民が怒ったのも無理はなかった。一六四八年六月初め、巡礼に向かうツァーリに「嘆願書」を差し出そうとした一団は蹴散らされた。そこで一部がクレムリンに乱入して、政府高官の引き渡しを求めたが、その夜モスクワで大火が発生した。数千の家々が焼失し、犠牲者も少なくなかった。これを「モロゾフの仕業」とみた民衆は攻撃を強めた。六月五日事態が大きく動いた。アレクセイが民衆の前に現れて寵臣モロゾフの政治からの引退と修道院送りを告げ、「涙ながらに」彼の助命を請うたのである。

一六四八年の事件「塩一揆」は、これによって一応の収束がなされた。けれども一揆を闘った都市民と士族たちはゼムスキー・ソボールの召集を求めた。彼らは「実力家たち」の意のままの現在の秩序に強い不満を持っていたのである。といってももちろん「反王朝的」と

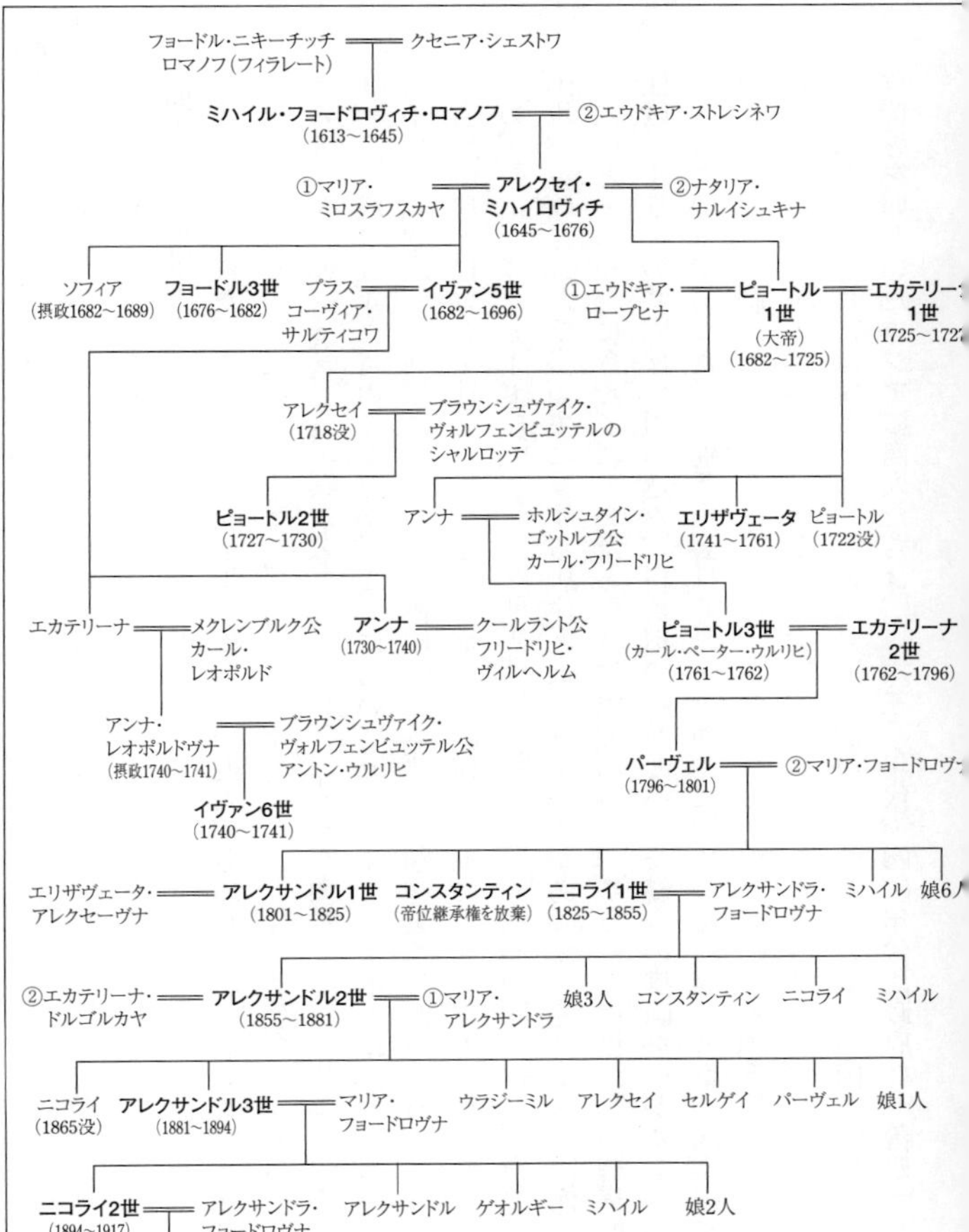
フョードル・ニキーチッチ
ロマノフ(フィラレート)
クセニア・シェストワ
ミハイル・フョードロヴィチ・ロマノフ
(1613～1645)
②エウドキア・ストレシネワ
①マリア・
ミロスラフスカヤ
アレクセイ・
ミハイロヴィチ
(1645～1676)
②ナタリア・
ナルイシュキナ
ソフィア
(摂政1682～1689)
フョードル3世
(1676～1682)
プラス
コーヴィア・
サルティコワ
イヴァン5世
(1682～1696)
①エウドキア・
ロープヒナ
ピョートル
1世
(大帝)
(1682～1725)
エカテリー
1世
(1725～172
アレクセイ
(1718没)
ブラウンシュヴァイク・
ヴォルフェンビュッテルの
シャルロッテ
ピョートル2世
(1727～1730)
アンナ
ホルシュタイン・
ゴットルプ公
カール・フリードリヒ
エリザヴェータ
(1741～1761)
ピョートル
(1722没)
エカテリーナ
メクレンブルク公
カール・
レオポルド
アンナ
(1730～1740)
クールラント公
フリードリヒ・
ヴィルヘルム
ピョートル3世
(カール・ペーター・ウルリヒ)
(1761～1762)
エカテリーナ
2世
(1762～1796)
アンナ・
レオポルドヴナ
(摂政1740～1741)
ブラウンシュヴァイク・
ヴォルフェンビュッテル公
アントン・ウルリヒ
イヴァン6世
(1740～1741)
パーヴェル
(1796～1801)
②マリア・フョードロヴ
エリザヴェータ・
アレクセーヴナ
アレクサンドル1世
(1801～1825)
コンスタンティン
(帝位継承権を放棄)
ニコライ1世
(1825～1855)
アレクサンドラ・
フョードロヴナ
ミハイル
娘6
②エカテリーナ・
ドルゴルカヤ
アレクサンドル2世
(1855～1881)
①マリア・
アレクサンドラ
娘3人
コンスタンティン
ニコライ
ミハイル
ニコライ
(1865没)
アレクサンドル3世
(1881～1894)
マリア・
フョードロヴナ
ウラジーミル
アレクセイ
セルゲイ
パーヴェル
娘1人
ニコライ2世
(1894～1917)
アレクサンドラ・
フョードロヴナ
(1918没)
アレクサンドル
ゲオルギー
ミハイル
娘2人
オリガ
(1918没)
タチアナ
(1918没)
マリア
(1918没)
アナスタシア
(1918没)
アレクセイ
(1918没)
＊太字は皇帝
＊数字は在位年をあらわ

ロマノフ王朝系図

いうわけではない。ツァーリの「性格の弱さ」には問題があるとみていたが、すべての責任は貴族たちや側近にあると考えられた。そこでゼムスキー・ソボールを開いて、ツァーリに「助力」を提供しようというのである。七月一〇日アレクセイはこれに同意した。その一週間後に召集されたゼムスキー・ソボールには三一五人が参加したが、地方士族と都市の商工地区民が多数を占めた。「君主と地方の事柄」をよりよく解決するために、「善良で、思慮のある人びと」から成る「特別委員会」での新しい法典の編纂が決定された。通称「会議法典」の完成は翌年一月のことだが、ここにおいてゼムスキー・ソボールは、一六一三年のミハイルの「選出」と同様に、きわめて積極的で重要な役割を果たしたのである。

「会議法典」はロシア社会全体、とくに都市と農村の再編に大きく作用した。モスクワをはじめ、都市の「ポサード民」、つまり商工地区民にとっての当面の問題は、都市のなかに、国税を免除された聖俗領主に属する居住区（スロボダ）があって、そこで有利に商工業を営む人びととの競合にさらされていたという現実であった。そうした中世以来の特権的な「居住区」を都市の共同体に組み込み、税負担の軽減と不当な競合の排除をはかることが彼らの一致した要求であった。特別委員会はそれを全面的に認め、法典第一九章で成文化された。つまり商工業活動は「ポサード民」だけに許され、その直後から実施された「ポサード建設」によって免租の「居住区」は聖俗の大領主から没収されたのである。

一六四九年七月にはイギリス商人の国外追放が決定された。外国人の国内商業への進出に危機感をいだいたロシアの商人たちは、一六三〇年代、四〇年代に政府に「善処」を求めてきたのだが、これが満たされたのは偶然である。その年一月にイギリス国王チャールズの処刑という報告を受けたアレクセイ政府は、「大きな悪事」に驚いて、イギリス商人たちの追放に踏み切ったのである。

ロシアにおける農奴制の形成

「会議法典」は、都市民の基本的な要求を満たしたが、それ以上にロシアの農奴制の強化において画期的な意義を持つものとして知られている。つまり領主である貴族・士族と農民との社会的関係における転換を記すものとなったのである。この点について歴史的にさかのぼって述べることにしよう。

中世のロシア農民は「移転」の権利をもつ「自由な」身分であったとされる。つまり「領主裁判権」の下におかれ、移動や結婚といった人格にかかわる権利も制限される「農奴」ではなかったのである。一四九七年のイヴァン大帝の「法令集」、そして一五五〇年のイヴァン雷帝のそれでも、農民は「秋のユーリの日」、つまり一一月二六日の前後各一週間に領主の村や国有地の郷から「移転」できると規定されている。もとより借財・債務がなければという条件付きで、多くの農民はすでにこの権利を行使できなかったのだが、実際に「移転」した農民がいたことについては幾つもの事例研究がある。けれども同時にロシアの農民にとってきわめて不利な事態が進行していたのである。

中央集権化を進めていたモスクワ大公たちは自前の軍隊を強化するために、新たに士族身

ロシアの農民たち　17世紀の銅版画。中世ロシアの農民は人格的に「自由」で、「移転」の権利を持っていた

分をつくり出した。彼らは「騎馬で、従者を連れ、武装して」戦場や遠征、あるいは国境警備といった「軍役」を義務づけられた代わりに、「封地《ほうち》」を受け取った。けれども彼らの「封地」は、古参の貴族たちの「世襲領」に比べると小さく、地代を支払う農民世帯も少なかった。「軍役」を果たすためには最低二〇世帯が必要とみられていたが、それ以下のものが多数を占めていたのである。

「封地」を持つ士族たちによる農民「搾取」は厳しかった。そのため農民たちは「移転」の権利を用いて、より条件のよい貴族たちの村へ移る傾向があった。貴族たちは喜んで農民を受け入れただけでなく、彼らを勧誘した。負債があれば、貴族たちが肩代わりして、「合法的に」移転させたのである。したがって士族たちにとって「移転」の権利は不都合で、政府に圧力をかけたのも当然であった。イヴァン雷帝の治世には戦争と不作による国内の荒廃もあって農民不足は深刻さをましていた。こうして農民労働力をめぐる士族たちと貴族たちの対立が生まれ、先鋭化しつつあったのである。

一五八一年、政府は一時的に農民の「移転」の権利を禁止する法令を出した。いわば時限立法であるが、八〇年代には何度かそうした「禁止年」とされた年があった。そして一五九七年に逃亡農民の「捜索期限」を五年とする法令が出された。このことから五年前の一五九二年に「移転」を全面的に禁止した法令が出されたに違いない、という当然の推測がなされたのだが、多くの歴史家たちの努力にもかかわらず「法令」は発見されていない。したがって別の有力な解釈も提出されたのだが、ここでは深入りしない。

問題は逃亡農民の増大であった。逃亡とは領主の許可を得ない、「不法な移転」だが、ロシアの南部国境の拡大とともに著しく増加していた。肥沃な地方を目指して領主と村を捨てる農民は跡を絶たなかったのである。こうして一七世紀前半に焦点となったのは逃亡農民の捜索期限問題であり、その延長あるいは撤廃によって農民を土地に縛りつけることを強く主張したのが士族たち、逆にできるだけ短く留めようとしたのが貴族たちであった。大きな世襲領をもつ貴族たちにとって農民の土地緊縛は、より多くの農民労働力を「合法的に」誘引する可能性を閉ざすものであったからである。

遠征の前にモスクワに集まった地方士族たちはツァーリに「集団嘆願書」を提出して、「正しい裁判」の実施、そして捜索期限の廃止を強く訴えた。一六三七年、一六四一年、一六四五年に提出された「集団嘆願書」に対して、政府は九年、一〇年への延長という形で部分的に譲歩したが、士族たちはそれでは治まらなかった。モスクワの都市一揆が勃発したのはそのような状況においてであった。ゼムスキー・ソボールでは、すでに述べたように新しい法典の編纂が約束されたが、委員会にも多数の士族が加わった。「会議法典」の第一一章「農民の裁判について」のなかで逃亡農民の「捜索期限」はついに撤廃された。士族たちの主張が通ったわけだが、これは同時に農民の土地緊縛をも意味した。彼らの「移転」の権利はすでに風前の灯であったが、それでも「時効」があった。それが過ぎると、「自由」を得られる可能性がないわけではなかった。会議法典はロシアにおける農奴制の法的な確立を記したのである。

ゼムスキー・ソボールの終焉

「会議法典」は一二〇〇部印刷されて、モスクワの官署（プリカース）や地方都市の長官のもとに送られた。その半世紀後に改定が試みられたが、結局法典は一五〇年以上にわたってロシアの基本法として利用されたのである。他方でモスクワの一揆以後、ゼムスキー・ソボールの召集は稀となった。一六五三年、ポーランド支配からのウクライナの「独立戦争」、つまり「フメルニツキの反乱」を支持し、ポーランドとの戦争に入るに際して召集されたのを最後にほとんど開催されなくなった。なぜだろうか。

通説によると、それはゼムスキー・ソボールの主要構成員であった士族たちの基本的な要求である農民問題が最終的に解決されたことに求められてきた。またこれによって貴族と士族を隔てていた旧来の「壁」が取り払われて、彼らの糾合が進んだという点が指摘されてきた。それらと並んで重要と思われるのは、士族のあり方自体の変化である。旧来の士族の騎兵軍は「地方都市」を単位とするものであり、士族たちは「封地」のある都市・郡の仲間「百人組」とともに軍役を果たしていた。彼らのなかからモスクワ勤めの「選抜士族」やゼムスキー・ソボールの代表も選ばれており、地域と密接に関係していた。

ところが一七世紀後半の軍制改革、つまり歩兵連隊中心の「新軍」の形成と拡充によって、地方の士族たちは軍の将校などに転換されはじめた。それは彼らに新しい展望を開くものであったが、かつてのように地域的組織とは関係を持たず、また地域の「必要」にも関心を失った。つまり軍制の転換によって、かつて見られた「全土（フシャ・ゼムリャ）」、つまり「士族的な地方自治」という観念は消え、ゼムスキー・ソボールの基盤も失われたのである。かつて軍隊組織と地方都市行政の機能を一手に集中させていた「補任官署」も、いまや軍事の分野のみを管轄するようになった。地方はモスクワの官署による、そしてそこから派遣される「地方長官」による統治に完全に置き換えられたのである。

一六四八年の一揆の立て役者であった都市民、とくに「ポサード民」もその性格を変えた。商工業活動を独占した彼らのなかから「富裕な人びと」が生まれ、「ポサードの自治」は彼らの手のなかにあった。政府は徴税のさいの「不足」には彼らが「自己の商業と財産によって」応えるように求めた。大勢の一般のポサード民は軍隊の必要、酒税などますます増大する財政的な抑圧に苦しまなければならなかった。こうしてポサードは「全体の利益の守り手」の役割を演ずることを止めた。士族層と行動を共にすること、つまり「統一」について語られることも最早なくなった。こうしてゼムスキー・ソボールのもう一方の担い手であったポサード民もまた社会的な変質を余儀なくされたのである。

アレクセイ・ミハイロヴィチ　ツァーリの権威を象徴する「モノマフの帽子」を被り、手に王杖と王玉を持つ

「自分の意志で国を治める」

アレクセイの治世については『アレクセイ・ミハイロヴィチ治下のロシアについて』という同時代の記録がある。著者コトシーヒンは敵国スウェーデンに亡命した元使節官署のロシア人役人であり、当時のロシア事情に精通していたものの記述として、その史料的価値はきわめて高いものとされている。それによると、「故ミハイル・フォードロヴィチ帝の場合は専制君主を名乗りはしたものの、貴族との協議なしには何事もなし得なかった」。けれどもアレクセイは違う。「現ツァーリは専制君主を最高の称号として用い、思い通りに自分の国家を統治している」。つまり戦争や和平の締結、譲歩や援助の提供など大小さまざまな問題について、貴族や貴族会議官たちと協議することはない。「ツァーリは欲することを自分の意志のままにできる」と指摘している。

コトシーヒンのこの指摘はきわめて的確である。つまり一七世紀において貴族会議はその構成員こそ増えたが、影響力は逆に減じた。つまり当初から三〇人前後であったが、最大一五三人にまで増加した会議はほとんど形式的で、列席した貴族たち高官は長いアゴ髭をしごいて時間を潰しているだけであった。他方で行財政を扱う常設の官署（プリカース）は四〇を超えたが、この増加には意味があった。一六四〇年から半世紀間に中央・地方の国家機関に勤める人びとはほとんど三倍になり、「プリカースの人びと」という新しい社会層が生まれた。

アレクセイはこのような官僚制の充実をバックにして一六五四年に設置された「君主の枢密官署」で、最も信任の厚い側近とともに統治にあたった。ここには三〇〇〇羽の鷹《たか》、隼《はやぶさ》が飼育され、そのために二〇〇人の鷹匠《たかじょう》が抱えられており、彼の趣味である狩猟のためのさまざまな準備が行われたが、もとよりそれは副次的なものである。彼はそのなかに自分の仕事部屋を持った。ここで報告を受け、記録を読み、そして「勅令」を出したのである。ロシアの「専制的」「絶対主義」の成立をアレクセイの治世に求める理由はここにある。「大ロシア、小ロシア、白ロシアの専制君主」という肩書きを名乗ったのも彼が最初であった。

教会の分裂

ニコンの教会改革

アレクセイ・ミハイロヴィチはことのほか信仰に篤いツァーリであった。厳格に精進日を守り、うやうやしく祈り、そして修道院への巡礼を欠かすことはなかった。四旬節には一週間に三度しか食事をせず、それ以外の日も黒パン一枚と塩漬けの茸《きのこ》か胡瓜《きゅうり》を食べ、低アルコールのビールを一杯飲むだけであったという。また宗教・教会問題をみずから検討できるほどに神学に通じていたのだが、皮肉にも彼の治世にロシアの教会組織は分裂したのである。

ロシアの教会は、当時幾つもの問題を抱えていた。しばしば「二重信仰」という言葉であらわされる民間の異教的な信仰・迷信や慣習、在俗司祭の無知と無能、あるいは教会のなかでの長時間の儀礼などである。そうした問題に対する改革議論はすでに始まっていたが、焦点は教会儀式と典礼書にあった。つまりロシアの教会は一〇世紀末にコンスタンティノープル教会の信仰を受け継いだものだが、その後長い間に、特に一四五三年の帝都の陥落以後、儀式にせよ、典礼書にせよギリシアの「本家」とは大きくかけ離れてしまっていた。ロシアの教会では十字は二本の指で切られ、ハレルヤは二度唱えられ、あるいは跪拝《きはい》が行われていたが、いずれもギリシアの教会とは異なるものであった。

「第三のローマ」であるモスクワがその改革に乗り出さなければならない、という点で聖職者たちの意見は一致していた。けれども彼らの多くは、それはギリシア人たちが「トルコ支配」の下で自己の信仰を「純粋に」保つことができなかったから起きたことで、コンスタンティノープルの陥落後に正教会信仰の保護という課題はモスクワに移った。したがって改訂にあたっては「モスクワの手写本」がモデルとされなければならないと考えた。

けれどもそれとは反対に、あくまでギリシアに手本を求めるべきだという立場があった。当時のモスクワには「亡命」、あるいは一時的に滞在する学識あるギリシア人修道士が少なくなかった。モスクワの唯一の「印刷所」は彼らの援助なしには仕事をすることはできなかった。また東方教会の総主教たちもしばしばモスクワを訪問してツァーリや側近と会談していた。彼らの狙いはロシア政府の庇護のもとに「ビザンツの復興」を果たそうというものであり、コンスタンティノープル解放後にはモスクワの総主教が世界の正教会の首長となる、と囁《ささや》くものもいた。つまり「第三のローマ」理念は、ここでは「帝国的方向性」を帯びることになったのである。

一六五二年四月アレクセイは空席となった総主教に四七歳のノヴゴロド府主教ニコンを任命した。ニコンはツァーリの指示のもとに懸案の典礼書と儀式の改革にとりかかったが、「モスクワの手写本」ではなく、ギリシアのそれをモデルとしてロシア教会の改革を図った。つまり今後は三本指で十字を切り、ハレルヤを三度唱えること、また「跪拝」は必要ない。さらに教会の周りを巡る行列はそれまでとは逆の方向とされた。これには当然反対がおきたが、ニコンはただちに「改革」を実施するように強く指示したのである。

総主教ニコン　ロシア教会の改革を試みたが､かえって分裂を招いた

かつて「篤信者たち」と呼ばれ、熱心に改革を議論していたニコンの仲間たちは、もし反対するならば有無を言わさず追放された。ツァーリの「告解聴聞司祭」ヴォニファチェフはその仕事から排除され、長司祭アヴァクームは北方へ流刑された。ニコンの高圧的で強引なやり方には強い反発がおきたが、彼はいささかも妥協することはなかった。モスクワの総主教を世界の正教会の首長とするというギリシア人のあの「思想」は彼の耳元で囁かれていたのである。

ところが一六五八年アレクセイはささいな対立をきっかけに、ニコンを総主教の地位から追放した。ニコンは今にツァーリが宥《なだ》めにくるだろうと高をくくっていたが、そうはならなかった。二年後の教会会議で新しい総主教が選任されたのである。アレクセイがとった行動にはもちろん理由がある。ニコンは傲慢だった。月と太陽という古来の比喩でもって、総主教の地位はツァーリの上にあると語り、ツァーリの権威を公然と蔑《ないがし》ろにした。ニコンはモスクワの西六〇キロに壮麗な「宮殿」新エルサレム修道院を建てた。さらに修道院から諸特権を奪う諸条項を含んでいるという理由で、「会議法典」を「悪魔の書」と呼んで批判するとともに、自分を追放したアレクセイには破門を宣告したのである。アレクセイも動揺したが、覆水盆に返らず、一六六六〜六七年の教会会議で正式にニコンは総主教の座を追われ、北方へ流刑された。だが彼が始めた教会の典礼改革そのものはこのときの会議で正式に認められ、反対するものは「異端」のレッテルを貼られることになったのである。

古儀式派の誕生

以上のようにロシアで起きたのは「宗教改革」ではなく、教会儀式の改革であった。つまりルターのように「信仰のみ」という福音主義の立場からの根本的な改革ではなかった。この点はいかにも象徴的だが、その波紋はまだ深く宗教的なこの国のすべての人びとに押し寄せた。もっとも強い抗議は北方の白海の孤島の名刹《めいさつ》ソロヴェツキー修道院で起きた。修道院のあるソロフキ島は古くからの政治犯の流刑地でもあり、修道士二七三人のほかに、修道院内外で働く俗人を四〇〇人以上抱えていた。修道士たちは改訂された典礼書をもって現れた正教会の使者の受け入れを拒否した。俗人たちも「新しい信仰と教えと本」の採用を拒否する修道士たちを支持した。アレクセイの政府は銃兵隊を派遣したが、孤島という立地と高く堅牢な城壁のために包囲するのが精一杯であった。修道院では「ツァーリのための祈り」を止める決定がなされ、蜂起は明らかに反政府、反ツァーリの性格を帯びはじめた。だが包囲が長期化するにしたがって、内部では急進派と穏健派との対立がおき、最後の段階では修道院に残っていたのは三五〇人ほどであったという。一六七六年一月政府軍の総攻撃が始まった。捕らわれたものは六二人で、少なくとも二〇〇人以上がこの戦闘で斃《たお》れた。混乱のなか島を離れて、ロシア各地にソロヴェツキー修道院の戦いを伝える支持者もいた。

ソロヴェツキー修道院の蜂起はまったくの例外的な出来事ではなかった。ニコンの儀式改革を受け入れず、「ニコン以前の」「古い儀式」を守った人びと、つまり古儀式派（あるいは分離派）の信徒たちの一部は本格化した迫害を逃れて、ロシアの辺境各地に小さな拠点を築き始めた。敬虔な信者たちにとって、「アンチ・キリスト」が支配する世界に住むことはできない相談であった。この点ロシアという国には無限の可能性があった。特にロシア北部にひろがる広大な森が格好の場で、各地に作られた小さな「隠修所」は互いに連絡をとりながら「古い儀式」を守りつづけたのである。けれどもそうした場にも徐々に迫害の手が及んだ。政府派遣の軍隊が近づくと、彼らは木造の小屋に立て籠もって自ら火を放った。「火の洗礼」、つまり集団自殺という最後の手段に訴えたのである。そのために北部の森のなかには点々と「焼け跡（ガリ）」が生まれたという。一度に二〇〇〇人が「火の洗礼」を受けたという例があるが、通説によると一七世紀末までに約二万人がこうした過激な行動に出たのである。

もとより共同体を形成して、過激な行動に出るものは数の上では限られていた。多くは町や村の生活を離れることができない生活者であったから、ひそかに「古い儀式」を守り、あるいは教会への出席を止めることでプロテストの意志を示したが、それとて容易なことではなかった。

教会改革と司祭

では一般の信者、そして町や村にある教会の司祭たちは儀式改革にどのような反応を示しただろうか。聖書など読むことはなく、見たこともない当時の人びとにとって、教会での儀式や典礼が信仰のすべてであった。儀式こそ信仰であり、救済の手段であった。それなのに司祭の口から、これからは二本ではなく、三本の指で十字を切るようにと言われたとき、あるいは行列の際には教会の周りをこれまでとは逆に回るように導かれたとき、一般信徒たちの驚きはいかばかりであったろう。この点で初歩的な読み書きしかできず、神学の知識にはまったく欠けていた司祭とてほとんど同じである。いかなる理由があるにせよ、「上からの」

儀式改革の指示にすぐに従うわけにはいかなかった、と推測されるのである。

ニコンの儀式改革は、一六七〇年代にはロシアの多くの地方の教区ではほとんど浸透しなかった。教会では依然として古い典礼書にしたがって祈りが行われていた。一六八三年多くの村や小さな町の教区を巡察したリャザン府主教パーヴェルは、新しい典礼書でもって儀式がなされているところはどこもないことに驚いている。けれどもこれをすべて司祭や一般信者の「抵抗」として理解することは必ずしも正確ではない。つまり教区司祭たちの多くが古い典礼書から新しいそれへと切り替えなかったのは、そう指示されず、また新しい典礼書が彼らの元にまだ届かなかったからである。言うまでもなくロシアは広い。町の教会はまだしも、遠くの、孤立した村の教会に儀式改革の指示が限なくいきわたるにはかなりの時間が必要であった。また総主教の印刷所で改訂版が印刷され、そしてそれが村司祭の手に配布されるまでにも長い時間がかかった。こうした状態が改善されるのは一六八〇年代に入ってからであり、そして地方の教区司祭たちが中央の求めに応じたのは、ようやく世紀末のことであったのである。

改訂された典礼書の導入に反対して、古い儀式を守るために戦った司祭と教区民はもとより少数であった。あったとしても、それは外部からの強圧的なやり方に反対したものであり、概して教区司祭たちは「上からの指示」におとなしく従ったのである。むしろ危険なのは教区を持たない遍歴司祭、聖職を剥奪された司祭、あるいは逃亡司祭などの「マージナルな司祭たち」であった。「古い儀式」の正統性を訴え、そのメッセージを広げたのはこうした連中であり、ときにモロゾワ夫人のように彼らに「隠れ家」を提供する首都のエリートもいた。また教会と国家の行政的な介入を免れていた遠隔の地でも彼らの活動の余地は大きく開かれていた。ドン・コサックの地はそうした連中にとって格好の場であったのである。

独身か、妻帯か

ところで、儀式改革を正式に決定した一六六六年の教会会議は、「妻を亡くした司祭」についても改革した。「妻を亡くした司祭」は、主教から特別の許可を得て、その聖職にとどまることができること、また若い司祭については、「降格」という条件付ではあるが、再婚を認めるという内容である。これまでの厳しい規則は古いコンスタンティノープルの教会法に基づくものではない、というのがその理由であった。キリスト教といえばカトリックとプロテスタントのことしか頭に浮かばない人には、この問題の意味あいがまったく理解できないかも知れない。そこで司祭の妻帯問題に関するキリスト教の歴史を簡単に振り返っておくことにしよう。

教会で結婚式を行うというのは、今では当たり前のように思われているが、改めて言うまでもなくこれも歴史的な現象である。パウロをはじめ初代教会の指導者たちは俗人、聖職者を問わずそもそも結婚自体に否定的であった。「コリントの信徒への手紙」のなかで、パウロは次のように述べている。「男は女に触れない方がよい。しかしみだらな行いを避けるために、男はめいめいの妻を持ち、また、女は自分の夫を持ちなさい」「未婚者とやもめに言いますが、皆わたしのように独りでいるのがよいでしょう。しかし、自分が抑制できなければ結婚しなさい。情欲に身を焦がすよりは、結婚した方がましだからです」。パウロのこうした言葉にもかかわらず、現実には俗人はもとより、聖職者の妻帯は初代教会でも普通の現象であった。四〇一年のローマ教会会議、五三五年のクレルモン教会会議で聖職者の独身制が定められ、また性的逸脱には仮借ない批判が浴びせられた。だが大して効果はなく、一〇〇〇年頃までほとんど改まることはなかった。マルク・ブロックは『封建社会』のなかで、「農村の教区をあずかる司祭ともなると、教育の程度は低く、収入も乏しく、要するに教区民たちとさして変わらぬ生活を送っていた」「彼らのほとんど全員が妻帯していた」と指摘している。もとより彼ら下級聖職者だけでなく、司教、教皇などの高位聖職者も妻帯したのである。

クレムリンの赤の広場での宗教儀式　背後はヴァシリー聖堂

　このような状態に転換をもたらしたのが、関口武彦によると一〇七三年に即位したグレゴリウス七世から五代、四六年間にわたる修道院出身の教皇たちによる教会統治であった。彼らは「聖職者の姦淫」について繰り返し指弾した。聖職者の妻帯を激しく攻撃したペトルス・ダミアーニは、教皇への手紙のなかで「あなたの按《あん》手《しゅ》によって聖霊がくだる。その神聖な手をあなたは娼婦の陰部にあてている」と述べた。娼婦の身体とキリストの身体に同時に触れるのは狂気の沙汰であり、瀆神《とくしん》行為である、というわけである。かくて既婚者は司祭職から排除され、司祭の妻たちは「内縁の妻」とか、「売春婦」「姦婦」と称された。独身は私的な義務にとどまらず、ラテン教会の聖職者の身分規定となった。かくて聖俗間に明確な境界線が引かれたわけだが、宗教改革まで状況には変わりなかった。多くの村司祭は「事実上の妻帯」の状態にあった。教区民たちも彼らがしっかりと「お勤め」を果たす限り、とくに強く咎めることはなかったのである。

「妻を亡くした司祭」

だが東方教会では妻帯問題はいささか異なる経過をたどった。五世紀前半に生きたエジプトの司教パラヌティオスは、「聖職者たちにあまり重い負荷を課す必要はない。なぜなら結婚は尊いものだから。もしまだ結婚せずに聖職についたものが、その後も結婚しないならば、それで十分である。しかしまだ世俗にいたときに結婚した妻から、聖職者を引き離すべきではない」と語った。彼は「妻帯の古典的な擁護者」として知られているが、六九一年のトルルス（クイニセクスト）主教会議の規則で「司祭の妻帯」が承認された。つまり司祭は叙任前に結婚してよいし、叙任後も結婚したままでよいとされたのである。ただ主教以上の高位聖職者については修道士でなければならない、つまり独身であることが求められた。したがって「結婚による汚れ」の思想はここでも認められるが、西方に較べるとはるかに緩やかであった。ロシアの教会が受け継いだのは、もちろん東方教会の「思想」であった。

中世以来ロシアでは教区司祭と輔祭は叙任以前に結婚していなければならないとされていた。そのため彼らはしばしば大家族を持ち、司祭職はたいてい父から息子へと世襲された。村の農民たちも「よそ者」が教会に入るよりも、その方をよしとした。正教会組織もまた、無学な司祭の世襲という弊害を知ってはいたが、亡くなったり、勤めができなくなった司祭の家族の扶養を考えて、村からの要請に応じて彼らの息子たちを「叙任」したのである。

焦点は「妻を亡くした司祭」である。彼らには再婚が禁じられた。もし聖職に留まることを望むのであれば、修道院に入るか、あるいは司祭からの「降格」を求められたのである。先に述べたように、一六六七年の教会会議ではこの点を緩和することが決定された。トルルス主教会議の規則では、すべての教区司祭は必ず結婚していなければならない、とは言っていないというのが理由であった。

では新しい規則は事態を変えたであろうか。否である。若い司祭たち（年齢の規定はない）にとっても、再婚は「人気のあるオプション」ではなかった。まず主教の許可は得がたく、また「降格」によって給与も低下した。さらに最も重要なことは、再婚は何よりも「社会的な不信」を招いた。以前の仲間たちからは追放され、厳しい贖罪《しょくざい》を求められた。一般の社会からは「弱さゆえの再婚」として軽蔑され、不信の眼でみられた。それほどの社会的、精神的なリスクを冒してまで再婚を選ぶものはほとんどいなかったのである。

他方で修道院に入ることは、新しい展望を切り開くものであった。数年後には普通の修道士としての身分が保障されただけでなく、より高位を望むこともできた。「妻を亡くした司祭」のなかから多くの主教、府主教、そして総主教さえ出ていた。総主教ニコンも教区司祭として出発したが、妻との間にできた子供が次々と亡くなったのを儚《はかな》み、二人ともども修道院に入った。その後ツァーリの目に止まり、目覚ましい出世を果したのである。

「革命」前夜のロシア

モスクワのヨーロッパ人

中世にあって「文化」とは第一義的には宗教であり、信仰であった。ヨーロッパの歴史において「近代」は一六世紀に始まるとされるが、ルターの宗教改革とその後の流血の「宗教戦争」に示されるように、一七世紀半ばまで信仰はたえず中心的な政治問題であった。世紀後半からようやく「啓蒙《けいもう》の時代」への動きが始まり、他方で「経済」が前面に出てくる。珍しい物産を買い集めて、高値で売りさばく商人たちの遠隔地貿易は中世後期以来の現象だが、大型の船をつくり、世界の海に出て大量に物産を買い集め、売りさばくことで「国富」の増進を図る、つまり「重商主義」の思想と政策は一七世紀からみられる固有の現象であった。「海洋国家」オランダとイギリスを筆頭にして、ヨーロッパ各国がこの大きな動きに巻き込まれた。その荒波はいまだ中世的で、それまで西ヨーロッパとの交流が薄かったロシアにも押し寄せてきたのである。

ロシアに最初に現れた西ヨーロッパ人はイギリス人であった。ペルシアへの新路を探していたホーセイの一行は、誤って白海の港に漂着した。一五五二年のことである。モスクワまで連れて行かれた彼らはイヴァン雷帝から交易のために「モスクワ会社」の設立を認められたのである。こうしてイギリスとロシアとの間で細々とした通商関係が始まり、間もなくバルト海の穀物貿易を牛耳っていたオランダも参入した。すでに指摘したように、ロシア人商人たちは、外国貿易だけでなく、国内市場にまで侵入しようとする彼らに対して危機感を抱き、政府に彼らの排除を強く求めた。一六四九年のチャールズ一世の処刑に驚いたロシア政府は一時イギリス商人をロシアから追放したが、間もなく復活したのである。

最近の研究によると、一七世紀のロシアには全部で一三六一名の「商業を営む外国人」、つまり西ヨーロッパ人の「商人と手代」の滞在が認められる。多くはアルハンゲリスクでの定期市の期間に来て、年に数ヵ月滞在するものである。オランダ人が最多で六六四名、次いでイギリス人が三一九名、ハンブルク人が二一〇名となる。次に多いのが「モスクワの外国人商人」、つまり「出身地」の不明なもので一一三名、リューベック人が六一名、ブレーメン人が一四名となっている。おおよそ年間二〇〇名から三〇〇名の商人と手代がロシアにいたと推測されている。

もとより「外国人」の滞在者は商人に限られるわけではない。ロシア政府は軍人として外国人を雇い入れており、特に一六三〇年代の初めのスモレンスク戦争時には著しいものがあったが、戦後は減少した。例えば一六八二年には三八一名という数字が残されているが、十数年後の第二次アゾフ戦役のときには一〇〇〇名、という数字もある。そのほかに、軍人ではなく、薬事、諸々の手工業など非軍事的な仕事で政府に雇われた外国人もいた。

そのほかに見逃すことができないのは、ヨーロッパ人旅行者である。彼らの滞在は短いものであったが、旅行記の形でロシアという未開の国についての見聞をヨーロッパ社会に広めた。その嚆矢《こうし》は神聖ローマ帝国の使節としてモスクワにやってきたヘルベルシュタインである。彼は一五一六年から翌年、そして一五二五年から翌年と二度モスクワに滞在した後の一五四九年『モスクワ国注釈』を著して、ロシアという国について広く紹介するとともに、ヨーロッパ人のロシア像形成に決定的ともいうべき役割を果たした。つまり「ツァーリの政治的専制、道徳的な下品さ、文化的なものへの無関心」というネガティヴなイメージである。次いで一五九一年、イギリス人のフレッチャーが『ロシアのコモンウェルスについて』を著した。

詳細さという点ではアダム・オレアリウスの『モスクワ及びペルシア旅行記』におよぶものはない。オレアリウスはホルシュタイン公の使節として一六三〇年代に三度ロシアを訪問した後に、一六四九年に旅行記を刊行した。ドイツ語で書かれた本書はその後ヨーロッパ各国語に翻訳された。ヘルベルシュタインの記述よりもはるかに詳しく、アップ・トゥー・デイトではあるが、基本的な見方は引き継がれている。最後にオランダ使節団の一員で、後のアムステルダム市長のニコラス・ヴィッツェンの『日記』がある。ロシア滞在は一六六四年末から四ヵ月ほどだが、興味深い見聞を記している。相変わらずロシア人は「ツァーリ自身を除いて、すべて奴隷である」というヘルベルシュタイン以来の先入観を持ち帰ったのである。

「外国人村」の建設

外国人は商人にせよ、軍人にせよ、モスクワに住むものが多数を占めたことはいうまでもない。当然のことだが、彼らは一緒に自分たちの生活文化、「文明」を持ち込んだのであり、そのことによってロシア人とのさまざまな軋轢《あつれき》を生み出した。もともと「外国人嫌い」で、「聖なる都」が外国人によって汚染されることを危惧した高位聖職者たちは、政府に強く働きかけた。かくて外国人によるロシア人の働き手、召し使いの雇用やロシア人の衣服の着用が禁止された。またロシア人農民が耕す領地の獲得も禁止された。だが最後のそれを除いて、大して効果はなかった。政府とても外国人は必要な人材であり、その知識と合理的な技術の先進性にすぐ気づいた。彼らと一緒に仕事をしていたもののなかから「西欧派」が現れたのも無理はなかった。

アレクセイの政府は一六五二年、モスクワ郊外つまりヤウザ川の向こうに「外国人村」を設け、すべての

モスクワの貴族たち　17世紀半ばのモスクワの貴族。アダム・オレアリウスの旅行記に描かれたもの

外国人は四週間以内に市内の住居を処分して、ここに移住するように求めた。これによってロシアの正教徒を外部の望ましくない影響から守ろうというわけで、あたかも中世ヨーロッパの諸都市がユダヤ人に対してとった隔離措置に似ているという歴史家もいる。けれども村は出入りの不自由な「ゲットー」ではなかった。一六六五年の調査記録によると、「外国人村」には二〇六世帯が住んでおり、そのうち一二六世帯は軍人の世帯であった。一世帯五人くらいと考えると、村の人口は約一二〇〇人となる。なかにはトルコ人、タタール人などの召し使いも含まれていたと推測されるから、ヨーロッパ人だけに限定すると約一〇〇〇人というところだろう。一六八〇年代末のモスクワに滞在していたフランス人外交官ヌーヴィルも「コクイ（川の名前）の外国人」、つまりこの村の外国人について同じ数字を挙げている。村には当時二つのルター派教会と一つの改革派教会があり、村の通用語はドイツ語であった、という。

モスクワ郊外の新しい村は、一直線の並木通り、広場、噴水、あるいは庭園付きの二階三階建ての邸宅という具合に、すべてがヨーロッパ風に整備された小さな都市であった。かつてクリュチェフスキーは、この村を「モスクワの東の郊外に巣くった西ヨーロッパの小さな一角」と控え目に呼んだのに対して、ペテルブルク大学のプラトーノフは、ロシアという「文化的砂漠に植えつけられたオアシス」とまで高く評価したのである。このようにヨーロッパ文明は「外国人村」を通してロシアに入ってきたわけだが、それは主に物質的な性格のもので、文化的な影響としてはキエフ神学校の役割を見落とすことはできない。

一七世紀初めのウクライナはカトリックのポーランドの政治的支配下にあり、ウクライナの正教信仰は危機にあった。一六三一年キエフのペチェルスカヤ修道院長で、後のキエフ府主教ピョートル・モギラは、正教信仰の活性化のために神学校を創設した。ポーランドやローマのイエズス会の「学院《コレージュ》」に学んだ経験を持っていたモギラは、それをモデルとした。「学院」はスペイン、フランスからポーランドまでのカトリック世界に最も普及した中等教育機関であった。

モギラは神学校のカリキュラムにギリシア語、教会スラブ語の他にラテン語の学習を取り入れた。この大胆な改革は当初こそ反発を招いたが、ラテン語を通してヨーロッパの現代思想に通じた一部の卒業生の博識はモスクワで大きな反響をひき起こした。貴族のなかには子弟をキエフに送るものも現れ、またキエフから家庭教師を招いた。その卒業生シメオン・ポロツキーは頌詩《しょうし》作家としてアレクセイ帝に仕え、彼の子弟の教育にも当たったことはその象徴である。シメオンの弟子メドヴェージェフもフョードル帝に仕えて同じような神学校をモスクワに設立しようとした。その計画は正教指導者たちのかたくなな抵抗にあい、メドヴェージェフは命を落とした。だが、この動きは止むことはなかったのである。

地方のロシア

一七世紀末のロシアは広大で、ますます拡大の傾向を示していた。人口は一〇〇〇万人くらいと推測されるが、人口密度はきわめて低く、一平方キロ当たり一〇人に満たなかった。

ヨーロッパ最大の人口を擁した同時代のフランスを見ると人口二〇〇〇万人、そして人口密度は三四人であった。広大だが、人口密度は比較にならないほど低かったのである。大都市は人口約二〇万人のモスクワだけで、第二の都市ヤロスラヴリも五万人に満たなかった。つまりモスクワは例外で、地方の都市と農村は経済的には貧しく、行政的な組織も決して十分とはいえなかったが、もとより放置されていたわけではなかった。

一七世紀の地方行政の担い手は、モスクワから郡の主都市に派遣される「地方長官（ヴォエヴォーダ）」であった。地方長官は一六二〇年代には一八五人、一六九〇年代には約三〇〇人を数えた。彼らは政府から給与を与えられた官僚であったが、多くは退役軍人であった。重要な都市には二人の地方長官が派遣された。任期は二年前後と短く、おもな任務はかつてのような軍事的なものから徴税など民政へと移っていた。こうして地方行政の官僚化が進められたわけだが、彼らはしばしば地方住民の反発を招いていた。というのも地方長官は短い在任期間に「贈り物」という形で日常的に住民から収奪することによって、不正な蓄財に走るのが常であったからである。また彼らはそれと関連して旧来の住民自治を侵害した。こうした彼らの権力濫用や収奪を未然に防ぐことは不可能で、住民の嘆願書による更迭《こうてつ》の訴え、あるいは内部告発が唯一の手段であった。中央からの距離に比例して、汚職の数も増した。この点で最も悪名高いのはシベリアだが、「汚職天国」シベリアの長官志望者は跡を絶たなかったのである。

シベリアは、いうまでもなく毛皮獣の宝庫であった。先陣を切ったのは狩猟業者たちで、毛皮商人たちが後に続いた。ツァーリ政府も抜け目なく彼らから税を取りたてた。一六世紀末にロシアを訪れたイギリス人フレッチャーは、ロシアの国家歳入の三分の一が毛皮収入であると指摘している。毛皮獣といってもいろいろで、一七世紀の史料にはテン、黒と白の狐、オコジョ、銀リス、ビーバー、山猫、黒と白の北極狐、兎、狼、ジャガー、黒豹などが挙げられている。世紀半ばのシベリアのロシア人は約六万人とされるが、その三、四倍を数えたと推測される被征服先住民たちは税（ヤサク）として一定の毛皮の納付を義務づけられたのである。

毛皮のなかでも「黒テン」の優美で柔らかな感触は特別なもので、いちはやくヨーロッパの「王侯貴族たち」の愛用するところとなった。征服者であるロシア人にとっても地位と名誉の象徴であり、しかも大儲けが約束された交易品であった。一七世紀半ばにはロシア全体で年間二〇万枚もの「黒テン」が取り引きされていたというが、推測の域を出るものではない。だが乱獲は事実で、早くも資源の枯渇を招くことになったのである。

シベリアに建設された砦、要塞は安全の確保と人口の増加によって徐々に「商業都市」へと発展していき、周辺では農業も営まれるようになった。バイカル湖の付近に東シベリアの中心都市となるイルクーツク砦が建設されたのは一六六一年のことであり、世紀末には早くも太平洋岸まで達した。だが文字通り広大なシベリアに住むロシア人人口はわずか一五万人ほどであった。

ステンカ・ラージンの反乱

一六六七年、アレクセイの政府にドン河下流に住むコサックたちの間での不穏な動きが伝えられた。コサックというのは基本的にはロシアやポーランドからの逃亡農民で、大河川の河口付近に点々と小さな町を築き自ら選んだ首領（アタマン）の下に共同の自治的生活を営んでいた。彼らに特徴的なのは農業と手を切り、ステップの騎馬遊牧民の生活様式を採りいれたことにある。武装した彼らは大小のグループで周辺の大きな町を略奪した。牧畜や漁業もしたが、おもな生計の資は略奪によって得られたのである。ドン・コサックは当時二万人と推測され、コサックのなかでは最大の規模を誇っていた。モスクワの政府は彼らの存在を認めて、定期的に穀物や塩、火酒を提供する代わりに国境の警備を委ねていたのである。ドン・コサックの遠征はペルシアに向かっており、この点で通常の遠征であった。だが異なるのは本部チェルカッスクに住む古参コサックである首領たちの許可を受けていなかったこと、そして新参のコサック中心の略奪遠征であったことである。指揮したのはステパン・ラージン（ステンカは愛称）で、四〇歳位の古参のコサックであった。部隊は多大な犠牲者をだしながらも、二年におよぶカスピ海遠征によって莫大な獲物を持ち帰った。指導者ラージンの名声は高まり、彼の下には次の遠征に向けて大勢のコサックたちが押し寄せてきた。かくてドンでは、チェルカッスクの首領たちを押しのけて、ラージンが主導権を握るにいたった。

一六七〇年春、ラージンは再び遠征の先頭にたった。このたびは六〇〇〇人の大部隊で、

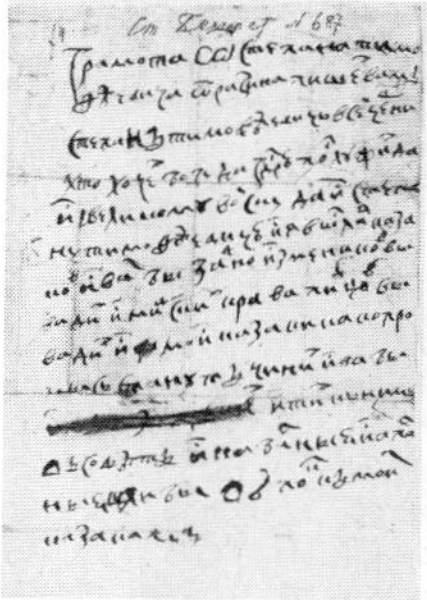

ステンカ・ラージンの反乱　モスクワに連行されるステンカ・ラージン。図の左下は弟のフロール。左は唯一残存しているラージン自筆の「魅惑の書」

それだけでも周辺には脅威を与えたが、さらにヴォルガを下るのではなく、逆に遡《さかのぼ》りはじめた。ヴォルガ河沿いの町々はラージン軍の攻撃によって、町の秩序は転覆させられ、コサックの自治的体制が敷かれた。遠征は明らかに反権力的な志向を示したのである。ラージンの部隊が近づくと、多くの町はみずから門を開け、「パンと塩」をもって歓迎したという。周囲の村々でも農民たちはラージンの呼びかけに応じて、領主の館を襲った後に部隊に加わった。

蜂起を呼びかけたパンフレット「魅惑の書」には、自分たちの陣営には現在のツァーリの後継者アレクセイ・アレクセイヴィチが同行している、また「失寵《しっちょう》した」総主教ニコンがいるとも記されたものがある。つまりラージンの反乱は「反ツァーリ」では決してなく、貴族をはじめとする「悪人たち」に対する正義の戦いとして自覚されていたのである。かくてヴォルガ中下流域一帯はラージン軍の勢力下に置かれたのだが、注目すべきはコサックの部隊にバシキール、チュヴァシなどの非ロシア諸民族が加わっていたことである。彼らはこの地域へのロシア人の入植と強引なキリスト教化政策のために最も抑圧を受けていた人びとであった。

アレクセイ政府はラージン軍の動向を注意深く見守り、彼らの情宣に対しては反撃に出た。アレクセイの息子は一六七〇年一月に病死したことを公にし、流刑した前の総主教ニコンについては他所へ移したのである。ラージンの反乱は一六七〇年一〇月のシンビルスクの攻防で決着した。最新の装備の「新軍」を投入した政府軍に対して、ラージンの部隊は武装闘争の経験があるコサックを除くと、多くは碌《ろく》な武器もない「昨日までの農民」、下層民であった。この戦いで負傷したラージンはいったんドンに帰るが、そこでかつての仲間に取り押さえられ、政府軍に引き渡された。言い換えると、チェルカッスクの首領たちはラージンを「ドンの法によって」裁くのではなく、「引き渡す」ことで自ら伝統的な自治を棄てたことになる。ラージンがモスクワの「赤の広場」で処刑されたのは翌年六月のことであった。

アレクセイの政府はドン・コサックの自治を破棄するとともに、ツァーリに対する「忠誠の誓い」を求めた。首領たちに抵抗する術はなく、辺境の「自由で自治的な共同体」は、ほぼ完全にツァーリ支配下に置かれたのである。

第三章　ピョートル大帝の「革命」

西欧に憑かれた若き皇帝

クレムリンの権力闘争

一六七二年五月三〇日明け方、クレムリンの鐘は皇帝アレクセイの男児の誕生を告げた。アレクセイは三年前の一六六九年に長年連れ添ったマリア・ミロスラフスカヤを亡くした。夫妻は合計一三人の子供に恵まれ、男子の後継予定者もいたが、アレクセイは二年後にナタリア・ナルイシュキナと再婚したのである。

ピョートルと名づけられた男児は後継者の系列からは外れていたが、クレムリンにおけるナルイシュキン家の地位は強まった。ツァーリ妃の親族が政府の主要なポストを占めるのが通例であったからである。アレクセイが生きている間、表面的にはこのことは問題化しなかった。だが彼が亡くなった一六七六年、はやくも騒ぎが起きた。つまり最初の皇帝妃を出したミロスラフスキー家と第二のナルイシュキン家との間の後継者争いである。このときはミロスラフスキー家のフョードル三世が即位した。彼は一六歳だからすんなり即位しても問題は起きないはずであったが、健康に大きな不安を抱えていたのである。

フョードル３世　16歳で即位したが病弱で、６年でその治世を終えた

案の定フョードル帝の治世はわずか六年、彼の死去で終わった。フョードルは聡明で進歩的なツァーリで、古いロシアを変えようとした。古いロシアとは「正教的」「貴族的」なロシアということだが、彼はポーランド系の貴族の娘を妃に迎えて、ラテン文化の影響を意に介さなかった。むしろ進んで受け入れようとしたとされる。またすでに形骸化していた門地制を廃止して、門閥にこだわらぬ人材登用を図った。それらを「フョードル改革」として、後の「ピョートル改革」の先駆として位置付けようとする見解さえある。けれども如何せん彼は病弱で、治世は短かった。結婚して間もない一六八二年四月、フョードルは、跡継ぎを残すこともなく世を去った。

後継者をめぐる争いは病床のフョードルの枕元で起きていた。ミロスラフスキー家には一六歳になるフョードルの弟イヴァンがいたが、彼は病弱なうえに精神的にも発達が遅れていた。これに対してピョートルは一〇歳になり、ますます頑健で、大柄な子供に成長していた。まずピョートルを支持するナルイシュキン派が動き、総主教ヨアキムもこれに同調した。こうしてフョードル逝去と同時に母ナタリアの「摂政」就任という条件で、ピョートルが正式に即位したのである。けれどもすぐにミロスラフスキー派の巻き返しが始まった。

中心は故フョードル、イヴァンの姉で二五歳の若きソフィアであった。彼女は聡明で、兄弟とともに高い教育を受けていたが、誰よりも権力志向が強かった。当時モスクワに滞在していたフランス人外交官ヌーヴィルによると、「彼女はかつてマキャヴェリを読んだことさえないが、彼のすべての処世訓を使いこなす。とりわけ企てられないことは何もないこと、そして支配が危うい時に犯されてはならない罪はないことである」。ソフィアはモスクワの警備に当たっていた銃兵隊に「餌」を与えて、ナルイシュキン派の打倒を画策したのである。

ピョートルが即位した翌五月、銃兵隊はクレムリンに乱入して、ナルイシュキン派の主要な人物を襲った。使節庁の長官アルタモン・マトヴィエフを含む四〇人が殺害された。ナタリアとピョートルは辛うじて難を逃れたが、権力はソフィアの手に移った。ピョートルはイヴァンの「共同統治者」に格下げされた。「二人のツァーリ」という変則的な形であるが、ビザンツに前例があるとされた。こうして「摂政」に就任したソフィアが政治の実権を握った。ピョートルは母とともにモスクワ郊外のプレオブラジェンスキー村の宮殿で過ごした。稀にクレムリンの儀式に呼ばれるだけで、正規の帝王教育を受けることもなく放任されたのである。

摂政ソフィアの治世

ソフィアは一回り年上の寵臣《ちょうしん》で、「愛人」とも噂されたヴァシリー・ゴリツィンとともに統治にあたった。最初の難題はほかならぬ銃兵隊の扱いであった。というのは彼らのなかには銃兵隊庁長官ホワンスキーをはじめ、「古儀式派」の支持者が多かったからである。彼女はその処理に手を焼いたものの、「ホワンスキー派（ホワンシチナ）」を首尾よく鎮圧した。彼女はその後ロシアにおける非正教徒に対する規制を緩めた。フランスのユグノー、つまり亡命プロテスタントたちを受け入れ、そしてキエフ神学校をモデルとした高等教育機関「スラヴ・ギリシア・ラテン・アカデミー」が設立された。当時のロシアでは最大の西欧通であるゴリツィンには外国人の多くの友達がいた。彼が「農奴解放」を考えていたという噂は確認されないが、農民の地位について一定の改善を図ろうとしていたのである。

けれどもソフィアは対外政策で大きく躓《つまず》いた。対オスマン帝国の「神聖同盟」への加入によって、一六八七年春、ロシアはクリミア遠征を敢行した。全軍の指揮にあたったのはゴリツィンだが、遠征は成果なく終わった。水の補給が思うにまかせず、戦わずして帰還したのである。だが政府はこれを「一時的な撤退」として正当化した。八九年二月、再び遠征がなされ、七月に「凱旋軍」としてモスクワに迎えられた。ゴリツィンらには惜しみなく褒賞《ほうしょう》が振る舞われた。だがこれは完全な演出で、虚報がばれるのにさほど時間はかからなかった。

ソフィアの政府が信頼を失ったのに対して、ピョートル支持派は攻勢に出た。成人を迎えたピョートルを「結婚」させることで、「摂政職」の大義名分を失わせようというわけである。こうして一六八九年一月、彼の結婚式が挙行された。相手はエウドキア・ロープヒナという下級貴族の娘であった。このような「選択」にはもちろん理由がある。慣習的に重視されてきたのは結婚によるクレムリンの階層序列の動揺であり、それを避けるために大抵は取るにたらない貴族の娘から選ばれたのである。

八月半ば、ピョートル「襲撃計画」が立てられた。ソフィアはみずから「皇帝」になる強い意志があったことは確かだが、この「計画」が彼女の側から発せられたかどうかは謎である。ともあれプレオブラジェンスキー村の宮殿で寝ていたピョートルに「陰謀」を知らせるものがあり、彼は馬を駆ってモスクワ近郊のトロイツェ・セルギエフ修道院に逃れた。翌日からピョートルの下には聖俗の高官たちが続々と集まりはじめた。その段階で勝負はあった。ゴリツィンは逮捕され、北方に流刑された。ソフィアもノヴォジェヴィチイ修道院に幽閉され、生涯にわたって監視された。政治の実権はこうしてナルイシュキン家の一族に移ったのである。

摂政ソフィア　故フョードルとイヴァンの姉で、皇帝になる意志を持っていた

ピョートルと「外国人村」

一六八九年はピョートル派にとって

画期ではあったが、このときから彼の「親政」が始まったわけではない。政治は彼の母ナタリアと祖父レフ・ナルイシュキンが担当したのであり、一七歳のピョートルにはまだ統治の意志はなかった。また結婚の相手エウドキアとも間もなく疎遠になるが、翌年に第一子アレクセイが誕生した。つまり世継ぎに恵まれたのである。次の年には第二子が誕生したが、一歳になる前に亡くなった。ツァーリ家といえども乳幼児、特に男児の死亡率は高かったのである。

ピョートルは少年の頃から軍事に強い関心を示していた。同世代の仲間を集めての兵隊遊びから始まり、次第に本格的なものへと進んでいった。「ピョートルの遊戯連隊」による軍事訓練では負傷者はもとより、死者まで出たのである。そして彼の傍らにはいつもアレクサンドル・メーンシコフがいた。彼には子供の頃モスクワの街頭でピロシキという饅頭を売っていたという噂があった。身分の低い下士官の息子であったが、多才かつエネルギッシュであった。メーンシコフは後にピョートルに次ぐロシア第二の人物、彼の「片腕」となるのである。

ピョートルにとって間もなく新しい世界が開かれた。モスクワ郊外の「外国人村」の外国人との親交である。彼はスコットランド出身のパトリック・ゴードンの邸宅をよく訪れた。ゴードンは後にピョートルの軍事顧問となった。またスイス人傭兵の出で、すでにロシア滞在一五年のフランツ・レフォルトとも親密になった。ピョートルに遊びや飲酒を教えたのは彼だとされるが、ピョートルにとっては最良の友であった。そのほかに彼にオランダ語を教えたアンドレイ・ヴィニウスは、ロシアに初めて「鉄工場」を設立したオランダ人商人の息子であった。ピョートルの最初の「愛人」アンナは「外国人村」の居酒屋店主ヨハン・ゲオルグ・モンスの娘であった。こうした友人たちに囲まれながら、ピョートルは遊びかつ学んだ。もとよりツァーリのこうした振る舞いを白い眼で見るものもいた。特に聖職者はそうであったが、ピョートルは意に介さなかった。それどころか、ピョートルはいわゆる「至狂至酔宗教会議」を組織して、酒盛りと乱痴気騒ぎでもって反発したのである。

親政の始まり

一六九三年七月、ピョートルはモスクワを離れて、白海の港町アルハンゲリスクに向かった。当時のロシア唯一の港であり、そこで外国商船を見学した。翌年夏彼は再びアルハンゲリスクにやってきた。ピョートルの航行と造船に対する強い関心はこの頃から生涯にわたって続くのだが、この時には白海に浮かぶソロフキ島の修道院まで足をのばしている。ピョートルはキリスト教徒であり、ツァーリとしての正装で教会儀式に参加していたが、それは敬《けい》虔《けん》な母ナタリアに対する愛情のゆえでもあった。一六九四年一月、その母も亡くなり、文字通りピョートルの「親政」が始まった。その二年後には異母兄のイヴァン五世も亡くなった。ピョートルはそれまで黙って「儀式」一切を担ってきたイヴァンに愛情を持ってきたという。もはやピョートルを「伝統」に繋ぎ止めるものはなくなったのである。

ピョートルの最初の戦いは旧来通り南方に向けられた。目標はソフィアよりも控え目で、まずはオスマン帝国が支配するドン河の河口の要塞アゾフを落とすことであった。だが一六九五年夏の遠征は成功しなかった。オスマン帝国の海軍による海からの補給を断つことができず、加えてロシア軍はクリミア・タタールに背後を襲われたのである。

だがピョートルは敗戦に打ちひしがれるような性格ではなかった。ただちに軍隊の立て直しが図られた。中心は海軍の創設であった。ドン河の中流に位置するヴォローネジの町に造船所が置かれ、聖俗の高官たちは造船費用の負担を強制された。また全国から労働者が集められ、付近の森で森林の伐採と運搬にあたったが、造船作業にはロシア在住の外国人も狩り出された。スピードと大量動員こそピョートルの改革事業の特徴だが、ここにその原形がみられた。

こうして一六九六年五月末、再びアゾフの要塞を取り囲んだロシアの陸海軍は二月足らずで敵の要塞を陥落させたのである。ピョートルには「不凍の」アゾフをロシアの新しい貿易港として整備して、「新しいアルハンゲリスク」とする意図があったというが、この計画は間もなく捨てられる。モスクワに凱旋したロシア軍の、戦勝パレードの中心は海軍大将レフォルトで、ピョートルは彼の背後で行進した。部分的にせよ、大国オスマンに対するロシアの勝利はヨーロッパ世界を驚かせるに十分であった。

二五〇名の大使節団

一六九七年三月初めのことである。アゾフ戦役に勝利したロシア政府は、さらにオスマン帝国に対抗する同盟を探るために、ヨーロッパの大国に使節団を派遣した。約二五〇名と規模は大きいが、これまでにも使節の派遣は珍しいことではなかった。例外的な点は、うち三五名は造船と航海を学ぶためにオランダに行く「ボランティア」の存在で、その一人がピョートルその人であったことである。彼は「ピョートル・ミハイロフ」を名乗り、密かに大使節団に同行したのである。匿名にはもちろん理由があった。これによって煩わしい歓送迎の外交儀式からのがれ、いわば行動の自由が得られるからであり、もう一つは国内外に留守を隠すことによって起こりうる「権力の空白」を避けることであった。それほどまでの危険を冒してピョートルがヨーロッパに向かったのは、ひとえに自分の眼でヨーロッパ文明の先進性を見て、学ぼうという意図に尽きるだろう。つまり大使節団は若きツァーリの「修学旅行」であり、隣には彼の片腕メーンシコフもいたのである。

ピョートルの西欧体験　イギリスのデットフォードの造船所で労働者に混ざって技術を習得する。左の鋸を持つ人物がピョートル

大使節団は旅の行き帰りにケーニヒスベルク、ドレスデン、あるいはウィーンにも立ち寄り、君

主たちと親交を結んだ。だが主な滞在先はアムステルダムとロンドンであり、最先進の「海洋国家」の首都であった。モスクワの友人たちの故郷で、造船の町ザーンダムに滞在したのち、アムステルダムに入ったのは八月初めであった。そこでピョートルは一〇名の仲間とともに、東インド会社の造船所で働くことの許可をとりつけ、「船大工」として働いた。一一月初めにフリゲート艦の進水式にも立ち会ったというから、一時的なパフォーマンスではなかったのである。

こうして四ヵ月半におよぶアムステルダム滞在のほとんどは造船技術の習得に向けられたが、オランダの総督（スタットホルダー）オレンジ公ウィリアムと会談したり、病院や植物園を訪問したりもした。また風車や花火などの見学もあった。そのなかでピョートルが特に惹かれたものは博物館に陳列された、例えばアルコール漬けにされた五〇体もの小人などの「珍奇なもの」であり、また人体解剖の実験であった。それらの一部は後に彼の「個人的なキャビネット」に運ばれたのである。世界貿易で繁栄を極め、街全体が運河で結ばれたアムステルダムが新しい首都「サンクト・ペテルブルク」のモデルとなったことは改めていうまでもない。

翌年一月初め、ピョートル一行は海峡を越えてロンドンに渡った。その目的についてはかなり後になって、造船の「理論的な知識」の習得のためと説明された。だが落ち着いて本を読んでいたわけではない。王立協会員ジョン・イーヴリンから借りた邸宅のあるデットフォードには「王立海軍造船所」があり、目的はそこにあった。ピョートルは造船と航行にだけ関心があり、自然の美、すばらしい建物や公園にはまったく無関心ということがいわれてきたが、それは当たらない。確かに彼はイギリスを第一に「船乗り」の国と理解していたが、同時にその富の基礎は貿易と商業にあると考えた。そして彼の目は海事以外にもおよぶことになった。三ヵ月の滞在で天文台、鋳造所、武器庫、王立協会、そして大学を訪問した。またロンドン市内を散歩したり、ロンドン塔に入った。「紙の上では」イギリスは強い君主制の国だが、実際には「王の予算」も限られており、それも議会によって認可されなければならない、つまりロシアのモデルとはならないことを知ったのである。

ロンドンでのピョートルの買い物の最大の項目は一人の商人に独占販売を認めたタバコであった。個人的にはさまざまな時計、磁石、地球儀、刀剣、ガウン、鬘《かつら》などのほかに、ロシアでのモデルとするために棺まで買った。さらに数人の黒人奴隷も買った。女子は三〇ポンド、子供は二〇ポンドであったという。イギリスなど西ヨーロッパ諸国による「三角貿易」によって、アフリカから大量の奴隷が西インド諸島に運ばれていたが、イギリスの名士の家庭では彼らを召し使いに使用することが流行していた。ロシアのツァーリもそれを真似たのであろうか。こうして三ヵ月の滞在を終えた一行はイギリスを離れたが、邸宅を貸したイーヴリンは、約三五〇ポンドもの被害額を政府に提出したのである。

五月にロンドンを後にした一行はドレスデンに立ち寄り、六月にはウィーンに入った。当時のウィーンの神聖ローマ皇帝レオポルトは、一六八三年の第二次ウィーン包囲をなんとか切り抜け、彼の軍隊はゼンタの戦いでオスマン軍に勝利した。そもそもこの大使節団の目的は対オスマン同盟を探るところにあったのだが、海洋大国はスペインの王位継承問題に関心があり、オスマン問題は緊急ではなかった。ウィーンの宮廷もゼンタの戦いに勝ったことで、とくに積極的な姿勢はみられなかったのである。

ピョートル一行がウィーンからヴェネツィア訪問の準備に入っていたとき、モスクワから一揆の知らせが届いた。かつて彼の命を狙ったモスクワの銃兵隊がまたしても立ち上がったというのである。ピョートルはヴェネツィア訪問の予定をキャンセルして、急ぎモスクワに向かった。こうして大使節団は終わったが、このなかで九〇〇人におよぶ人びとを雇用することができた。多くは海事関係者であったが、建築家や薬剤師などの専門家も雇用された。いわば「お雇い外国人」だが、使節団の目的の一つはここにあったのである。ピョートル個人にとっても、この使節団への参加は大きなものがあった。つまりロシアは変わらなければならない、という当初の考えは確信に変わったのである。

戦争と「ロシア帝国」の誕生

北方戦争の開始

ピョートルの対外政策は、すでに述べたように摂政ソフィアを引き継いだもので、政府の目は南のオスマン帝国の脅威に向けられていた。アゾフ遠征がそれで、狙いは前政府よりもより控え目であったが、「アゾフ艦隊」というロシア最初の海軍を創設した。だがそれ以上はロシア単独で如何ともしがたかったのである。したがって「大使節団」の外交目的は、ヨーロッパにおける反オスマン同盟の可能性を探る点におかれたのである。だがヨーロッパはスペイン継承戦争の前夜で、反オスマンでまとまる気配はなかった。

ウィーンからの帰路、モスクワ一揆の鎮圧の報を受けたピョートルは、ポーランド国王アウグストと密談した。またコペンハーゲンにも密使を送った。ロシア、ポーランド、そしてデンマークはかつてスウェーデンと戦い、いずれも領土を失うという共通の過去があった。こうして三国の間で対スウェーデン戦争の同盟が結成された。いわゆる「北方同盟」である。当時のスウェーデンは三十年戦争の英雄グスタフ・アドルフ以来の「軍事大国」で、バルト海の制海権を握る「バルト海帝国」であった。スカンジナヴィア半島

ピョートル時代の北ヨーロッパ　北方戦争前夜、スウェーデンはバルト海を囲む大国だった

だけでなく、バルト海南岸にも領土を持っていた。一六九七年にスウェーデンは一五歳の若いカール一二世が即位したが、この機会に三国は失われた領土回復のために共に戦うことになった。こうしてロシアの皇帝ピョートルの目は南から北へ一八〇度転換したわけである。

一七〇〇年八月、ロシアはオスマン帝国との休戦を待って、スウェーデンに宣戦布告した。そのときカール一二世はコペンハーゲンに進軍して、デンマークを戦線から離脱させてしまった。若いにもかかわらず、カールは天賦の才能をもつ軍人で、古代のアレクサンドロス大王の崇拝者であったという。精鋭部隊とともにバルト海を航行してペルナウに上陸した後に、スウェーデンの要塞ナルヴァを包囲していたロシア軍を急襲したのである。ロシア軍は敵軍よりもかなり規模が大きかったが、急拵《きゅうごしら》えで碌《ろく》に訓練もうけていなかった。多くの兵士が犠牲となり、砲兵隊を失った。ピョートルは緒戦で大敗北を喫したのである。彼はその場にいなかったこともしばしば問題視されてきたが、ともあれアゾフ遠征で得た名声も失ったのである。もしカールがそのままロシアに軍隊を進めていたならば、近代の「大国ロシア」は存在しなかっただろう。

だがカールはそうしなかった。ポーランド攻撃に向かったのである。ロシアを料理するのはいつでもできると考えたのか、あるいは冬のロシアに深入りするのは危険とみなしたのか、もとより不明である。結局これが彼の大きな誤算であった。カールはポーランド国王の首をすげ替え、傀儡《かいらい》政権を打ち立てることに成功したが、そのために七年を要した。この間にピョートルはナルヴァで崩れた戦時態勢を立て直すための時間的な余裕が与えられたのである。

一七〇六年八月、カールはポーランド国王の出身地であるザクセン（ドイツ北東部）に滞在していた。そしていよいよモスクワに向けて大軍とともに出発した。彼の軍隊がロシア国境に近づくと、思いがけないことが起きた。ピョートルはあらかじめ付近一帯を焼き払って食糧などの「現地調達」を不可能にしていた。いわゆる「焦土作戦」である。また南下していたカールの軍隊の補給部隊をレースナヤ村近くで襲って、これを壊滅させた。だがピョートルは耳を疑う知らせを受けた。「併合」後うまくいっていたはずのウクライナの首領マゼッパの「裏切り」である。マゼッパはこの機会にスウェーデン軍の力を借りて、再び「ウクライナ独立」を試みたのである。ピョートルの対応は迅速であった。ただちに右腕メーンシコフを「本部」に派遣して、反乱を最小限にとどめた。マゼッパとともにスウェーデン軍に移ったものはわずか数千であった。

戦場のピョートル大帝　北方戦争の勝利を決定づけたポルタヴァの戦いにのぞむ大帝。ロモノーソフ画

両軍が全面的に対決したのはウクライナの要塞ポルタヴァであった。カールの軍隊が長い遠征のために疲弊していたのに対して、ピョートルのロシア軍は完全に立て直されていた。規模はもとより、装備と訓練という点でもロシア軍がはるかに優っていた。一七〇九

年六月二八日、両軍は戦闘に入ったが、夕方までに勝負は決着した。スウェーデン軍は全滅した。カールとマゼッパは辛うじてドニエプル河を渡って、オスマン帝国領に逃れた。「ポルタヴァの戦い」はロシアにとって大北方戦争の勝利を決定づける画期的な戦いとなったのである。

「ニスタットの和平」と帝国の誕生

これで戦争が終わったわけではない。カールはその後五年間、オスマン帝国領内のベンデリの地に留まってスルタンに執拗にロシア攻撃を働きかけた。そのため一度はピョートルのロシア軍は窮地に立たされたが、スウェーデンは劣勢を挽回することはできなかった。一七一四年には、スウェーデン海軍は「ハンゴー沖の海戦」で若いロシアのバルト海艦隊に敗北した。年末カールは長く留守にしていたスウェーデンに帰国したが、戦争のために国の経済は疲弊していた。一七一八年末、カールはノルウェー近くの要塞で流れ弾に当たって落命した。弾は前からではなく、後ろから飛んできたこと、つまり「内部犯行説」が有力であるが、真偽のほどは不明である。同盟軍が再び参戦し、プロイセンも加わった。ロシア軍がスウェーデン本土に上陸して攻撃をかけるにいたって、ようやく和平交渉が始まった。

一七二一年八月末、フィンランド南部の小さな港町ニスタットで条約が締結された。スウェーデンは「スウェーデン領ポンメルン」を除くバルト海南岸の領土をすべて失い、「バルト海帝国」は解体された。ロシアはいわゆる「バルト三国」、つまりエストニア、リヴォニア、イングリアを手に入れ、バルト海への出口を確保した。それ以上にこの戦いを通して「北東ヨーロッパ地域」の強国、ヘゲモニー国家となったのであり、それは現在にいたるまで続いている。

ニスタットの和平の祝いは、ロシアでは一ヵ月間続けられた。ロシアはすでにモスクワからサンクト・ペテルブルクに遷都していたが、国の最高統治機関である元老院はピョートルに対して「祖国の父」「大帝」、そして「皇帝（インペラートル）」という肩書きを付与した。こうしてロシアは「皇帝」が治める国、「帝国（インペーリヤ）」を名乗った。もとより「皇帝」「帝国」は由緒ある称号で、唯一「神聖ローマ帝国」があるだけだった。したがってヨーロッパの大国はすぐにそれを認めることはなかったが、それも時間の問題であった。ロシアがヨーロッパ国際政治に発言力を増すにつれて、「ロシア帝国」は定着したのである。こうして一七二一年から「帝政ロシア」という新時代に入ったのである。

徴兵制の導入

ピョートルの時代は二〇年以上におよぶ大北方戦争をはじめとして、戦争の連続であった。これは一七世紀ヨーロッパ全体にいえることだが、「平和」はむしろ例外であった。かつて歴史家クリュチェフスキーはピョートルにおける戦争と改革との関連について、「戦争がピョートルの改造的活動の主要な原動力であり」、「戦争が改造の順序を指示し、それに速度と方法そのものを与えた。改造の諸方策は、戦争の押し付けた必要がそれらを招来した順に、一つ一つ続いた」と指摘した。この見解は的確なものだが、治世後半の改革には明らかな「計画性」が認められる点から、全面的に受け入れることはできない。とはいえ軍事改革については当面の戦争を抜きにして考えられないのである。

一七〇五年二月、つまりナルヴァの敗戦後間もなくピョートルは「徴兵令」を出した。「二〇世帯から一人の良き、勤務に適した独身者」を兵士として出すように全国の村に指示したのである。具体的に誰を兵士として出すかは村に一任されていたが、ロシアの徴兵制はこうして始まった。同年一二月には同じ基準で、再び徴兵が指示されたが、翌々年一〇月には独身・妻帯の区別は撤廃された。このようにしてほぼ毎年、徴兵が実施されたが、さすがにポルタヴァの勝利以後、徴兵の基準はかなり緩和された。一七一三年一月には「四〇世帯から一人」と半減され、翌年二月には「七五世帯から一人」とされた。だが毎年の徴兵には変化はなく、「兵士の滞納」に対しては矢のような催促が待っていた。ピョートル治世を通じて毎年全国の村々から平均二万人、初期には三万人もが兵士として徴用されたのである。

当初は兵役に期限は設けられていなかった。徴兵は村と家族からの永久の切り離しを意味したのであり、農民たちから当然のように忌避された。それでも兵士を出さなければならない。村は一体どのように「人選」をしたのだろうか。最も公平な方法は「クジ引き」で、そうした村もないわけではなかった。だが間もなく大勢となったのは、村のなかの「怠け者」「大酒飲み」を兵士として出すという懲罰的な方法であった。これには当時の村に特有の事情があった。農民たちは土地領主である貴族や修道院などに「地代」を納め、また国に対して租税を納めていたが、それらの支払いは村の連帯責任であった。つまり誰かの支払いが滞《とどこお》ると、村の農民全体にその分を追加で割当てるか、支払い能力のある農民が肩代わりした。こうしたシステムにあっては、貧しいもの、あるいは働きの悪いものは村のマイナス要因であった。「怠け者」「大酒飲み」は言語道断である。他方で豊かな農民を村から出すことは、それだけ村の経済力をみずから減らすことで、領主もそれを支持しなかった。こうして村は兵役を貧しい農民に押し付け、わずかばかりの支度金を持たせていわば村から「追放」したのである。

貴族の軍役義務

他方で農民兵士を指揮する将校たちはどうだろうか。将校はほぼ例外なく貴族であったが、この時代に彼らの勤務も著しく強化された。すでに述べたように一七世紀の貴族たちは戦争や遠征、あるいは国境警備のために「騎馬で、従者を連れ、そして武装して」出掛けた。そのほかの日々は、一定の条件で下賜された「封地」で過ごすことができた。けれどもピョートルの戦争は貴族たちのこうしたあり方を許さなかった。

北方戦争の開始からポルタヴァの戦いまで貴族の若者たちの登録、そして勤務可能なものの最大限の動員のためにさまざまな措置がとられた。一七一一年の元老院の設立によってかつての「補任官署」は廃止されたが、その役割は元老院付属の「紋章局」に移管された。そこで貴族の勤務登録がなされ、「査閲」が実施された。また一七一四年の一子相続制の導入のねらいは貴族の土地所有権の強化であったが、それとともに「封地」の下賜システムは廃止された。このようにして貴族は「給与」を受ける代わりに「恒常的な国家勤務」を義務づけられたわけだが、その勤務についての最終的な仕上げが年功と功績に基づく「官等表」の公布（一七二二）であった。

このようにピョートルは貴族たちの国家勤務、とりわけ軍役を義務づけた。彼らは病気で、あるいは負傷して戦列を離れるまで生涯勤務を余儀なくされた。ピョートルの立法は貴族たちの「退役」「休暇」にほとんど注意を払っておらず、彼らは父や祖父のように自分の村に住むことはできなかった。戦後ようやく個々の申請に対して四ヵ月、六ヵ月、一二ヵ月の「休暇」が認められているが、完全な退役は二つの場合のみ赦《ゆる》された。ひとつは「陸軍参事会の裁可をもつ医師の証明、あるいは勅令」、もう一つは死亡であった。

世帯税から人頭税へ

ピョートル改革のなかでも大問題の一つである人頭税の導入も戦争との直接的な関わりを持つものであった。ポルタヴァの戦いの前年の一七〇八年、ピョートルは全国の世帯調査の実施を指示した。ロシアでは一七世紀半ばから「世帯税」が導入されており、当時は「世帯」が課税単位であった。先にみた「徴兵」も村の世帯数に応じて課されたわけだが、その原簿は一六七八年から翌年にかけて実施された全国調査の結果作成されたものであった。つまりその後約三〇年間、全国調査は実施されていなかったのである。この間にも世帯数はかなり増えているに違いない、そうした増えた世帯数に課税することでより多くの税収が期待できるはずだというのが政府の目論見《もくろみ》であった。戦争の長期化によって、国庫は底をついていたのである。

新しい世帯調査は三年間かけて実施されたが、政府は意外な結果に驚いた。全体で課税世帯が七九万世帯から六三万五〇〇〇世帯へ、つまり約二〇パーセントの減少という数字が示されたのである。一部増えた地域もあったが、多くの地域では減っており、全国の世帯数の三分の一を占めていた中央のモスクワ県では二四パーセントも減少していたのである。

だが政府はこれを鵜呑みにしなかった。全国に派遣された調査官が「賄賂」を取って帳簿に少な目の数字を書き込むこと、また村の農民たちが課税を避けるために、世帯つまり小屋を取り壊して一つの「世帯」に集住することなどが行われていたからである。ロシアの農民の家は「ログ・ハウス」であって、建てるのも大した手間がかからないが、取り壊すのは「朝飯前」であった。このような不正は前回の調査の際にも確認されていた。こうして新しい数字は採用されず、それまでと同じく三〇年前の古い調査簿に基づいて課税されたのである。

その五年後、政府は再び全国の世帯調査を試みた。「ランドラート調査」と呼ばれるこのたびの調査は、中途の段階で判明した個々の数字が芳しくなく、中断された。ここでも政府は調査のさいの不正を疑った。ロシアにおいて地方行政はきわめて不備で、人手がなく網の目もきわめて粗い。威嚇的な指示だけでは如何ともしがたいものがあった。とりあえず元の調査簿に戻るしかなかったが、まもなくそうした欠陥を抜本的に改める新しい税制がフランスのそれにヒントを得て考案された。「世帯」ではなく、「人間」を課税単位とする人頭税がそれである。

一七一八年一一月、ピョートルは次のような勅令を出した。「すべてのものから申告書を取り（一年の期限を与える）、何村の何某のところに何名の男子がいるか、真実を上申せしむべし」。翌年一月の元老院勅令によって具体的な実施方法が示されたが、要点はただひとつ、すべての農村男子、つまり生まれたばかりの赤子から老人までの人口調査である。目的は課税単位を「世帯」から「人間」に変更することにあり、そのための調査であった。だがあらかじめ予測された不正や隠匿などのほかに、農村に在住する決して少なくない「ホロープ」と呼ばれる古来の「家内奴隷」、あるいは在所を不法に離れている逃亡農民、浮浪者、「自由人」の扱いなどさまざまな原因のために調査は長引いた。人口四〇〇万人という数字が得られたのは調査が始まってようやく二年後のことであった。

常備軍の必要性

他方でピョートルは新しい税制について、単なる課税単位の変更だけでなく、当初からこれを軍事税として考えていた。つまりニスタットの和平によって北方戦争は勝利の裡《うち》に終結したものの、あるいはそれゆえにロシアにとって国際情勢はいぜんとして厳しいものがあった。それまでのように軍隊のほとんどを解散することは危険この上もなかった。ヨーロッパと同様な「常備軍」を持たなければならないことは、ピョートルにとって自明であった。すでに年間維持費用は四〇〇万ルーブリと積算されていた。他方で戦争中に頻繁に導入された臨時税の多くは、終戦によって「戦争のため」という徴収の「大義名分」を失ってしまった。そこでピョートルはそれまでの「世帯税」に代えて、新たに「人頭税」を設けること、その際それまでの臨時税などのすべてを廃止するという税制の抜本的な改革に踏み切ったのである。

問題は税額である。この点ピョートルは恐ろしく合理的であった。当初は四〇〇万ルーブリを人口四〇〇万で割って、一人一ルーブリとしていたが、その後の補充的調査で人口は一年後に五〇〇万、最終的には五四〇万となった。それに応じて、税額も八〇コペイカ、さらに七四コペイカへと引き下げられたのである。未完に終わったものの、ピョートル大帝の一日一日を追跡するという詳細な『ピョートル大帝伝』を遺した歴史家ボゴスロフスキーは、この税制改革について「改革者はこの場合、国の経済力に注意を払う財政家としてではなく、数字のみを操る算術家として行動した」と的確に指摘した。一七二四年から男子一人七四コペイカの人頭税の徴収が始まった。ソヴィエトの歴史家たちは新税の重さを強調してきたが、現在は反対の見解さえ生まれている。それはともかく、このように人頭税の導入という抜本的な財政改革は「戦争が押し付けた必要」であり、あらゆる意味で軍事的性格を帯びていたのである。

新都サンクト・ペテルブルク

「涙と屍のうえに」

サンクト・ペテルブルクはピョートル大帝の「革命」を象徴する町である。伝統的かつ因習的な「古都」モスクワとは違って、この町はあらゆる面で「世俗的」かつ計画的であった。そして進取の気風に満ちた新都市の性格は三〇〇年を経た今に受け継がれている。

一七〇三年、つまり「ナルヴァの敗北」後、ピョートルはネヴァ川の河口のデルタの沼沢地に要塞を築き、それを基盤として新しい町の建設に入った。寒冷で湿地、そして不健康な気候のうえに、毎年のような洪水の被害という不利な諸条件が揃っていたが、当時のロシアにあってヨーロッパと最も近い場所であった。町の名前サンクト・ペテルブルクは守護聖人「聖ペトロ」に由来する。このように町は当初は要塞として出発したが、翌年九月にピョートルは早くもこの町を新首都とする構想を示した。その後の街づくりの計画、建設、そして財政と人的資源などすべてに彼は深くコミットしたのである。

もとよりペテルブルクの町も一夜で建てられたわけではなく、一七一二年を境に大きく二つの段階に分けられる。第一段階はこの北辺の吹きさらしの沼沢地の地盤を固める基礎工事の時期である。そのために全国の村や町から年間四万人の労働者の強制徴用が指示されたが、実際にやって来たのは二万人強であった。仕事は単純な土木労働であったが、悪天候と劣悪な衣食住のために多くのものが罹病するか、あるいは作業中に命を落とした。ある報告では「きつい労働、寒さ、そして飢えのために六万人が亡くなった」とされている。この数字の信憑性はともかく、病気と死亡は「ありふれた現象」であった。一世紀後の知識人カラムジーンは、町が「涙と屍《しかばね》のうえに」建てられたと非難したのである。

ピョートルは小さな木造小屋から「洪水」と闘いながら陣頭指揮にあたったが、地盤の弱さはなかなか解消されず、一七一四年には有名な勅令が出された。つまり新首都に入る荷馬車は一台につき五フント（一フントは約四〇〇グラム）の石を三個、船は規模に応じて一隻につき一〇フントの石を一〇個から三〇個まで市に「納める」ように義務づけた。この義務はその後六〇年以上にわたって存続した。石造りの町の基礎はこのようにして固められたのである。

基礎ができると次は人である。ここでも手段は「強制」であった。貴族高官の移住リストが作成され、農民世帯五〇〇以上の富裕な貴族たちはヴァシリエフスキー島に石造の二階建ての館を建てるように命ぜられた。そのほかに各地の富裕な商人や職人たちも移住を命じられた。またピョートルは当初モスクワに設立した各種専門学校を新しい首都に移すか、そこに新たに建設した。こ

ピョートル宮殿　ピョートル大帝の夏の離宮。ヴェルサイユ宮殿に触発され、1721年に完成。噴水は当時の最新技術だった

うしてピョートル末期に新首都の人口は約四万人に達したのである。

人が増えるとその食糧にも配慮しなければならない。帝国の端にできた新首都の住民が生き延びるためには国内各地からの穀物など物資の提供が不可欠であった。そのために道路と運河が整備されなければならない。ラドガ運河とヴィシニー・ヴォロチョーク運河が開かれた後でも、首都の「物価高」は解消されなかった。こうして町に対する投資は一貫して続けられ、それは厖大なコストに達した。それでも建設が放棄されることはなかった。ある歴史家は、「直接のエビデンスはないが」と断わりながらも、この大事業の理由を古代ローマのコンスタンティヌス帝が建設したような「大きく荘厳な首都」（コンスタンティノープル）を作るというピョートルの政治的な狙いに求めている。

「良き行政は参議会で」

町の建設と同時に政府機関の移転も進められたが、一七一二年はこの町の転換点であった。まず宮廷がモスクワからここに移された。ピョートルにとってモスクワは「因習と伝統」、つまりいかなる革新にも反対を唱える反動の町でしかなく、何の未練もなかった。またすでに有名無実化していた「貴族会議」に代えて、「元老院」を設立していた。これは遠征などのためツァーリの不在時に国政をあずかる一時的機関であったが、ペテルブルク移設後はツァーリの最高意志を具体化させ、それを中央・地方の公的機関に伝え、その遂行を監視する役割を担ったのである。

中央官庁についても抜本的な改変が加えられた。ピョートルはそれまでの数十の官署（プリカース）とはまったく異なる、当時ヨーロッパで流行していた参議会（コレギウム）という新しい形態を採用した。「良き行政は参議会をもってのみ可能である。そのメカニズムは時計のそれに似て、その歯車は互いに動きを保つのに役立つ」というドイツの哲学者ライプニッツの指摘は、ピョートルに強く訴えるものがあった。こうして「外務」「陸軍」「海軍」の「主要な参議会」を含む一二の「参議会」が発足した。各参議会の決定は「合議」によるものとされ、細かな規則によって規制されていた。「主要な参議会」の長官にはピョートルの側近が就任したが、副長官はすべてこの形式に精通した外国人であった。発足当初では全体で七一六名の役人のうち六六名、つまり一〇パーセント近くを外国人が占めていた。彼らが果たした役割は大きく、ロシア人の五、六倍の高い給与が支払われていた。イタリア人建築家トレジンによって設計・建築されたネヴァ川沿いの「参議会」で、新しい国家行政が始まったのである。

こうした一連の改革にあたって、ピョートルは改革草案の検討を複数の政治家に委ねた。つまりすべての問題を審議に委ねるという「民主主義的手法」を採用したわけだが、結局のところ何もかも自分の考え通りにした。「ツァーリ専制」が揺らぐことはなかったのである。また「官等表」の作成によって年功、功績による昇進という形で「平等」の原則を打ち立てたが、彼には「特別の寵臣《ちょうしん》」がいた。ピョートルは法が許さないことを彼ら寵臣には許したのである。

宗務院の設立

新しい一二の参議会に加えて、教会問題を扱う「聖職参議会」が設立された。世俗の参議会と同列という扱いに反発した聖職者たちの求めに応じて、一七二二年「聖なる宗務院」と改称され、「聖務において、元老院のような権力を持つ」とされた。だがそれは建て前で、実態は他の参議会と選ぶところはなかった。彼が父アレクセイの治世におきた「ニコン事件」を知っていたか否かは不明だが、自己の即位が教会の高位聖職者の力によっていたことだけでなく、彼の「革命」に強く反対しているのも彼らであることはよく承知していた。彼は親政を始めると、教会勢力の経済力と権威を削ぐことに力を入れたのである。

教会改革の第一歩は、一七〇〇年一〇月の総主教アドリアンの死去に始まる。彼の前任者ヨアキムは、ピョートル以前から高官の間で始まっていた髭剃りや洋服の着用などの流行に対して一貫して批判的であったが、アドリアンもまたその路線を引き継いだ。「外国人嫌い」で、ピョートルの「大使節団」にも小言を言い、その後の改革については先頭に立ってわめき立てていたのである。ピョートルは後任者の選出をしばらく見合わせ、一二月に「代理」を任命した。さらに一七〇一年にはアレクセイ時代に廃止された修道院官署を再建して、その長官には俗人を据えたのである。

これによって正教会は形式的にはツァーリ権力に仕える一機関となった。教会の土地財産からの収入は国庫へ吸い上げられ、聖職者には「聖務」に対する権限だけが委ねられた。総主教座は一七二〇年八月正式に廃止された。新しい宗務院はこうしたピョートルの教会政策の仕上げであった。長官には教会人ヤヴォルスキーが就いたが、元老院と同じく、宗務院についても行動を監視する「総督」職が設けられたのである。

このようなピョートルの教会政策を理論的に支えたのが、フェオファン・プロコポーヴィチという学者であった。彼はキエフ神学校の出で、ポーランドとローマのイエズス会の「学院」でも学んだ経歴をもつ学者であった。教会と世俗の歴史について深い知識を持ち、修辞学、弁証法を駆使できる有能な「頌詩《しょうし》作家」を必要としていたピョートルの目に止まり、ペテルブルクでペンを振るった。代表作である『君主の意志の正義』では、伝統的、ビザンツ的な「ツァーリ権力の神的起源」についての定式を同時代のヨーロッパの自然法思想と結びつけて、聖界権力に対する世俗権力の優位を根拠付けたのである。「聖職参議会」の規則として執筆された「聖職規則」では制度としての参議会がもつ多くの利点、そして教会改革の必要性を強調した。特に注意が払われたのは、司祭の教育問題であった。

司祭の教育義務

キリスト教国としてまったく信じられないことだが、ロシアにはそれまで司祭を教育する正規の神学校がなかった。司祭職の世襲のために、初歩的な教会儀式は親から子供へ伝えられたものの、「神学」教育は授けられなかったのである。「聖職規則」は、酔っ払いで蒙昧《もうまい》な、したがって民衆の尊崇を受けることのない在俗の司祭たちの様子を指摘して、彼らの資質の向上のために「叙任以前の」教育を義務づけた。そのためには各管区に神学校を設立しなければならないし、民衆への説教のためにわかり易く手ごろな入門書（プリマー）を作成してすべての教会に備えなければならない。ロシアにおける神学校の設立の要請は今回が初めてではなかったが、「聖職規則」によってようやく具体化されたのである。

正教会の教義についての簡便な入門書は、プロコポーヴィチ自身の手で作成された。問答形式でわかり易く書かれたこの入門書は一七二〇年から五年間に一二版、合計一万六〇〇〇部以上が印刷された。在俗の司祭たちはこれを定期的に教会で読み聞かせるように指示された。他方で神学校の設立については、遅々として進まず、また設立された場合でも容易に生徒を集めることはできなかった。ピョートルはそこでギリシア語、ラテン語の学習を義務づけて、「学習を望まないものは司祭、輔祭として父の職にもどこにも叙任されない」と厳しく指示していたが、このこと自体、一般の聖職者たちの理解を超えていた。なぜラテン語という「異端の言葉」を学ばなければならないのか、というわけである。子供たちを労働力として考えていた司祭たちは自発的に学校にやろうとはせず、なかば強制的に入学させられた子供たちも「逃亡」の機会を窺っていた。それでもピョートル末期には四六校が設立され、約三〇〇〇人の生徒が在学していた。こうした聖職者に対する教育義務の導入はこの身分の世襲的な傾向をかえって強化した。かつて村司祭の職は農民など外部のものが近づくことのできる比較的開かれた社会集団であったが、改革はその道を事実上閉ざしたのである。

さらに一七二二年五月、ピョートルは国家の安全の名のもとに告解の秘密を明らかにするように司祭たちに命令した。「謀反」の企てを未然に防ごうとしたわけだが、これによってロシアの司祭は政治的な情報収集の代理人となった。ピョートルは越えてはならぬ一線を踏み越え、教会は政治の「侍女」となったのである。

バルト海貿易ルート

ピョートルの経済政策は当初、専ら軍備の拡充に向けられていた。つまり武器製造のための製鉄など重工業、そして軍服の自給のための繊維業などの軽工業であり、それらの部門は前世紀と較べると飛躍的な伸びを示した。それとともに彼の政策には多部門での工業化とその製品の諸外国への輸出による「国富」の増進という思想が認められた。これはルイ一四世の時代のフランスの財務総監コルベールに象徴される「重商主義」的経済思想である。そのためにはさまざまな改革が必要とされたが、最も重要な課題に外国貿易港の位置という問題があった。白海のアルハンゲリスク港はモスクワから遠かっただけではない。凍結のために半年間は使うことができず、たえず海難の危険があった。つまり外国貿易港としては二重、三重の欠陥を抱えていた。新首都サンクト・ペテルブルクはアルハンゲリスクに代わる新しい外国貿易港として位置付けられた。

ピョートルは新しい都市建設が始まると間もなく、西欧諸国に対してロシアとの交易にはバルト海ルートを利用するように呼びかけた。そのために有利な低額料金を設定したのだが、和平の締結まであまり効果はなかった。新しい都市とロシアの内陸をつなぐ流通ルートがまだ整備されておらず、加えてスウェーデン海軍による拿捕《だほ》などまだ危険なルートであっ

サンクト・ペテルブルクの港　バルト海に面し、北方戦争以後に、国際貿易港として急激に成長した

た。

　ピョートルの指示は性急であった。当初は輸出品のすべて、一七一五年には半分をサンクト・ペテルブルクからと指示したが、翌年には六分の一に引き下げざるを得なかった。言い換えると北方戦争の終了までアルハンゲリスクの優位は揺るがなかった。一七二一年サンクト・ペテルブルク港には六〇隻なのに対して、アルハンゲリスクには一一〇隻の外国商船が入港したのである。だがニスタットの和平の翌年、この比重は逆転し、以後ペテルブルク経由の輸出入は飛躍的な伸びを示すようになった。一七二四年一月、ピョートルは最高七五パーセントという高額の輸入関税を設けることで、外国商品の奔流に歯止めをかけなければならなかった。

　バルト海貿易の出現にともない、ペテルブルクと国内諸都市を結ぶ新しい交易ルートが形成され、河川間の運河建設も着手された。ヴォルガとドンを結ぶ構想さえ浮上したが、実現ははるか後のソヴィエト期のことである。ピョートルはヨーロッパの君主たちと同様に東方交易にも目を向けた。中国に使節団を送り、インドとの通商路の発見が試みられた。晩年にベーリングに命じた北太平洋探検は学術的なものだが、必ずしも通商と無関係ではなかったのである。

皇太子アレクセイの反逆

ピョートルは二度結婚した。最初の妃エウドキア・ロープヒナとは一六八九年一月、つまり彼がまだ一七歳のときに挙式した。これはピョートル支持派がお膳立てした政略結婚で、二人の間には翌年アレクセイが誕生した。その翌年にも男児が生まれたが、すぐに亡くなったという。間もなくピョートルはエウドキアとは疎遠となり、その頃日参していた「外国人村」の居酒屋モンスの娘アンナと懇意となった。「大使節団」が帰国したその夜、彼はアンナの所で過ごし、妃のエウドキアを修道院に入れた。これは事実上の離婚で、当時八歳の皇太子アレクセイからすると、ある日突然母親を奪われたわけである。

皇太子アレクセイ　父・ピョートルに反発し、死刑宣告を受けた

その後ピョートルの目に止まったのはメーンシコフの館で働いていたリヴォニアの農民の娘マルタであった。彼には身分的な偏見はまったくなかった。二人の間には一七〇九年末までに二人の女児に恵まれた。マルタは一七〇八年に正教会に改宗して、エカテリーナ・アレクセーヴナを名乗り、一七一二年二

月には正式に「華燭の典」を挙行した。こうして農民の娘、女中から「ツァーリ妃」が誕生したのである。

皇太子アレクセイは長ずるにつれて、強権的なピョートルの「帝王教育」に反発を示すようになった。アレクセイの教育係であったドイツ人による政治、外国語、そして軍事に関する教育を受け入れず、大いに怠けた。業を煮やしたピョートルはアレクセイに「もしお前が私の望むようにしないのならば、そのときお前を自分の息子とは認めない」ときつく叱りつけた。二人の間の不和はすでに公然の秘密となっていた。

アレクセイはその後もピョートルの「教育」に対する反発を隠さず、そして父を嫌悪した。告解のなかでアレクセイが「死んだ父を見たい」と述べたとき、聴聞司祭は「神は赦してくれるだろう。われわれも皆彼の死を望んだ。けだし人びとの担う負担が大きいからである」と慰めた。アレクセイはモスクワの伝統を重んずる人びとの支持を受けており、「われわれの唯一の希望」と述べる高位聖職者さえいたのである。

決定的なときは一七一五年一〇月におとずれた。アレクセイの妻が男児を出産したが、産《さん》褥《じょく》で亡くなった。そのときピョートルはアレクセイに手紙を書いて、改めて自分の「革命」の継続の必要性を説き、そして「もしお前が今後も自分の命をわが国とその人びとの福祉のために分かたないのであれば、『帝位』を私自身の役立たずの息子よりも、有益な他人に委ねるだろう」と伝えた。しかも間もなくエカテリーナが男児を出産した。その知らせを聞いたアレクセイは自分には帝位継承の意志がない、つまり権利の放棄をピョートルに伝えた。

これに対してピョートルはもしその意志が固いのであれば、修道院に入ることを求め、アレクセイも同意した。

こうして問題は一旦決着したかに見えたが、アレクセイの修道院入りの報告はなかなか届かなかった。もし帝位継承の意志があるならば、デンマークにいる自分の遠征軍に加われ、というのが親としてのピョートルが示した最後の温情であった。アレクセイはすぐにペテルブルクを出発したが、途中で馬車を南下させた。一路ウィーンに向かったのである。神聖ローマ皇帝カール六世妃は亡妻と姉妹の間柄だったので、彼に庇護を求めたのである。行方不明になった息子について必死に情報を集めていたピョートルが「ウィーン亡命」を知ってカンカンに怒ったことはいうまでもない。彼は皇帝カール六世に引き渡しを求め、さもなければ戦争に入るとまで威嚇した。一年以上におよぶ捜索と外交交渉の後、一七一八年一月末、アレクセイは引き渡され、モスクワで取り調べが始まった。関係者が逮捕・処刑された後に、六月末「現政権の転覆計画」のゆえにアレクセイ自身にも「死刑」が宣告された。聖俗の高官一二七名がそれに署名した。その二日後、アレクセイは刑の執行を待たずに獄中で二八歳の短い生涯を閉じた。噂ではピョートルが手にかけたというが、もとより真実は闇のなかである。

大帝崩御と民衆

アレクセイ事件は単なる親子の対立ではなかった。古いものを体現していたアレクセイに対する心情的な支持者は少なくなく、ピョートル大帝はたえずその動きを警戒していた。すでに述べたように、アレクセイの死刑判決書には聖俗の高官が署名したが、一人の高官の名前が欠けていた。名門貴族の出で、ロシア最初の将軍ボリス・ペトロヴィチ・シェレメーチェフ公である。老齢のシェレメーチェフは病気のためモスクワを離れることができなかったのだが、仮病と疑われたのである。実際に彼は翌年二月に亡くなった。ピョートルは彼の遺体をペテルブルクに運んで、アレクサンドル・ネフスキー修道院に建てた墓に埋葬した。新しい首都にはそれに相応しいパンテオンが不足していた。「遺体」さえ自由にならなかったのである。

アレクセイが獄死したとき、大帝には二歳になる息子がいた。彼は間もなく自分と同じ名前を付けたこの「ピョートル・ペトロヴィチ」を正式の文書に連名で記すことで帝位継承者であることを公にしていた。その矢先のことである。一七一九年四月半ば、つまりアレクセイ事件からまだ一年過ぎていないとき、幼いピョートルはあっけなく世を去ったのである。

もはやピョートルには男の継承者はなく、三年後の一七二二年二月、新しい帝位継承法が公布された。それは現在「統治している君主の意志において、彼が望むものに『帝位』を相続させる」とするものであった。またその将来の皇帝に「何らかの堕落」がみられる場合には、その権利を奪って別のものを相続人に任命することを認めた。いわば遺言人事で、ピョートルは死後も自分の意向を反映させようとしたのである。だがピョートル自身はこの法令に後継者の名前を書くことなく、一七二五年一月二八日に亡くなった。晩年に膀胱《ぼうこう》炎を患い、手術でいったん回復したが、尿毒症が死因となった。五二歳と八ヵ月の生涯であった。

ピョートル大帝崩御の知らせは多くの人びとに驚きをもって迎えられた。特に彼に才能を認められ見出され、彼とともに「革命」を推進してきた人びとにとって、ピョートルの早い死は驚き以外のなにものでもなかった。ノヴゴロド地方の貧しい貴族の出で、航海術を学ぶためにヴェネツィアに留学した後にコンスタンティノープル大使となったイヴァン・ネプリューエフは、「私は訃報を知らせる紙を涙でぐしょぐしょに濡らしてしまった。わが皇帝への恩義となにくれとなく私に示して下さったご厚意を思って。なんで嘘など言おうか。私は一昼夜以上も失神状態にあったのだ」。

ピョートル大帝の家族　大帝と妃エカテリーナ、２人の皇女と孫で、後のピョートル２世を描く

だが大多数の人びとの大帝と彼の「革命」に対する見方はまったく違っていた。元来が保守的な聖職者たちは上下を問わず挙《こぞ》って「革命」を批判した。貴族たちの多くにとってもピョートルの行動は理解を超えていた。彼らは一般の民衆と違って、ピョートルが「すりかえられたツァーリ」でも「アンチ・キリスト」でもなく、本物のツァーリであることを知っていた。けれどもなぜ、都を北辺の地に移してモスクワを離れなければならないのか。なぜコストのかかる海軍を持ち、大国との軋轢を生み出す領土拡大を続けなければ

ならないのか。彼らにはこうした点に合点がいかなかった。そのために国は荒廃し、自分たちの領地を手入れすることもできないというわけである。

立場こそ違うが、この点で大多数を占める民衆もまったく同じであった。彼らは「以前のツァーリの時には、こうしたことは決してなかった。ヒゲは尊ばれており、衣服はよりよかった。ツァーリは妃と一緒に多くの修道院へお祈りにでかけた」「これがツァーリだろうか。彼はツァーリではなく、アンチ・キリストだ。王国全体を棄て、ドイツ人と知己となり、ドイツ人村で暮らし、ドイツの服装をして、水曜日と金曜日に肉を食べている」。ほかにも多くの証言があるが、ここにピョートル大帝の「革命」に対する民衆の基本的な見方がある。彼らにとって次々と押し寄せる負担の増強は耐えがたいものであった。だがそれはほかならぬツァーリの命令である。そのとき彼らは「現在のツァーリ」は国と民を愛する「真のツァーリ」ではないと考えた。噂通り「真のツァーリ」は子供の頃「外国人村」か、あるいは「外国」で「すり替えられた」に違いないとされたのである。

ロシアの民衆の伝統的な意識において、ピョートル大帝の「革命」はこのような形でしか理解されなかった。けれども例外はある。一七二四年に『貧富の書』を著した農民出の批評家イヴァン・ポソシコフは、「ツァーリは農民を庇護すべきである。けだし領主は彼らを一時的に所有しているが、ツァーリは彼らの永遠の主人である。農民の富は王国の富にほかならず、農民の困窮は王国の困窮にほかならないのである」と正当に指摘した。だがこれはポソシコフの「革命」批判ではない。彼は別の箇所で「我が君主が十人力で山のうえに引き上げようとしているのに、多数の人びとが下に引きおろしている」と指摘して、ピョートルの「革命」に理解を示した。

「革命」と個人の役割

ピョートル大帝の「革命」は、最初に述べたように国家と社会の全体におよぶものであり、他に述べることも多いが、最後に現代の歴史家の発言に即して、この「革命」の意味とピョートルという個人の役割について考えてみよう。

ソヴィエトの崩壊は、当然のことながらロシアの歴史家たちに歴史の見直しという重い課題をつきつけた。ピョートル期および一八世紀ロシアに関する見直しについて最も積極的に発言しているのが科学アカデミー・ロシア史研究所のペテルブルク支部に属するエウゲニー・アニーシモフである。彼はソヴィエト末期に人頭税の導入に関する専門研究を刊行した後、一九八九年に『ピョートル改革の時代』という著作を書き、後にこの本は英語に翻訳された。いわばこの分野の第一人者だが、ここでは一九九六年秋に東京で開かれたシンポジウムの報告「ピョートル改革とロシアにとっての歴史的帰結」を取り上げることにしよう。

アニーシモフは、まず直前にロシアで行われたアンケート調査「あなたは、ロシア史のどの時代に最も誇りを感じますか」の結果を紹介している。それによると五四・三パーセント、つまり半数以上が「ピョートル大帝の時代」を第一位に挙げた。第二位はブレジネフ時代だが、ピョートル時代の三分の一以下で、大きく水をあけられていた。ソヴィエト崩壊の五年後という時代的な背景を指摘したうえで、アニーシモフはロシア人の「大帝への共感」の理由として「カリスマ的指導者、家父長への伝統的な愛情」、そして「非の打ちどころのない国家的名声」、目的意識、勇気、一本気な性格といったこの人物の「個性が有する並外れた魅力」を挙げた。

これは世論調査のことだが、もとよりロシアの歴史家や文学者たちは三世紀にわたって「ピョートルの遺産」について研究と議論を続けてきた。そこでアニーシモフが「明白な結論」とするのは次の二点である。第一はピョートル改革の前夜に、すでに「歴史の風」は変革の方向に吹いていたこと、つまり社会のあらゆる分野で解決を必要とする危機が生まれていたことである。そして第二にピョートルは改革について考え得るすべての案のなかから、「最も強硬かつ非妥協的で、ロシア社会に最も犠牲を強いる案」を選択したことである。ここで問題となるのは第二の点だが、それはさて措き、ピョートル大帝の目的はロシアの人びとを「洗礼を受けた熊」から「啓蒙された国民」へ変えることであった。「熊」というのはロシア人の愛称で、決して軽蔑した言い方ではないが、その目的を達成するためにピョートルは専制と「強制的な手法」に頼った。つまり「強制を介しての進歩」が彼の改革の最大の特徴で、あらゆる分野で実践された。すでに多くの改革をやり遂げた後の一七二三年、ピョートルはみずから次のように書いた。

もし教師から強制されなければ、わが国民は、勉強しない子供のように、決してアルフアベットの学習に取り組むことはないであろう。当初は彼らにとって、いまいましく感じられるであろう。しかし修得した後には、感謝するものだ。このことは現状から見てきわめて明白である。なぜなら、ほとんど全ての政策が強制的に行われているが、すでに多くに対して感謝の言葉が聞かれるからである。（田中良英訳）

だがアニーシモフは大帝の「強制的な手法」を厳しく批判している。またその弊害についても幾つかの事例を挙げながら具体的に議論を展開しているが、ピョートル改革の成果と影響の大きさについては次のような言葉でこれを認めている。「我々は、今日に至るまで、たかつてピョートル大帝が我々のために切り開いた歴史上の林道のみに沿って進んでいる」。

以上のようなアニーシモフの主張から明らかなように、ピョートル大帝による改革は「上からの革命」に等しかった。ロシアの「民族文化の一体性」に終止符を打ち、「二種類の国民」を生みだした改革は「革命」そのものであった。専制という「独裁システム」はこの時代の産物ではないが、ピョートルによって「一元化、固定化」されたのである。ピョートル大帝は、こうしてロシア史の方向付けに決定的な役割を果したが、彼だけを例外視することは妥当でない。伝統的に専制的な権力をもつロシアの皇帝たちには、もし強い意志を持つならばその可能性が開かれていた。歴代のツァーリたちは権力の制限に敏感で、そして貴族も民衆も「強いツァーリ」に期待するところがあったのである。

第四章　女帝の世紀

「宮廷革命」の時代

混乱する後継者問題

ピョートル大帝の死から一七六二年六月のエカテリーナ二世の即位までの三七年間、六人の男女がロシアの帝位に据えられた。だが彼らはいずれも凡庸な人びとで、これら「北方の巨人の遺産のとるに足らない相続人たち」（プーシキン）の時代には見るべきものがないというのが通説であった。これはソヴィエト史学の見直しが進められている今でもおおむね妥当なところである。とはいえ新しい事実の発見、そしてそれらに基づく新しい見解がないわけではない。

ピョートルが亡くなったとき、臨終の場にいた政府の高官たちは新しい皇帝の擁立の準備を始めていた。ただ唯一の気がかりは女性であったことである。つまりメーンシコフらのピョートル大帝に取り立てられた高官たちは、大帝の孫の男子ではなく、大帝妃を擁立したのである。エカテリーナ・アレクセーヴナで、ロシアでは最初の女帝であった。近衛兵の援護のもとで即位を強行したメーンシコフは、同時に旧貴族たちの懐柔も忘れなかった。翌年初めには元老院の上に八名の議員からなる「最高枢密院」が設立され、新貴族とともにドルゴルキー家、ゴリツィン家などの名門が加わった。ここで権力を握ったのはメーンシコフで、彼はエカテリーナ一世の文字通り側近中の側近としてあらゆる決定に関与したのである。

けれども一七二七年春にエカテリーナは病に倒れ、早くも後継者問題が浮上した。後継者として大帝の孫ピョートル・アレクセイヴィチを擁立する点で新旧貴族たちの利害は一致した。だがメーンシコフはこのときも先手を打った。病床のエカテリーナから自分の娘マリアと新帝との「婚約」の同意を取り付けたのである。エカテリーナは五月初めに亡くなり、一二歳のピョートル二世が即位した。こうしてメーンシコフの支配は磐石となったかに見えたが、そうはうまくいかなかったのである。

失脚したメーンシコフ　娘たちとともにシベリアに流刑。1883年、スリコフ画。トレチャコフ美術館蔵

問題はピョートル二世である。即位の最初の日から「岳父」となるメーンシコフの庇護の下に置かれた彼は、すぐにメーンシコフの干渉に反発するようになった。その反発は「公認の花嫁」にも向けられた。かくて「全能の権力者」メーンシコフをとりまく空気に微妙な変化があらわれた。かねて傍若無人な彼の行動を快くおもわない旧貴族たちはここで結束した。メーンシコフの引退とシベリア流刑を命ず

る文書への皇帝ピョートルの署名を手にいれたのである。一七二七年九月、メーンシコフは皇帝の婚約者を含む三人の「不幸な娘たち」とともに西シベリアのベレゾフに流刑され、厖大な土地財産が没収された。彼は二年後に亡くなったが、かつてピョートル大帝の「右腕」と呼ばれた彼の運命はロシアの政治家の末路を象徴するものであった。

メーンシコフの失脚によって、ロシアには一時的に「権力の空白」が生まれた。たしかに彼の評判は芳しくなく、威圧的な態度も反感を呼んだ。けれどもメーンシコフほど経験豊かで実行力のある政治家、軍人はほかにいなかったのである。実際に権力を握ったのは名門貴族のアレクセイ・ドルゴルキーであった。彼もまた「最高枢密院」から自分の娘と皇帝との「婚約」の同意を取り付けた。後からみると、これは文字通り「メーンシコフの愚行の第二幕」であった。狩りに異常な関心を示す幼帝のためにドルゴルキーは息子とともに多くの日時をさかなければならなかったが、婚礼の日取りは一七三〇年一月と設定された。お祝いのために各地から大勢の人びとがモスクワに集まりつつあった。ドルゴルキー家の支配はもう目前にあった。

ところが、である。モスクワ川の氷上で行われる新年の伝統的な聖水式に出席したピョートルは風邪をひいて寝込んだ。さらに悪いことには、天然痘《てんねんとう》に罹《かか》って、一月一八日夜半、つまり挙式前夜に亡くなったのである。ドルゴルキーは文字通り茫然自失の体であった。

またしても後継者選びが始まったが、ここでもドルゴルキーらの旧貴族たちが主導権を握った。その結果ピョートル大帝に連なる人物ではなく、彼の「共同統治者」であったイヴァン五世の娘アンナ・イワーノヴナが選ばれた。アンナは一七一〇年末に一七歳でクールランド公に嫁いだが、不幸にして二ヵ月で夫を亡くした。以来二〇年間ミタワの町で陰鬱な一人暮らしを続けていたのである。ロシアとはまったく異なる宗教的文化的な環境で暮らしていたわけだが、「操り人形」を望んでいた旧貴族の政府にとっては好都合であった。招聘の使節がミタワに派遣された。その際アンナは「条件」なる文書への署名を求められたが、彼女はこれに同意した。こうしてアンナはモスクワにやってきた。ピョートル二世の即位以来、都は再びモスクワに移されていたからである。

アンナが署名した「条件」とは、実はロシアの伝統的な専制的君主権を大幅に制約する内容であった。このことが公になると一般の士族たちは強く反発した。ロシアが「動乱」時代のような大貴族たちの果てしない闘争の場になることを危惧した彼らはいかなる「条件」にも応ぜず、アンナが自己の祖先にならって「専制的に」国を治めるように求める「嘆願書」を作成した。

モスクワに着いて一〇日後、アンナはクレムリン宮殿に専制権力の維持と「最高枢密院」の廃止を求める士族たちの代表を迎え入れた。彼女はその場にいたドルゴルキーに「上手に演じられた当惑」でもって問いただした。「ミタワの私に示された箇条書き（条件のこと）は、すべてのナロードの意思ではなかったのですか。さてお前は私を欺いたのですか」。そして「すべての者の賛同でもって」、「条件」を記した誓約書を破り捨てた。こうしてドルゴルキーなど名門貴族たちの「貴族寡頭制の試み」は挫折した。首都も再びペテルブルクへ戻されたのである。

「ドイツ人の支配」は本当か

アンナは単身ロシアにやってきたのではなかった。彼女にはビロン（ドイツ人、ビューレン）という寵臣がいた。まともな教育を受けておらず、深い思慮に欠けていたアンナにとって、ビロンは不可欠な存在であった。彼は一日たりとも女帝のそばを離れることはなく、二人が手に手をとって歩く姿も目撃されている。統治はこのビロンに委《ゆだ》ねられたのだが、もう一人ドイツ人の重要人物がいた。オステルマンという古参の高級官僚で、一七〇八年にピョートル大帝に仕えて以来、すでに長く政治のトップにいた実務家であった。このように「ドイツ人の支配」がアンナ時代の特徴であったとされる。だがこうした見方は的確といえるだろうか。

ピョートル大帝以来、多くの外国人がロシアにやってきた。多くは技術者や軍人であったが、政府のトップにまで上りつめたものもいた。彼らは大帝に忠実に、そして「良く」仕えることで高いポストと高額な給与を受けた。だがそれ以上ではなかった。つまり統治していたのは強力な皇帝であり、その手足となって働くだけであった。

だがピョートル亡きあと事情は一変した。外国人たちはより大きな権力を求め始め、それを阻むことは難しかった。こうして外国人、特にドイツ人の跋扈《ばっこ》に対して非難が向けられたわけだが、ここで次の点に眼を向けなければならない。つまり当時のロシアにおいてドイツ人抜きの民政と軍事は考えられなかった。また彼らの多くはロシア人と通婚をしていたからいわば「ドイツ系ロシア人」であり、ロシア人と一緒に仕事をしていた。したがって権力をコントロールする「ドイツ人の党派」などは存在せず、「ビロノフシチナ」の言葉のようにロシア人を犠牲にして一方的に「ドイツ人の利益」が図られたことはなかった。だが権力闘争となると話は別で、そこではナショナリスティクな感情が利用されたのである。

一七四〇年一〇月末、アンナが亡くなった。彼女にはもちろん子供はなく、死の少し前に姪のアンナ・レオポルドヴナの生後二ヵ月の息子、イヴァンを後継者に指名していた。摂政はビロンとされたが、これが「ドイツ派」の内紛をひき起こした。まずミニフ将軍がビロンを逮捕して流刑処分にした。ときを逃さず今度はオステルマンがミニフ将軍を解任して、自らの手に権力を握った。こうしていったんは皇帝イヴァン六世、摂政アンナ・レオポルドヴナ、そして宰相オステルマンの体制が確立した。

女帝アンナ　イヴァン５世の娘

だが、今度は「ドイツ人の支配」の継続に対するロシア人軍人の不満が表面化した。近衛連隊で「ピョートル大帝の娘」エリザヴェータ・ペトローヴナを担ぐ新しい動きが始まった。その動きを察知した摂政アンナは、エリザヴェータを急いで外国に嫁がせようとしたが、ときすでに遅かった。一七四一年一一月末、摂政アンナとイヴァンは逮捕された。前者は北方へ流刑、後者はシュリッセルブルクの監獄に送られた。またオステルマン、ミニフ、ビロンなどのドイツ人も揃ってシベリアへ流刑された。こうして「ドイツ人の支配」はひとまず終わりを告げたのだが、二〇年後に再びおなじ問題が別の形で浮上するのである。

ピョートル大帝の娘

すでに見たように、ピョートル大帝は二度結婚した。最初の妃エウドキアとは「大使節団」の後に離別し、彼女との間にできた皇太子アレクセイは大帝に逆らって逃亡・獄死するという悲劇的な生涯を閉じた。第二の妃エカテリーナとの間には男女四人の子供に恵まれたが、後継予定の男子ピョートルは幼くして、もうひとりも生後間もなく亡くなった。残されたのは年子のアンナとエリザヴェータで、二人とも正式な結婚以前の子供、つまり庶子であった。姉妹は両親の庇護の下で幸せな少女時代を過ごし、姉のアンナは一七二五年末、一七歳でホルシュタイン公に嫁いだ。エリザヴェータは色白の美人で、生き生きとした大きな瞳を持ち、そして健康であった。ダンスは誰よりも上手だったというが、父である大帝、さらに母帝エカテリーナの死によって環境は一変した。ピョートル二世とその取り巻きは彼女に冷淡で、ふだんはモスクワ郊外で過ごすことになった。

一七三〇年一月にピョートル二世が短い生涯を終えたとき、母帝の「遺言」によってエリザヴェータは「合法的な帝位継承者」となっていた。だが「最高枢密院」は「庶子」であることを理由に、彼女の即位を拒否した。このような経緯の後に選ばれたのがクールランド公未亡人のアンナで、このときからエリザヴェータの「陰鬱な一〇年間」が始まった。女帝アンナは自己の権力にとって潜在的な脅威である「従姉妹」を愛することはなかった。それどころか修道院送り、あるいは外国に嫁がせる機会をうかがっていた。次のイヴァン六世の摂政アンナ・レオポルドヴナは彼女に同情したが、同時に人気のある大帝の娘を警戒する点では女帝アンナと同じであった。近衛連隊によるクーデタ、つまりエリザヴェータの擁立者たちは帝位への「合法的な権利」と「専制君主の両親への血の近さ」をその理由に挙げた。このとき彼女は三二歳であった。

女帝エリザヴェータ　父ピョートル大帝の統治原則を継承した

新しい女帝エリザヴェータは、即位後ただちにピョートル大帝の統治原則を自分の政府の活動の基礎とする旨を宣言した。大帝の理念の継承者としての自己の即位の正当性を訴えたのである。また外国人偏重という前政府に対する批判をうけて、「能力あるロシア人」の登用を優先させた。そのため多くのドイツ人がロシアを去っていった。彼女の治世は二〇年におよぶが、当初の情熱はしだいに薄れ、観劇や舞踏会などありとあらゆる贅沢に身を委ねるようになった。豪華な冬宮の建設が始まったのも彼女の治世で、フランス文化と思想の影響力がたかまった。

エリザヴェータ時代において特に著しいのは商工業の発展である。政治の実権を握ったシュヴァーロフ兄弟によって国内関税が廃止され、流通の活性化が図られた。またロシア最初の銀行として貴族のための貸付銀行が設立された。貴族たちは領地と農民を担保として年利六パーセントで多額の貸付を受けることができたのである。また貴族たちは醸造業から商人を締め出すことによって、この利幅の大きな産業を独占した。土地測量事業もまた彼らの土地所有権を強化したのであり、エリザヴェータの治世には親貴族的な政策が際立っていたのである。だが当時の貴族にとって最大の関心事は国家勤務の問題であった。

貴族の解放令

ピョートル大帝の死からエカテリーナ二世の即位まで、ロシアの帝位にあった六人の皇帝たちはみずからの統治理念を持たない、意志の弱い人びとであった。ピョートル体制は彼らの治世においても基本的に継承されたが、部分的な後退は避けられなかった。とくに貴族たちは特権の拡大を求めた。最初の現れは、すでに見たようにアンナの即位の際の名門貴族たちによる「ツァーリ専制」の制限であった。だが平の貴族たちはこれに同調せず、むしろ「ツァーリ専制」を支持した。次に彼らが求めたのは一子相続制の廃止であった。

イギリスにならって一七一四年に導入されたこの制度は、ピョートル改革のなかでも特に不評で、当初から貴族たちはいろいろな抜け道を捜した。政府は「非相続の」貴族たちに給与、軍服、食糧、治療、年金などの保障を約束してはいたが、文字通りそれは空手形であった。アンナ帝の即位後間もなく一子相続制は廃止された。「不動産の領地」は、一六四九年法典に従って息子たちに均等に分割相続され、娘たちにも「以前通り」「持参金」が与えられるとされた。

もう一つの重要問題は勤務義務の軽減である。ピョートル大帝の治世に「生涯義務」にまで強化された勤務に対する貴族たちの不満は、大帝の死とともに一気に噴出した。それはさまざまな形での勤務忌避として現れていた。政府は「多くの貴族の未成年たちは今も紋章局に現れず、勤務の指定を受けずに自分の家で怠惰に暮らしている」と批判した。勤務忌避者たちの多くは貧しい貴族のなかから出たという見解もあるが、この動きは止められなかった。アンナ即位の年に勤務の廃止要求さえ出されたのである。

子供の将校　貴族の勤務義務に対し、幼い子供を勤務に不正登録した例もあった

一七三六年一二月、アンナの政府は①複数の息子がいるならば、一人を「経営の保持のために自己の家に残す」権利を認め、②二五年間の勤務をしたものは「家に帰る」権利を持つ、と改めた。その代わり未成年者（七歳から二〇歳まで）は三度（七歳、一二歳、一六歳）「査閲」を受けなければならず、その間は「学習」を求

められたのである。一七三六年勅令の実施はオスマン帝国との戦争の勃発のために延期されたが、戦後に軍の将校の半数以上が退役した。「子供の将校」という有名な絵が示唆するように、未成年の子弟を勤務に不正登録して、二五年後の勤務明けを待つという「抜け道」が考案されたのである。

勤務軽減の問題はエリザヴェータ帝の治世でも話題になったが、根本的に解決されたのは次のピョートル三世のときであった。一七六二年二月、いわゆる「貴族の解放令」が発布された。「解放令」は、貴族たちに対して今後も勤務することが「望ましい」としたものの、強制することはないと宣言したのである。また自分の子供たちの教育を怠ってはならないと注文を付けているが、軍事と行政における貴族たちの勤務義務を廃止し、それをボランタリーなものに代えた。「解放令」はすべての貴族に歓迎されたが、具体的な対応は彼らの社会的地位や収入などによって大きく分かれたのである。

ピョートル三世の半年間

「貴族の解放令」が発布されたのは、すでに見たようにピョートル三世の即位後であった。だが彼の治世はわずか半年で終わった。「宮廷革命」、つまりクーデタによって退位させられ、そして殺害されたのである。一体何があったのだろうか。

エリザヴェータ帝は即位後間もなくホルシュタイン公国の首都キールに特使を派遣した。一七二八年に亡くなった姉アンナの遺児、つまりピョートル大帝の孫にあたるペーター・ウルリヒを後継者として迎えいれようとしたのである。彼は子供のいない現スウェーデン国王の後継候補でもあった。当時ロシアはバルト海の失地回復を狙うスウェーデンと戦っており、下手をするとピョートル大帝の孫がスウェーデン軍を率いるという危険もあった。したがって事は急がれた。それとともにエリザヴェータには自己の権力の安定化という狙いもあった。かくて一七四三年、当時一四歳のペーターが皇太子としてロシアに入った。改宗して、ピョートル・フョードロヴィチを名乗ったのである。

　エリザヴェータは次に皇太子妃の選択に入った。候補者リストのなかから選ばれたのがシュテティンのアンハルト・ツェルプスト家の令嬢ゾフィーで、ピョートルにとっては父方の「またいとこ」に当たる。ゾフィーは一年遅れでロシアに到着して、名前をエカテリーナ・アレクセーヴナと改めた。二人は一七四五年、モスクワのウスペンスキー聖堂で挙式した。こうしてエリザヴェータは早々と厄介な後継問題を片付けたことで、安堵しただろう。ところが若い二人はうまくいかなかったのである。

皇太子時代のピョートル３世とエカテリーナ　1756年、リシェフスカ作。スウェーデン国立博物館蔵

　皇太子ピョートルは生後すぐに母を亡くし、ロシアとは無縁の環境で育てられた。根っからのプロイセン贔屓《びいき》で、フリードリ

ヒ大王の崇拝者であった。朝から晩まで軍隊遊びに熱中していたというから、精神的にも未熟であった。加えて酒である。大酒を飲み、自堕落な生活を送るようになったのである。生まれも育ちもドイツの彼にとってロシアは所詮「異国」で、好きではなかった。エリザヴェータの不安は増した。そこで二人の間にできたとされるパーヴェルを後継者にして、母親エカテリーナを摂政に立てる案まで考えた。ロシアにやってきたその日から言葉を覚え、習慣に溶け込もうとする若き皇太子妃エカテリーナに対する評判は、すこぶるよかったからである。だがエリザヴェータはこの問題に決着をつけないまま、一七六一年一二月、この世を去った。後継者はピョートル三世であった。

エリザヴェータの不安は的中した。ピョートル三世は即位後、何事についてもプロイセン方式を取り入れただけでなく、一七六二年四月、フリードリヒ二世と和平を結んだ。五年前に始まった「七年戦争」を一方的に停止したのである。プロイセンの首都ベルリンを占領していたロシア軍はただちに引き揚げを命ぜられ、それまでに獲得したすべての領土も返還するという驚きの指示が出された。もとより一コペイカの賠償金も要求されなかった。多大な戦費を費やし、また血を流したロシアの軍隊と社会がこのようなツァーリの決定に憤ったのも無理はない。

新ツァーリに対する強い不満は、皇后エカテリーナを擁立するグループの陰謀となって現れた。つまりクーデタ計画が始まり、そして首尾よく実行された。六月二七日のことである。ピョートル三世は退位の宣言を余儀なくされ、逮捕された一週間後に殺害された。問題はエカテリーナの直接の指示があったか否かだが、もとよりこれは不明である。公には皇帝は「はやり病」のため急死したとされ、後日行われたピョートルの葬儀にエカテリーナは出なかったという。遺体もロマノフ家の墓所ではなく、アレクサンドル・ネフスキー修道院の墓地に埋葬された。こうしていかなる「正統性」もない若き未亡人エカテリーナが即位したのである。

啓蒙君主エカテリーナ二世

「ロシアはヨーロッパの大国である」

エカテリーナ二世は望まれて帝位に就いたのだが、生粋《きっすい》のドイツ人であった彼女は、民衆には不評であった。亡くなったピョートル三世の名前を騙るものが続出した。ピョートルは民衆のために「よき政治」を行おうとしたために貴族たちの陰謀によって葬られたのだというわけである。あるいは誰か別のものが葬られたのであり、彼は生きているという噂もたえることがなかった。貴族たちも身分的権利の拡大の要求を取り下げることはなかった。不名誉な体刑の廃止、あるいは個人的財産権の確立などがそれである。万事に慎重なエカテリーナは委員会を設けて検討に入ったが、ただちにそれを認めることはなかったのである。

エカテリーナの初期の改革としては、国内経済の活性化のための植民の呼びかけ、「自由経済協会」などの設立による重農主義的な政策が挙げられる。その成果としては、サラトフ

エカテリーナ２世　クーデタで夫から権力を奪った。エルミタージュ美術館蔵

を中心とするヴォルガ下流域に約六三〇〇家族のドイツ人の入植として現れた。いわゆる「ヴォルガ・ドイツ人」の誕生である。また「自由経済協会」では農奴労働の経済的得失が論ぜられた。このようなエカテリーナの政策の根底には当時のヨーロッパの時代精神であった「啓蒙《けいもう》思想」があった。「啓蒙思想」とは、理性をもとにした宗教、政治、経済、教育などの諸分野の改革を通して人間生活の進歩改善を推進しようとする思想である。彼女のそうした思想表明の最高の舞台となったのが法典編纂委員会の招集であった。

一七六六年一二月、エカテリーナは新しい立法委員会を招集する旨を布告した。ピョートル大帝以来、こうした委員会は何度か設けられていたが、作業はいずれも未完に終わっていた。エカテリーナの委員会の新しさは聖職者、貴族、都市民、郷士、国有地農民の各身分の代表を招いたことにある。合計五三六名（これ以外に政府の任命によるもの二八名）の大人数である。翌年八月、エカテリーナは委員会の開会に先立って、みずから準備した全体で二二章六五五項目から成る「訓令」を読み上げた。そこで彼女の統治理念が謳われたのである。エカテリーナによると、「ロシアはヨーロッパの大国である」。だがロシアのような広大な国家には「専制君主」による統治がふさわしいとして、自己の強大な権力を正当化した。また市民の自由、法の前の平等などの法治主義の原理が掲げられたのである。「訓令」はあらかじめ西欧諸語に翻訳・印刷されていて、ヨーロッパの知的世界に広く知られることとなった。彼女には「宣伝癖」があり、また「訓令」を彼女のオリジナルな作品と呼ぶことはできない。全体の四分の三はモンテスキューの『法の精神』やベッカリーアの『犯罪と刑罰』などヨーロッパの思想家からの借用で、それもほとんどコピーに近い代物であった。

立法委員会は六八年一二月に始まったオスマン帝国との戦争のために中断を余儀なくされた。今回も成果なく終わったのだが、地方の代議員たちが一緒に持ち込んだ一五〇〇通をこえる「要望書」は政府にとって後の「地方改革」のための貴重な資料となったのである。

プガチョフの大反乱

一七七三年夏、ウラル地方のヤイク・コサックの町に一人の男が現れた。彼は亡くなったピョートル三世を名乗り、コサックたちに「失われた自由」の回復を約束した。本名はエメリヤン・プガチョフで、三〇歳過ぎのドン・コサックであった。さらに彼は女帝エカテリーナを「権力の簒奪者」と呼んで、「よきツァーリ」のための戦いに加わるようにコサックたちに呼びかけた。プガチョフの呼びかけに応じて形成された軍団は日を追うごとに数を増した。辺境にある多くの町は彼らの「遠征」に「パンと塩」を手に歓迎したのである。

長く鳴りを潜めていたコサックの反乱に驚いた政府は、一〇月、「故ピョートル三世の名前を用いて無思慮な人びとを堕落と破滅に導いている悪人・盗賊」プガチョフを激しく非難する布告を出すとともに、彼の手になる「偽の布告」を集めて焼却するように指示した。これに対してプガチョフは政府機関に倣った「軍事参議会」を組織して征服地域を治め、さらに勢力の拡大をはかった。一七七四年七月にプガチョフが発した「勅令」によると、彼に仕えるものには「自由」が与えられ、兵役や人頭税、地代などの負担から解放される。貴族は「わが権力の謀反人」「農民の零落者」として捕らえられ、処刑される。つまり彼は「よきツァーリ」という民衆のナイーヴな幻想に拠って「貴族身分抜きの国制」を樹立しようと試みたのである。貴族身分の根絶という反乱の呼びかけに応じて、殺害された貴族とその妻子の数は少なくなかった。

反乱に加わったのは町や村のロシア人農民だけではない。中央の「支配と抑圧」から逃げてきたさまざまな逃亡民、ウラルの工場で働いていた労働者、ロシア人の進出によって露骨な経済的、宗教的な抑圧を受けていたバシキール人、カルムイク人などの非ロシア人異教徒たちも圧政からの解放を求めてプガチョフの戦いに加わった。特に一六世紀以来幾度となく辛酸をなめてきたバシキール人たちは、このとき指導者サラヴァート・ユラーエフの下で激しく戦った。

戦いの頂点はロシア東南部における政府の軍事拠点オレンブルク要塞の攻防であった。一七七三年一〇月に要塞を包囲したプガチョフの軍団に対して、政府がビービコフ将軍の率いる大軍を投入して町を「解放」したのは一七七四年三月のことであった。この戦いを境にし

プガチョフの大反乱　1773年、コサックの指導者プガチョフ（右）は、ピョートル３世を僭称して「よきツァーリ」のための戦いを呼びかけた。反乱は非ロシア人の異教徒も巻き込んで１年以上続いたが、プガチョフは1774年に捕らえられ、翌年処刑された

てプガチョフの軍団は守勢にまわり、逃避を余儀なくされた。退路にあたるヴォルガ中下流域で農民の一揆が続発し、土地貴族たちは都市に逃げだした。そして一七七四年八月末のツァリーツィンの戦いでプガチョフ軍はほとんど全滅した。九月初めにはプガチョフも仲間の手で捕らえられ、政府軍に引き渡された。彼の処刑は翌年一月、モスクワで行われた。「プガチョフシチナ」、つまり「プガチョフ派」の再発をいかにして阻止するか、これがエカテリーナ政府の緊急の課題となったのである。

地方改革と都市文化

一七七五年一一月、エカテリーナ政府は地方行政についての基本法を発布した。女帝はコサックたちの反乱がほとんど抵抗を受けることなく広がった最大の原因を「地方の無力」にみたのである。ピョートル大帝の地方改革は理念ばかり先行していたため死後棄てられ、一七世紀に逆戻りした。ロシアの地方行政は役人の不足と怠慢のためにほとんど機能していなかった。地方からの税収と徴兵はつねに滞《とどこお》っており、地方の「福祉」には一片の考慮も払われなかった。プガチョフの反乱は根本的な改革の契機となったのである。

ロシアはピョートル大帝のときに大きく八県に分けられ、エカテリーナ二世即位時に二五県にまでなっていた。だがそれでも規模は大きすぎる。基本法によると、一県あたり人口三〇万から四〇万人（人頭税が賦課される男子人口）が適正とされた。また県あたり一〇郡から二〇郡を置き、一郡あたり二万から三万人を標準とする新しい行政区分がなされた。その結果ロシアは四一県、彼女の治世末には五〇県へと細分された。ヨーロッパ・ロシア五〇県はこうして誕生したのである。各県には知事が置かれたが、重要な県や若干の県には「総督」が配され、有力な政治家が送りこまれた。新ロシア県のポチョムキン、トヴェーリ県のジーヴェルス、ヤロスラヴリ県のメリグーノフらがそれである。こうして実質的な「地方分権」が図られたのである。

郡の細分化は人口規模とともに、経済的、地理的、そして民族的な一体性にも配慮することとされ、四九三郡と大きく増加した。だが新しい郡都のかなりのものは「大きな村」か「ポサード」、つまり商人や手工業者の居住区であった。ヤロスラヴリ県の場合は一二郡のうち、七つの郡がそうであった。反乱の震源地ウラルでは、それまでの一九郡に代えて四一郡に細分化されたが、同じ問題を抱えていたのである。

棒による笞刑と見守る領主　酔っ払いから逃亡まで、さまざまな「犯罪」で農民は体刑を受けた。1768年の絵

エカテリーナの地方行政改革にはもう一つの狙いがあった。それは「貴族の解放令」によって地方に移住した貴族たちを行政と裁判の仕事に参加させることであった。在地の貴族たちは県と郡の貴族団に組織され、その互選によって地方役人や裁判官が選ばれた。こうして三年に

一度、冬期間に貴族集会が開かれ、地方貴族の固有の問題を話し合う場となった。ビジネス、娘の縁談とかゴシップなどが参加の誘引として働いた。こうして成立したロシアの貴族団は身分的自治と地方行政において、遅まきながら一定の役割を果たしたのである。

ロシアの人口は、一七九六年には約三七四〇万人に達したが、都市人口は四・二パーセントにすぎなかった。都市住民の多数を占めたのは「ポサード民」で、租税の支払いにおいて彼らは連帯責任制の下にあった。つまり都市は第一義的には「担税共同体」で、限られた「自治」しか与えられなかった。しかも農業とも完全に切り離されてはおらず、出稼ぎ農民や「商業農民」も多くかかえていた。かつてモスクワは「大きな村」と呼ばれたが、ロシアの都市のほとんどが「大きな村」であった。例外は首都ペテルブルクで、一七九二年の統計で人口二〇万を超えたこの計画都市には外国人も多かった。第一位はドイツ人で一万七〇〇〇人、そしてイギリス人も九〇〇人を数えた。

エカテリーナの地方改革を経て、特に郡都は地方における政治・経済・文化の中心地として発展しはじめた。庁舎や学校など新しい公共的建築物が建ち、印刷所が設立された。ロシア最初の地方誌がヴォローネジとヤロスラヴリで刊行されるなど、地方の歴史と文化への関心が強まった。治安対策という側面もあった女帝の地方改革は、後にロシアの旧体制を変えた「真に偉大な事業」と高く評価されるのである。

女帝と寵臣ポチョムキン

エカテリーナ二世の側近と寵臣たち

エカテリーナ二世の治世で最も有能な政治家は誰かといえば、間違いなくパーニンとベズボロドコの二人の名前が挙がるだろう。ニキータ・パーニンは彼女より一〇歳ほど年上で、当初は息子パーヴェルの教育係であったが、彼女の即位とともに政府の支柱となった。エカテリーナは彼の熟練した政治的手腕、回転のはやい頭脳、そして統治への熱意を高く買っており、彼に対する信頼は一七八三年の死まで続いた。

そして女帝の後半期に政府の軸となったのはアレクサンドル・ベズボロドコであった。一七四七年生まれで女帝よりもかなり年下だが、ワイロを取らない誠実な人物で、国法と先例に最も精通していた。エカテリーナは彼に絶大な信頼を寄せていた。一七八四年に外務参議会の次官となるが、国内外から彼女の官房に寄せられる厖大な情報の流れを女帝は、ベズボロドコの眼を通して見たのである。だがそうした有能な政治家たちの働きをときに妨げるものがいた。彼女の寵臣、あるいは愛人たちである。

エカテリーナはその三四年間の治世に二一人の愛人がいたという。即位前の二人を加えると二三人となるが、数人は政治的にもかなりの役割を担った。治世の最初の一二年間、エカテリーナはクーデタの立て役者でもあったグリゴリー・オルロフと愛人関係にあった。彼の結婚要求こそ拒んだが、彼女が生んだ三、四人の子供の父親はオルロフであったという。彼は政治にも口出ししたが、それによってエカテリーナの政策が大きく左右されることはなかった。一七七一年にモスクワで史上最後となるペストが発生したとき、エカテリーナはオルロフを派遣して事態の収拾にあたらせた。彼は疫病の蔓延を防ぎ、民衆のパニックと首尾よく闘い、「古都の救世主」としてペテルブルクに凱旋した。エカテリーナは大いに報いたが、オルロフの要求は果てしなかった。エカテリーナにはもはや不要となった彼は翌年、宮廷から遠ざけられたのである。

ポーランド分割

ポーランド人貴族スタニスワフ・ポニャトフスキは即位前の愛人だが、一七六三年エカテリーナはポーランド国王の死去にともなって彼を新しい国王に擁立した。ポーランドは選挙王制であり、一八世紀には隣の大国の意のままであった。それまではザクセン出身の国王が続き、ロシアもそれを支持してきたが、エカテリーナはこの機会に自分のかつての愛人を送り込んだのである。彼女の企ては成功した。

だが啓蒙主義者でもあった新国王は就任するとただちに国内改革を実施して祖国の再生に乗り出した。これに応えてポーランドでは愛国的な貴族たちによって各地に「連盟」が結成された。「改革のいきすぎ」に危機感を抱いたエカテリーナは軍隊を出し、プロイセン、オーストリアとともに内政に干渉しはじめた。その結果が一七七二年の第一次ポーランド分割であり、これによってポーランドは領土と人口の三分の一を失った。だが改革の動きは止まらなかった。一七九三年一月の第二次分割に対してコシチューシコらの反対運動が強まったものの、スヴォーロフ指揮のロシア軍によって鎮圧され、国王はペテルブルクに連れ去られた。一七九五年一〇月に第三次分割が実施され、中世の大国ポーランド王国はヨーロッパの政治地図から消えた。三次にわたる分割すべてに立ち会ったのはエカテリーナだけであったが、ロシアの「拡張主義」が突出していたわけではない。プロイセンにも、オーストリアにも明白な「領土的な野心」があったのである。

ポチョムキンと「新ロシア」

ポチョムキン公爵　女帝エカテリーナに次ぐ「国家第二の人物」となった

エカテリーナにとって「真の伴侶」はグリゴリー・ポチョムキンただ一人であった。彼はエカテリーナより一〇歳年下で、彼女を擁立するクーデタに参加した一人であったが、「真の伴侶」となったのは即位から一二年目の一七七四年二月のこととされる。その後二年間彼は女帝の傍を離れることはなく、二人の「秘密結婚説」が真面目に論ぜられるほどの間柄となった。二人の間には多くの手紙が取り交わされた。エカテリーナは美男子好きだったが、ポチョムキンはむしろ不恰好であった。『エカテリーナ二世』を著した女性のフランス人ロシア史家カレル＝ダンコースは、フランス的な教養の持ち主であるエカテリーナは、度外れて激しく、そして明け透けな「最もロシア的な人物」に魅かれたのだろう、と推測している。よく知られているようにエカテリーナは現実主義的で、ドライな計算ができる人であった。ところがポチョムキンには「可能性の枠を常にこえようとする」空想力と情熱があった。女帝は彼を自己に欠けるものを補完してくれる人と直感したに違いないのである。

「熱狂の二年間」が過ぎた後、ポチョムキンは文字通り女帝の「最高の友」「国家第二の人物」として権力を振るった。特にクリミア経営は全面的に彼の手に委ねられた。オスマン帝国を後ろ盾とするクリミア・タタールはロシアにとって中世末以来手ごわく、御し難い相手であった。だが強大なオスマン帝国も一八世紀には弱体化の一途をたどり、ロシアにとってクリミアを獲得して、黒海を制覇するチャンスが近づいていた。

一七六八年に始まる第一次の戦争に勝利したロシアはクチュク・カイナルジ条約を結んだ。これによって黒海北部沿岸の広大な地域を手に入れ、また黒海への出口を確保した。クリミア・ハンは独立国家とされたが、オスマン帝国の後ろ盾を失ったハンの地位には両帝国の推す候補者が就くことになった。一七七八年に黒海艦隊の基地としてヘルソンが築かれ、また女帝の名前を取った町エカテリノスラフの建設も始まった。ここには大学や天文台、そしてローマの聖ペトロ大聖堂のような教会の建設が計画された。

こうしてオスマン帝国の黒海制海権が打破され、一七八三年四月の勅令でクリミアの併合が公にされた。旧ハン国はクリミアの古称である「タウリチェスキー地方」と呼ばれ、黒海艦隊の停泊港セヴァストーポリが建設された。ロシア側に移ったハン国のタタール名門三三四人にはロシア貴族の権利と特典が付与されたのである。

一七八七年、オスマン帝国は再び開戦したものの大敗を喫し、一七九一年初めにヤッシーの条約が結ばれた。ロシアはさらに領土を広げたが、女帝はこの結果になお不満であった。交渉にあたったのは外務参議会を代表するベズボロドコである。ロシアの国庫は空で、またスウェーデン戦争のためこれ以上の戦争の継続は無理という判断であった。これさえロシアには有利というのがベズボロドコの冷静な判断であったが、エカテリーナにとっては、陸海でのロシア軍の勝利、そして人的犠牲と、いかなる面からみても「輝かしい」成果とは思われなかったのである。

ともあれ、こうして手に入れた広大な地域は「新ロシア県」としてロシア帝国に組み込まれたが、この地域の開拓政策を担ったのが一七七五年に県総督となったポチョムキンであった。貴族たちへの土地の下賜、移住民へのさまざまな特典の付与、逃亡農民や「古儀式派」の誘致などさまざまな政策が採られた。その結果、それまで荒地のまま放置されていた広大な地域の人口は一七八二年には男女合計五三万人、その二年後には七〇万人、そして一七九三年には八二万人にまで達した。クリミア半島でも世紀末には約一〇万人（男子）へと倍加したのである。

女帝のクリミア視察旅行

一七八七年一月初め、エカテリーナはクリミア視察旅行に出発した。公式の目的は獲得・併合された新ロシアとクリミアの開発の様子の視察であったが、この地域が「永遠に」ロシアの領土であることを示すデモンストレーションでもあった。視察には多くの外国人が同行したが、この舞台の演出者はポチョムキンであった。晴れやかさと華麗さへの女帝の強い愛着を知っていた彼は、この旅行の準備のために三年を費やした。女帝のクリミア視察は後にも先にも並ぶものがないほど豪華で華麗な旅であった。一四台の四輪箱馬車と一六四台の橇（うち四〇台は予備）からなる旅行の中心は三〇頭立ての馬が牽く女帝の巨大な箱馬車であった。彼女はそのなかで普段通りに政務をこなしたのであり、唯一の違いはいつもより一、二時間早く午後九時には床に入ったことであったという。

一月末にキエフに到着した一行はここで三ヵ月を過ごした。ドニエプル河が凍結から解放された四月末に船で下り、エカテリノスラフからは馬車で新ロシアとクリミアを視察した。女帝の視界には道路沿いの木々、立派に建てられた町や村の居住地、そこに住む着飾った人びとや家畜の群れ、そして穀物で一杯の納屋などが映った。ルート沿いの地方は道路、橋の補修、食糧や飼葉《かいば》の購入、駅逓馬の確保に奔走しなければならず、ある地方の貴族たちは農民一人あたり五コペイカを臨時に負担させられた。「ポチョムキンの村」という揶揄《やゆ》は、このときの事情を指している。

ある外国人は「見せかけの豊かな暮らし」として次のように皮肉った。町は急 拵《きゅうごしら》えで、

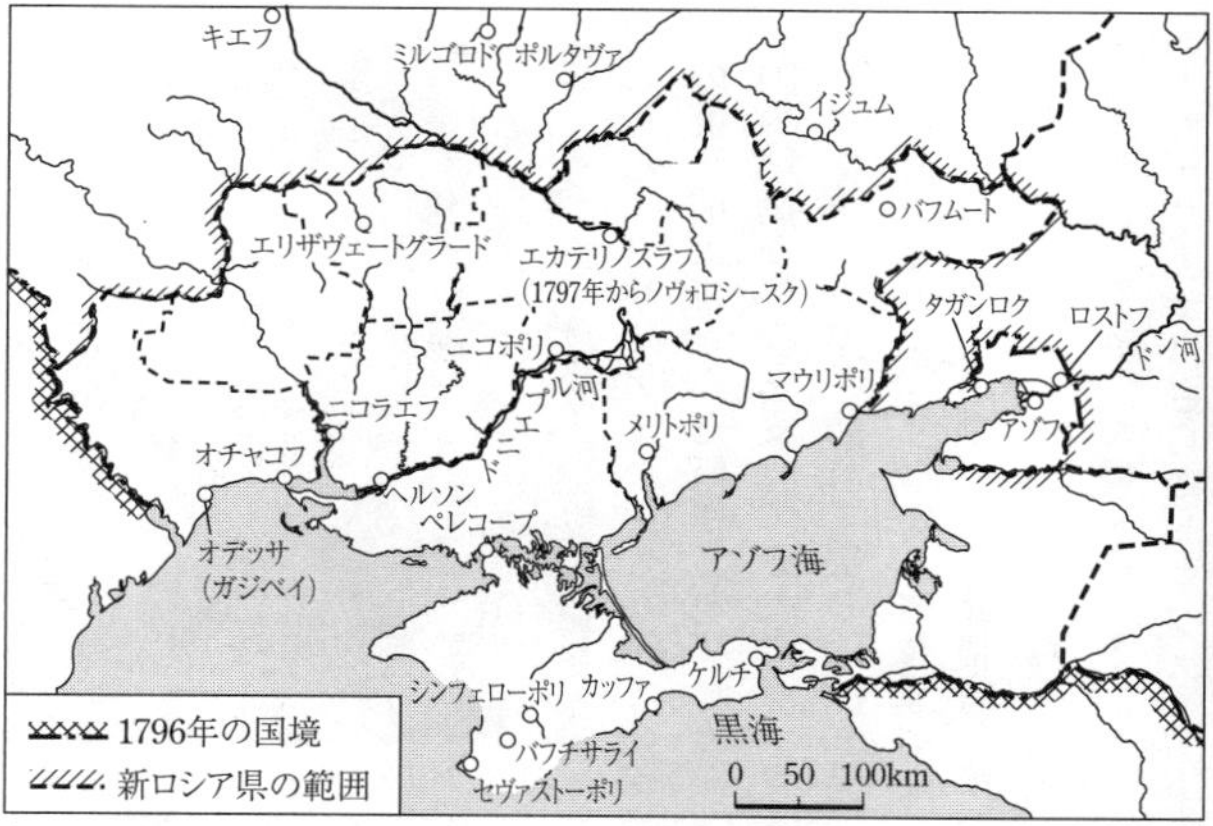

新ロシア県　クリミア半島を含む広大な地域

人びとは民族衣裳で着飾って女帝を出迎えるように命ぜられたが、納屋の袋に詰まっているのは穀物ではなく砂だ。「家畜の群れは、夜間ある場所から他の場所へ追い立てられ、一つの群れは五、六回も女帝にお目見えする機会をもったのだ」。ポチョムキンが女帝の満足を得るために労を惜しまなかったことは事実で、そのために一部「ポチョムキンの村」も作られた。だがすべてを「装飾用の村」と見ることはできない。新ロシアの開拓は着々と進められていたのであり、投ぜられた努力は実を結びつつあったからである。

　四月末にエカテリーナは新ロシアに入り、ヘルソンの町でオーストリアの皇帝ヨーゼフ二世と会見した。話し合いの内容は、いわゆる「ギリシア計画」であったとされる。オーストリアもロシアも、かつてオスマン帝国を最大の脅威としていた。だが帝国はあきらか

クリミアのタタール人　併合まで、ロシアとの敵対は300年以上におよんだ

に弱体化していた。この機会にロシアの庇護の下に「東ローマ帝国」を再建するというのが彼女の計画であった。一七七九年に誕生した二人目の孫にコンスタンティンという名を付けたことも、その意志のあらわれとされる。だが、「ギリシア計画」について語る資料はほとんどないのである。

次いでクリミアに入ったエカテリーナの馬車は、五月二一日、バフチサライの町に到着した。クリミア・ハンのかつての首都である。ハンの宮殿はすでに略奪され、一七八三年の併合前にほとんど破壊されていた。エカテリーナにとってというよりも、長いあいだハン国の執拗な侵攻を受けてきたロシアにとって記念すべき一瞬であった。後に詩人プーシキンはバフチサライを訪れて美しい叙事詩『バフチサライの泉』を書いた。それはブリューロフの絵画とボリショイ・バレエによって広く流布されたが、そこに「ロシアのオリエンタリズム」をみる現代の歴史家の批判的な指摘がある。つまり詩人は優越したヨーロッパ人意識の観点、ヨーロッパ人が提供した「出来合いのイメージ」でもって異国の地に住む「野蛮なタタール人」を描いたのであると。

エカテリーナはさらにセヴァストーポリに向かった。港には一五隻の軍艦が停泊しており、ポチョムキンの黒海艦隊を視察した彼女は大いに満足したに違いない。帰路はピョートル大帝の北方戦争の帰趨を決定したポルタヴァの地で五万人の将兵が参加した模擬戦争を見学した後に、トゥーラを経てモスクワに入った。ここではシェレメチェフ公爵のクスコヴォ村の館に招待されて、名高い「農奴劇場」のオペラを見学している。こうして七月初め、女帝はペテルブルクに戻った。彼女はポチョムキンへの手紙で彼の功績を讃え、六〇〇〇キロの旅のあいだ「まったく健康のまま」過ごしたことを感謝している。四年後の一七九一年一〇月、オスマン帝国との和平のためにヤッシーに戻っていたポチョムキンの死亡を知らされたとき、エカテリーナは気を失って倒れ、そして泣きつづけたという。

晩年のエカテリーナ

エカテリーナのクリミア視察旅行の前後、ヨーロッパは激動の時代に入っていた。アメリカの独立戦争、そしてフランス革命である。一七八九年七月のパリ民衆によるバスティーユ牢獄の占拠、農村での貴族の館への放火と年貢台帳などの焼却という知らせは、プガチョフの反乱を辛うじて鎮圧した政府にとって座視できないものであった。エカテリーナは国王ルイ一六世処刑の報を聞いて寝込んでしまったというが、ただちに六日間の服喪とフランスとの外交関係の断絶が宣言された。ロシアはフランスから追放された貴族たちの避難所となった。またフランスの事件を伝える出版物に対する検閲が強化され、書店ではそうした本を排除するために「捜索」が実施された。啓蒙と書物の出版はほかならぬ女帝の手で積極的に進められてきたわけだが、フランス革命という事態を前に事実上停止された。というよりも、エカテリーナの「啓蒙政策」は最初から政府批判を許容するものではなかったのである。

エカテリーナは一七六九年から『一切合切《いっさいがっさい》』という風刺的な週刊雑誌を出していた。秘書の名であったが、発刊人が女帝であることは知られており、彼女の啓蒙事業の一環であった。これに対して批判の矢を放ったのが『雄蜂《ゆうほう》』で、発刊人はニコライ・ノヴィコフ（一七四四〜一八一八）という法典編纂委員会書記であった。下からの風刺を意図していた彼の雑誌は女帝政府によって抑えられたが、一〇年後に彼はモスクワに移って精力的な出版活動を展開した。つまりヴォルテール、ルソー、ディドロなどのフランスのフィロゾーフ、そしてロシア人作家の作品などさまざまな領域の作品を刊行した。またノヴィコフはフリーメーソンの中心的人物であったが、エカテリーナはこれも気に入らなかった。フランス革命の勃発後、彼女はこれを反政府的な結社とみて弾圧に乗り出した。ノヴィコフの活動の拠点であった印刷所は使用不可となり、一七九二年に彼は逮捕・投獄された。

アレクサンドル・ラジーシチェフ（一七四九〜一八〇二）は富裕な貴族の家に生まれ、高等教育を受けたエリートであった。ドイツの大学への留学では法律だけでなく、人文・自然学、医学、文学などを修めた。一七七一年に帰国して政府機関で働きはじめたものの、「百科全書派」のラジーシチェフは孤立していた。肖像画から受ける物静かな風貌に似合わず、彼は「直情径行で、興奮しやすいたち」であったという。

一七九〇年ラジーシチェフは『ペテルブルクからモスクワへの旅』というタイトルの本を

出版した。数年かけて書かれたもので、ラジーシチェフの自宅の印刷所で六五〇部印刷された。「私」が旅の途中での出来事や情景を書き記して友人に伝えるという旅行記形式の本だが、刊行後ただちに発禁処分をうけた。その内容は明らかにロシアの現状批判、つまり専制政治と農奴制という体制の根幹に対する批判であったからである。ラジーシチェフは逮捕・投獄された後に、死刑が宣告された。だが間もなくシベリア流刑に減刑され、イリムスクで一〇年の流刑生活を送った。ラジーシチェフの見るところ人間は自由のために創造されながら、どこでも鎖に繋がれている。「人間の自由」のために生命を捧げる用意のある「英雄的個人」が必要で、専制君主による哲学者の迫害は、その哲学の正しさの証明である。逮捕と流刑とは彼のプログラムに組み込まれていたのである。

エカテリーナ時代の領土の拡大

フランス革命の年にエカテリーナはすでに六〇歳になっていた。晩年の彼女はでっぷりと太り、リューマチのために動くこ

青銅の騎士像　サンクト・ペテルブルク。エカテリーナによって、1782年に建立されたピョートル大帝像

ともままならなかった。一七九六年一一月はじめ、エカテリーナは脳卒中のために倒れ、意識を取り戻すことなく死去した。彼女の在位は三四年におよぶが、功績の大きさといい治世の長さといい、ピョートル大帝に肩を並べた。ピョートルがペンと剣、そして斧を使って「革命」を進めたのに対して、エカテリーナが使ったのはペンだけであったという喩《たと》えがある。かなり誇張されているが、それでも外国人であった女帝がロシアにもたらした功績は否定できないところだろう。

パーヴェル帝の短い治世

女帝の危篤という知らせを受けて冬宮に最初にやってきたのは、当時四二歳の皇太子パーヴェルであった。彼女の意識は戻らず、一一月六日朝に亡くなった。彼が到着したとき、外務大臣ベズボロドコは女帝の遺言書があることを伝えた。二人は女帝の官房に鍵をかけて閉じこもり、長い時間をかけて暖炉で書類を燃やしたという。宮廷ではエカテリーナが生前に帝位継承についてのマニフェストを用意しているという噂がささやかれていた。それによると、後継者は孫のアレクサンドルであり、パーヴェルは逮捕された後に流刑となるだろうという。この噂はまったく根も葉もないものではなかった。

エカテリーナは息子のパーヴェルに幼い頃から格別の愛情を示すことはなかった。とくにクーデタで権力を握った後は、パーヴェルのなかに自分の「潜在的な敵」を見出した。つまり血筋という点では、パーヴェルの方が正統であり、成人した暁には彼が皇帝になるべきだという「正論」があったからである。そうした背景もあってか、エカテリーナは何であれ彼が国事に口出しすることを拒否していた。パーヴェルは政府で何らの重要な役割を与えられぬまま、三〇年以上の長い皇太子時代をすごした。パーヴェルは移り気でカッとしやすく、しかも疑り深かった。当然のことながら母親嫌いになった。女帝を継いだのはそのパーヴェルであった。

パーヴェル帝の政策はまず母帝エカテリーナのそれの徹底した否定に向けられた。あろうことかラジーシチェフやノヴィコフらの政治犯が釈放され、そして貴族の特権が制限された。また帝位継承法が改められ、男系の男子による継承とされた。こうして女帝の可能性が排除されたのである。

パーヴェル帝　エカテリーナの息子だが母を嫌い、女子の帝位継承を廃止した

軍隊のパレードを好んだパーヴェルは、何時間でも外に立って閲兵して将校たちをウンザリさせた上に、規則の厳守を求めた。重要な対外政策でも態度は気紛れで、ほとんど一貫しなかった。鬱積した貴族たちの不満はまたしてもクーデタ計画として具体化した。一八〇一年三月のある夜、首

都総督パーレンらは近衛兵を動かし、皇帝の住むミハイル宮殿を襲い、殺害したのである。「女帝の世紀」は、こうしてパーヴェルの一筆で終わりをつげた。彼女たちは帝位に擁立《ようりつ》されたのであり、エカテリーナ二世を例外として政治は寵臣たちの手に委《ゆだ》ねられた。一般にロシアの女性の社会的な地位は低かった。ピョートル大帝は貴族の女性を伝統的な「テレムへの隔離」からヨーロッパ風の社交の場に引き出した。エカテリーナ二世は一七六四年にスモーリヌイ女学院を設立して、女子教育に乗り出した。だが前者はひと握りに留まり、後者も彼女の長い治世に約九〇〇人の卒業生を送り出したにすぎない。大多数を占める平民の女性たちは、家にあって忍従の生活を強いられた。

第五章　ツァーリたちの試練

「リベラリズム」と「ナショナリズム」の間

アレクサンドル一世の登場

一九世紀のロシアはクーデタによって始まった。直後の一八〇一年三月に即位したアレクサンドル一世は一七七七年の生まれだから、弱冠二三歳の若さで、ロシアの人びとは長身で端正な顔立ちの青年皇帝を歓迎した。もとより歓迎の理由は若さだけではない。人びとはフランス革命後のエカテリーナ二世の抑圧的な政策、そして暴君パーヴェルの登場と続いた二〇年余の暗い時代からの解放を期待したからである。

アレクサンドルはパーヴェル帝とドイツ人后妃マリア・フョードロヴナとの間に生まれた最初の男子であった。かつてパーヴェルがそうであったように、彼は幼時にあっては祖母である女帝エカテリーナの寵愛を受け、両親の住まうガッチナ宮から引き離され、冬宮で育てられた。祖母は文通相手であったスイス人で、「筋金入りの共和主義者」フリードリヒ・ラアルプを孫の家庭教師に選んだ。若いアレクサンドルは教師が説くリベラリズムと改革の必要性という考えを素直に受け入れた。二〇歳の彼がラアルプに宛てた手紙には「ロシアに自由を付与すること、それを専制と暴力から守ること、それが私の唯一の希望である」という文言を読むことができる。事実彼の初期の政策は人びとの期待に違わなかった。

アレクサンドルは即位後「法と我が祖母エカテリーナの心情によって」統治すると宣言すると、ただちに改革に取り掛かった。祖母帝によって付与され、父帝によって取り消された貴族の諸権利をすべて回復させた。また父帝のときの抑圧のために獄舎に入っていた五〇〇人もの政治犯を解放した。イギリスとの関係も修復された。そして西欧思想に通じた友人たちから成る「非公式委員会」が設立され、帝国の改造に向けて活発な議論が展開された。メンバーのパーヴェル・ストロガノフ、ニコライ・ノヴォシリツェフ、ヴィクトル・コチュベイ、アダム・チャルトルスキはいずれも若く、しかも大貴族の出であったが、きわめて斬新な改革が提案された。アレクサンドル自身も議論に参加したのである。

まず中央官庁の組織改革が行われた。ピョートル大帝の時代に設立された「参議会」に代わって、八つの「省庁」が設けられた。各省の管轄事項の責任者である大臣の任免権は皇帝が持つが、各大臣の連絡と協議のために「大臣会議」が設置された。アレクサンドルは各大臣と個別的に仕事をしたから、この大臣会議が皇帝権力の行使を縛るということはなかった。さらに高位の官僚ポストの若返りが図られ、三〇代、四〇代の大臣、外交官も稀ではなかった。

アレクサンドルの改革で初めて登場したのが国民啓蒙省であった。いうまでもなく「理性の時代」における中心的な関心は教育にあり、エリザヴェータの治世にモスクワ大学が設立

アレクサンドル１世　対ナポレオン戦で苦戦しながらも勝利した

され、エカテリーナ二世も各々の県と郡に初等学校を置いた。けれどもそれだけでは、きわめて不十分であった。この点でアレクサンドルの教育改革には大きな前進がみられた。全国は六大学区に分けられ、モスクワのほかに、ペテルブルク、カザン、ハリコフ、デルプト、ヴィルノに大学が設立され、ヨーロッパに倣って大幅な自治が付与された。そのほかに私立として鉱山王のデミドフ家による「デミドフ法学院」がヤロスラヴリに、また「ベズボロドコ公歴史・古文献学院」がウクライナのネジンに設立された。プーシキンが通い、最初の卒業生となった「学習院（リツェイ）」も設立され、首都の知的センターとなった。こうして国民啓蒙省は各県の小中学校、ギムナジアなど約五〇〇の教育機関、約三万四〇〇〇人の生徒を統括していた。教師としてはフランス人亡命者やイエズス会士も働いていたのである。

だがアレクサンドルと「非公式委員会」が次々と打ち出す改革は保守派貴族たちの危惧を

ひき起こした。とくに彼らを不安にしたのは、農民問題である。一八〇三年には「自由の買い戻し」という形での土地付きの農奴解放を認め、都市小市民や商人に土地所有権が付与された。それらはただちに大きな変化をもたらさなかったが、明らかにアレクサンドルは農奴解放を望んでいた。貴族たちも解放がプガチョフのような大反乱の危険を軽減するだろうと考えていたが、それも将来の話である。彼らは皇帝による解放令が大反乱を暴発させることを恐れていた。「非公式委員会」は五年ほどで活動を停止したが、改革そのものが放棄されたわけではなかった。

スペランスキーとカラムジーン

こうしたなかで一八〇六年、偶然アレクサンドルの目に止まった男がいた。ペテルブルクの神学大学教授ミハイル・スペランスキーで、ウラジーミル県の村司祭の出であった。皇帝から改革案の作成を委ねられたスペランスキーは、きわめて大胆な国家改造を提案した。ツァーリの任命による「国家評議会」、そして五月と九月の二回召集される「国会」の設立である。このうち「国家評議会」は立法権こそ持たないが、立法問題を審議する機関として一八一〇年の一月に開催された。皇帝が任命した「議員」と各省大臣三五名が出席したのである。後者の「国会」は提案だけに終わった。その開設は一世紀後のことで、スペランスキーの提案はあまりに時期尚早であった。スペランスキーの提案の核心は、誰も裁判を抜きにして処罰を受けることはないとする合法性を基礎にした「法治国家」の樹立にあった。統治の細部に精通していた有能な行政官スペランスキーの構想はロシアの将来についての的確な展望を提供したのである。

けれどもスペランスキーには敵が多かった。彼の低い出自、そして進歩的な提案は保守的な貴族たちの反感を買うことになった。当時の最も教養ある女性の一人で、宮廷に影響力を持っていたアレクサンドルの姉エカテリーナ・パーヴロヴナは保守的な勢力の「拠点」であった。トヴェーリの町にある彼女の宮殿には皇帝のリベラルな改革に不満な人びとが集まったが、彼らはスペランスキーのなかに主要な敵を見た。歴史家ニコライ・カラムジーン（一七六六～一八二六）もその一人であった。

カラムジーン　歴史家。ロシアの伝統として「専制」を是認した

カラムジーンはフランス革命直後の西欧を旅行した後、『モスクワ・ジャーナル』を刊行してロシアの公衆にヨーロッパの流行の文化的並びに知的トレンドを紹介していた文学者である。代表作『哀れなリーザ』もこの雑誌に掲載されたが、世紀末からロシアの歴史研究に没頭した。友人の紹介で「歴史編纂官」のポストを得た彼は『ロシア国家史』（一八〇六～二六）の刊行に全エネルギーを注ぐのだが、そうした歴史研究のなかから彼の保守的な政治思想が形成された。つまりカラムジーンによれば、ロシアにおいては専制だけが国の伝統と利益に最も一致するシステムであり、帝国の強大さと繁栄は常に専制に基礎を置く。

したがって国家秩序における「あらゆる新規は悪である」。また支配者はその権力の行使においていかなる集団や制度の制約からも自由であらねばならないが、「専制」と「デスポチズム」は区別される。近代ロシアの文脈でいうとエカテリーナ二世は「専制君主」だが、パーヴェル帝は「デスポット」であった。カラムジーンの権力概念はモンテスキューに由来するもので、「専制」をロシアの伝統的な政治形態として是認したのである。他方でピョートルの文化政策に対しては厳しく非難した。

一八一一年二月、カラムジーンはそうした彼の考えを要約した新著『古いロシアと新しいロシアについて』をエカテリーナ・パーヴロヴナの前で朗読した。また彼女の仲介でアレクサンドル帝にも会ったが、「専制」については二人の意見は分かれた。だがフランスとの戦争が避けられないとみたアレクサンドルは、保守派を取り込むためにスペランスキーの更迭を余儀なくされたのである。

アレクサンドルの初期の治世は「外見的リベラリズム」と形容されている。根本では専制・農奴制的な政治であったが、そこに流行のリベラルで啓蒙的な思想が取り込まれていた。「言葉では共和主義者で、実際は専制君主」という指摘も同じことを指している。彼は「理性の時代」のなかでその「献身的な弟子」として育てられ、啓蒙のイデオロギーに精通していた。

だが彼はロシアの現実をどれほど知っていただろうか。彼の政策にはバランス、一貫性、そして確かな目的が欠けていた。そうした欠陥は彼が受けた「偏った教育」に求められているが、もう一つ忘れてならないことがある。それは彼が父帝に対するクーデタを知っていたことである。その「悲劇的な即位」も彼の性格と支配に影を落としたと推測される。アレクサンドルの「謎の」「不可解な」行動を解く一つの鍵はそこにある。

ナポレオンとの戦い

一七八九年七月に勃発したフランス革命は、一五年後に皇帝ナポレオンを産み落とした。ドイツとの古い王朝的関係を重視していたアレクサンドルは、一八〇五年イギリス、オーストリアとの反フランス同盟を結んで戦争に備えた。だが年末の「アウステルリッツの戦い」で同盟軍は完敗した。ロシア軍は二万一〇〇〇人もの将兵を失い、今もロシアの「国民的英雄」とされるクトゥーゾフ将軍も負傷した。アレクサンドル自身も危うく捕虜となるところで、恐ろしさで震え、その眼には涙が溢れていたという。

翌年一〇月の「イエナの会戦」でプロイセン軍にも大勝したナポレオンは、リトアニアの小都市テルジットでロシア、プロイセンと和平を結んだ。ポーランド領を奪われた上に、巨額の賠償金を科されたプロイセンとは違って、ロシアは領土を奪われることも、賠償金を科されることもなかった。ナポレオンはロシアを引き込んでの対イギリスの大陸封鎖の方を重視したのである。彼は「ロシア皇帝と私の間にきわめて親密な関係が形成された。今後われわれの体制が一致協力してうまくいくことを期待する」と語った。だが同時にロシア皇帝は「魅力的だが、彼を信頼することはできない。彼には真心がない、帝国衰退の時代のこのビザンツ人は、抜け目なく偽善的で、かつ狡猾である」と警戒心を隠さなかったのである。

テルジットの和平は、しかしながらロシア国内に強い不満をひき起こした。「革命の子」との同盟は大貴族たちを不愉快にしたし、領地で生産される大量の穀物を定期的にイギリスに輸出していた南部の領主たちは大きな不利益を蒙った。昨日の友は今日の敵というのは政治の世界では常識だとしても、昨日までの「アンチ・キリスト」ナポレオンが、今日は「正教のツァーリの友」となることも民衆に説明がつかなかった。そして何よりも、和平はロシアの国際的な威信とロシア人の「愛国心」の感情を傷つけたのである。かくてテルジットは転換点となった。アレクサンドルはその直後のオーストリア、イギリスとの戦いには力を温存してフランス攻撃の準備を始めた。屈辱のリベンジを待っていた若い貴族たちは皇帝の外交政策を支持そして熱狂した。ナポレオンもまたロシアの動きを察知してモスクワ遠征に備えたのである。

一八一二年六月、両軍は決戦に向けて動きはじめた。まずナポレオンの軍隊がネマン川を渡ってロシア領に侵攻を開始した。彼の戦争は短期決戦で、敵の主力軍に開戦直後に致命的な打撃を与えることを狙いとしていたが、その目論見は大きく外れた。ロシア軍は意外にも後退を始め、しかも食糧の現地調達を不可能にするために周囲一帯を焼き払った。いわゆる焦土作戦である。かくてフランス軍は開戦間もなく飢えと地方住民の敵対に直面しなければならなかったのである。

ナポレオン軍は多くの兵士を失ったが、後退を続けるロシア軍とて無傷ではなかった。ロ

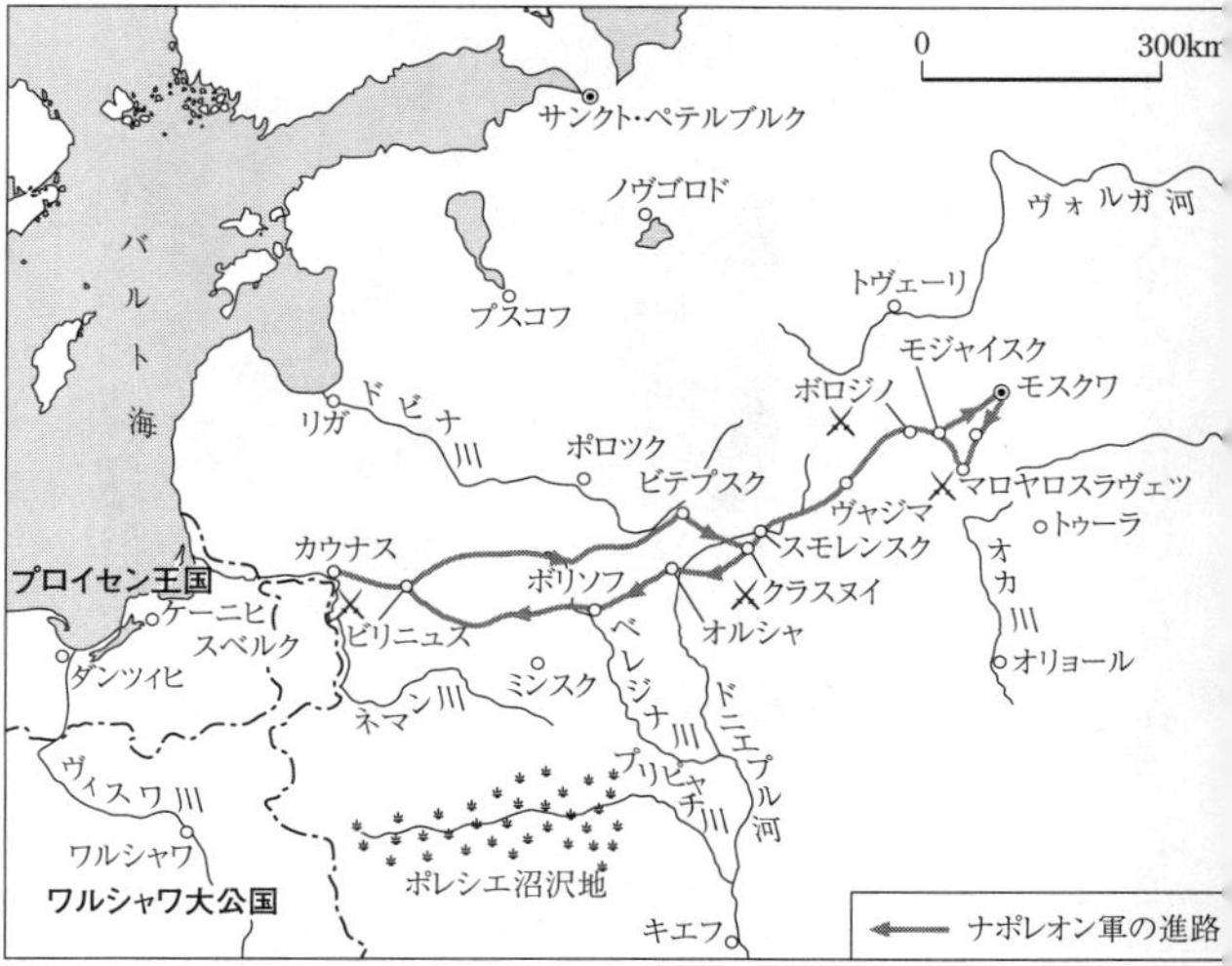

ナポレオン軍の進路

シア軍の将軍はバラクライから老クトゥーゾフへ交替された。こうした経過を経て八月二六日、両軍はモスクワの西一一二キロのボロジノの地で全面的に衝突した。最新の推計によると、ロシア軍一五万五〇〇〇人、フランス軍一三万五〇〇〇人とされるが、一日の戦いでクトゥーゾフは四万五〇〇〇人を、ナポレオンは二万八〇〇〇人を失った。決着はつかなかったが、ロシア軍の打撃の方がはるかに大きかった。クトゥーゾフはさらに後退を余儀なくされたのである。

モスクワの大火と勝利への道

九月一日、劇的な瞬間が訪れた。ロシア軍が退避していたモスクワか

モスクワの大火　ナポレオン軍が入った日、古都に火の手があがり、一面の焼け野原になった

ら後退しはじめたのである。クトゥーゾフは古都明け渡しに対する厳しい批判に「モスクワを失ってもロシアを失うわけではない。しかし軍隊が壊滅すれば、モスクワとロシアが滅びる」と答えたという。軍隊とともに二七万五〇〇〇のモスクワの人びとも町を離れて、疎開した。カラムジーンは妻子をヤロスラヴリに疎開させ、自身は「わが軍がモスクワを敵の生け贄にしたその日に」町を出たという。モスクワに残ったのはわずか一万にすぎなかった。

　速やかな終戦を期待してロシアの古都に入ったナポレオンと彼の将軍たちは、「空っぽなモスクワ」に一瞬目を疑った。その日町の数ヵ所で火の手があがった。乾いた空気と折からの強風のために、モスクワは火の海と化した。火事は五日目にようやく下火となり、翌日鎮火した。クレムリンは無事だったが、多くの家々が焼失した。「木造のモスクワ」は昔から火に弱かったが、この度は建物全体の三分の二が灰燼に帰したと推測されている。したがって一〇万のフランス軍を待っていたのは近づく冬のための居心地のよい部屋ではなく、一面に広がる焼け野原であったのである。

　モスクワ大火の原因については、従来からモスクワ県知事にして総督ラストプチーン伯爵の命令であったとする「放火説」が有力である。古都モスクワがこれによって蒙った経済的な損失は小さくなく、貴重な文化遺産も失われた。一八世紀末に発見され、アレクセイ・ムーシン・プーシキン伯爵邸に保管されていた中世ロシア文学の最高傑作『イーゴリ軍記』の原本もそのひとつである。大火の前にコピーが作成されていたのは不幸中の幸いであった。カラムジーンは蔵書のすべてを灰にしたが、『ロシア国家史』の原稿は無事だった。

ナポレオンの不安は募る一方であった。当面の食糧と飼葉《かいば》に不足はなかったが、ロシア軍によるパルチザン的な攻撃は絶えず、日々多くの兵士を失った。彼はアレクサンドルに何度か「和平」を提案したが、いずれも拒否されていた。他方でアレクサンドルは心を許した妹への手紙ではナポレオンの前での恐怖について述べたが、外交交渉では弱気をみせることはなかった。「私は祖国の恥に調印するよりは、ヒゲを伸ばして我が農民たちと一緒にジャガイモを食べることに同意する方がましだ」といって、非妥協的な態度を貫いたのである。もはやナポレオンのモスクワ撤退は避けられなかった。ここで冬を過ごし、あと半年もパリを留守にするわけにはいかなかった。自ら作り上げた広大な帝国を最果ての地から統治し続けることはでき

フランス人を倒すロシア兵　19世紀前半の「ルボーク」とよばれる民衆版画

ない。かくてモスクワ入城から三六日後、ナポレオンの軍隊は廃墟の古都から撤退を始めたのである。

撤退するナポレオン軍を襲ったのがロシアの「冬将軍」であった。例年よりも早く降雪が始まり、マイナス二〇度の寒さが兵士たちを襲った。飢えと寒さに加えて、兵士たちはパルチザンの絶え間ない攻撃に晒された。スモレンスクでの冬営も見当が外れた。このときフランス軍はすでに兵力三万人、大砲一五〇門を残すだけであった。そして最後の悲劇は一一月半ばのベレジナ川渡りで起きた。ロシア軍の包囲と攻撃によって、ナポレオンの遠征軍は壊滅した。彼は夜陰にまぎれて軍を離れ、辛うじてパリへ戻ったのである。

のちに「第一次大祖国戦争」（「第二次」はヒトラーとの戦い）と呼ばれた対ナポレオン戦争はロシアの完全な勝利に終わった。一八一四年三月、アレクサンドルはロシア軍の精鋭部隊を伴ってパリに乗り込み、ヨーロッパの命運を握った。ナポレオンが退位を余儀なくされたのは、その数日前のことであった。

ロシア皇帝アレクサンドルは、こうしてナポレオン失脚の立て役者となり、その直後のウィーン会議をリードした。ナポレオンが作り出した「ワルシャワ大公国」は「ポーランド王国」になり、一八〇九年に併合したフィンランド大公国とともに、一九一七年までロシアの統治下におかれた。首都ペテルブルクでは竣工されたばかりのカザン大聖堂で戦勝の祝賀が催され、クトゥーゾフ将軍の遺骸がここに埋葬された。

皇帝とデカブリストたち

「一二年の息子たち」と寵臣アラクチェーエフ

「一二年の息子たち」というよく知られた表現がある。「大祖国戦争」を戦い、アレクサンドルの遠征軍とともにパリ入城を果たした若い愛国的な貴族将校たちを指す言葉である。数ヵ月間パリに滞在して、自由な市民精神に触れた彼らは帰国後、祖国の改革を熱望した。つまりロシアに政治的自由をもたらし、農奴制を廃止して市民的精神・個人の尊厳を喚起するための行動を起こそうとしたのである。当時のロシアにあってこうした行動を取ろうとすると、フリーメーソンのような「秘密結社」という形をとるしかなかった。一八一六年彼らは行動を開始した。

帝国の首都ペテルブルク、そして帝国軍の第二軍の司令部がある南のトゥルチンに「秘密結社」が置かれた。ただ両者のあいだで次第に意見の食い違いが明らかになった。ニキータ・ムラヴィヨフらの「北部結社」は穏健でリベラルな改革を志向して、フランス革命のような流血から国を守ろうとした。つまり立憲君主制を求め、領主的土地所有は維持されるのである。これに対してパーヴェル・ペステリらの「南部結社」はラジカルで、将来の改革のためにまず権力の奪取を求めた。改革のためには一〇年の独裁が必要であり、そうした「鉄の手」の行使によってはじめて人民に幸福がもたらされる、と主張した。

アレクサンドル帝にとってはみずからの社会的支柱が現れたわけで、かつて胸に抱いた改革思想を実現するためのまたとない機会が訪れたかのように見えた。けれども実際に起きたことは逆であった。彼はこの好機を利用することがなかったばかりか、若い貴族たちによる結社の動きを強く警戒した。二〇年間におよぶ治世のなかで、アレクサンドルはすっかり保守的な貴族の取り巻きの意見に耳を傾けることに慣れてしまっていた。この頃父帝の寵臣で、元の陸軍大臣アラクチェーエフを重用しはじめた。彼は皇帝の初期の改革の所産である大臣会議、国家評議会、皇帝直属官房のすべてを握る実力者となったのである。

アラクチェーエフの仕事のなかで最もよく知られているのは、いわゆる「屯田村《とんでん》」の創設である。戦後の財政逼迫の打開策として、彼は兵士たちとその家族の農村定住を思い付いた。これによって軍事費の削減、円滑な新兵補充、そして老兵の生活安定という一石三鳥を狙ったのである。だがこれは結局うまくいかず、半端なまま放棄された。改革は混乱をもたらしただけに終わったが、これによってアラクチェーエフの権力が揺らぐことはなかった。もしアレクサンドルが国の領主だとすると、彼は有能な領地管理人であった。アラクチェーエフは皇帝本人がその責任、非難を転嫁することのできる「避雷針」の役割を果たしたのである。

もとより大戦後のアレクサンドルの諸政策を「反動的」という一言で片付けることはできない。そうしたなかにさえ、リベラルな要素が含まれているからである。例えば一八一五年、ポーランド王国は当時としてはきわめてリベラルな「憲法」を持った。したがってアレクサンドルはロシアの専制君主でありながら、同時にポーランドの立憲君主であり、フィンランドでも「立憲大公」であったのである。またアレクサンドルは農奴解放論者であった。ロシア本国ではほとんど実効のない「自由耕作民について」(一八〇三)だけに終わったが、いわゆるバルト三国では一八一六年から一九年にかけて農奴解放が実施された。だがそれは「土地なし解放」であり、結果として農民たちの経済的状態を悪化させた。

アレクサンドルの「不可解な死」

アレクサンドルはなにか持病があったわけでも、大きな病を患ったこともなかった。だが四〇代の後半になると、彼は国の統治に無関心になりはじめた。いつも引き籠もりがちで、重要な案件はアラクチェーエフに任せてしまった。アレクサンドルの尽力によって発足した聖書の普及を目的とする「聖書協会」の活動や信仰に慰めを求めた。だが協会の設立には強い反対もあって、それによると聖書を広く配布することは「眼のなかに埃《ほこり》を入れる」ようなものだ。宮廷にはクエーカーなどのさまざまな宗教家が招かれたが、多くは「各種の詐欺師」であったという。

一八二五年九月初め、ペテルブルク市内のネフスキー修道院を訪問したアレクサンドルは殉教者的生活で知られていた長老アレクセイの房を訪ね、しばらく話し込んでいた。その後で皇后とともに黒海沿岸のタガンロクの別荘に向かった。一〇月半ばからセヴァストーポリやバフチサライなどクリミア各地を視察していたが、翌一一月初めに熱病に罹《かか》って別荘に戻った。だが病状に改善の兆しはなかった。意識を失った皇帝は一一月一九日、逝去した。

アレクサンドルの死は、宮廷人にも一般の庶民にもまったく予期せぬ出来事であった。多少老けたとはいえ、まだ四八歳であった。だから彼の「不可解な死」はさまざまな憶測を呼んだ。死後半年たらずの翌年五月初め、こんどは皇后エリザヴェータがタガンロクから首都に戻る旅路で没したことも疑念をさらに強めることになった。

それはともあれ、皇帝の死に直面した宮廷は後継者問題に頭を悩ますことになった。はっきりしていることは、一七九七年のパーヴェル帝の帝位継承法によって女性は候補者から除かれていた。アレクサンドルは一七歳のときにドイツのバーデン公女と結婚して二人の娘がいたが、男子には恵まれなかったのである。本来であれば、すぐ下の弟コンスタンティンが継承予定者となるが、彼は最初の夫人と離婚して、一八二〇年にポーランド伯爵夫人と再婚していた。法によってポーランド女性との間に生まれた彼の子供が帝位を継承することはできない。

そこでアレクサンドルは次の弟ニコライを継承予定者とする「機密のマニフェスト」を正式に作成させていた。一八二一年か翌年のことである。原本はモスクワのウスペンスキー大聖堂に保管され、三通の写しが作成された。以上のように帝位継承問題はアレクサンドルが亡くなる前に決着していたのだが、どういう訳か継承予定者のニコライ本人には知らされていなかった。大騒動をひき起こす原因はここにあったのである。

デカブリストの蜂起

一八二五年一一月二七日、ペテルブルクへ皇帝の逝去を伝える急使が到着した。継承についての事情を何も知らされていなかったニコライは、ただちに新しい皇帝となるはずの兄のワルシャワ大公コンスタンティンに忠誠を誓った。近衛軍の中隊、高官たちもニコライに倣《なら》った。これを見て驚いたのが母のマリア・フョードロヴナである。彼女はニコライを後継者とする亡き皇帝の「文書」があることを知らせた。封書が開けられ、そしてワルシャワからも大公の手紙が届けられた。だがニコライは納得せず、兄こそが「合法的な君主」だと主張した。かくてペテルブルクとワルシャワの間を何度も急使が派遣されたが、コンスタンティンはワルシャワに留まり拒絶の意志を貫いた。そうしたなかでニコライの許に帝政打倒の陰謀が伝えられた。ここにいたってニコライはようやく決断した。一二月一三日、ニコライの即位を伝えるマニフェストが公表された。かくて継承問題は決着したが、改めて新皇帝に「忠誠の誓い」が行われなければならない。若い貴族将校たちが決起したのはそのときであった。

デカブリストの蜂起　1825年12月14日の元老院広場の光景。右奥には青銅の騎士像が見える

翌一二月一四日、元老院広場には「忠誠の誓い」のため

に約三〇〇〇人の近衛将兵が集められた。彼らに誓いの拒否を呼びかけて蜂起に導き、元老院をして立憲制の導入を表明させるというのが若い貴族将校たちの戦略であった。中心人物のセルゲイ・トルベツコイが作成した『ロシアの民衆へのマニフェスト』には旧来の統治体制の打倒、農奴制の廃止から信仰の自由まで表明されており、蜂起の三ヵ月後に「大集会」を開催して「憲法」を制定するとされていた。近衛軍では粗野で厳しいニコライの評判は芳しくなく、兄のコンスタンティンに共感するものが多かったことも蜂起の成功に期待を抱かせるものであった。

「蜂起」の知らせを聞きつけたペテルブルクの民衆はぞくぞくと広場に集まってきた。その数は三万人にのぼったという。彼らは石や薪《たきぎ》を投げて蜂起に共感を示したが、目的をよく理解していたわけではなかった。「憲法（コンスタンツィア）」という言葉は彼らが普段使う語彙にはなかった。民衆はそれをコンスタンティン大公と彼の妻のことと勘違いしていたのである。一般の兵士たちも同じで、蜂起陣営の連隊長たちによる「忠誠の誓い」の拒否にとまどうばかりだった。だが蜂起側にも大きな誤算があった。指導者の一人であるトルベツコイが広場に現れなかったのである。両陣営の数時間にわたるにらみ合いと説得が続いた。夕闇が迫っていた。その前に決着しなければならない。政府の軍隊の準備が整えられたとき、ニコライは軍隊に至近距離から一斉射撃を命令した。蜂起軍は五六人の死者を出し、多くのものが負傷した。夜間に焚き火の明かりのなかで広場の血が洗い流され、集まった群衆も複雑な思いを胸に帰路についた。

一八二五年の一二月（ロシア語でデカブリ）に起きたことから、「デカブリスト」の蜂起として広く知られるこの事件は、ソヴィエト時代には「ロシア革命史」の最初の一ページを飾るものとして位置づけられた。蜂起一〇〇周年にあたる一九二五年、元老院広場は「デカブリスト広場」と改称された。ウクライナでも小さな蜂起があったが、これもすぐに鎮圧された。

蜂起後間もなく特別法廷が開催され、合計五七九人が裁かれた。その結果ペステリ、ルイレーエフ、ベストゥジェフ・リューミン、ムラビョフ・アポストル、そしてカホフスキーの五名が絞首刑となり、一二一名がシベリア流刑になった。処刑された五名はほとんどが二〇代であったことに示されるように、デカブリストたちの多くは若かった。また多くは名門貴族の出で、よき教育を受け、フランス語を話し、対ナポレオン戦役の後に西欧についての知識を獲得した人びとであった。つまり啓蒙とフランス革命の伝統を引き継いだ、若くリベラルな人びとだった。

流刑者のなかにはシベリア地方の「啓蒙」に力を尽くしたものも少なくなかった。彼らの多くは独身で、既婚者は少なかったが、ヴォルコンスキー公爵の夫人マリアなど九人の「デカブリストの妻たち」が貴族身分を捨てて、夫の後を追ってシベリアへ向かった。彼女たちは後にネクラーソフの詩で有名になるが、文芸学者ロートマンによると、遠い任地に赴くさいに陸軍の将校たちが軍属の馬車で自分の家族を連れていくことは昔からの習慣であったという。これは犯罪とは無関係だが、護送囚人とともに自発的に流刑地に赴くことはロシアの平民にとっては「まったく伝統的な行動規範」で、囚人の家族を運ぶ馬車が同行したのである。

専制君主ニコライと「国民性」

ニコライの即位と治安強化策

新しい皇帝ニコライが兄とは違って保守的な君主であったことは間違いないだろう。特にデカブリストの蜂起の容赦ない鎮圧は、ニコライ帝に「自由の圧殺者」「暴君」という汚名を着せた。きびしい彼の治世を「反動的」とする見方は古くから定着している。確かにニコライは若い貴族将校の反乱を押さえつけ、取り締まりを強めた。また外国からの影響を防ぐためにさまざまな策を講じたが、そのことだけでただちに「反動的」と呼ぶことはできないだろう。彼の政策にはより注意を向けなければならないものがある。全体的にみると、むしろ旧来の「西欧化」路線を見直し、専制の新しいあり方を探ったものと見る方が的確ではないだろうか。

ニコライは女帝エカテリーナの晩年にあたる一七九六年の生まれで、兄アレクサンドルとは違って母マリアの下で育てられた。好みは軍人遊びで、しかも軍隊式の教育と訓練を受けた彼は、生涯その習慣を崩すことはなかった。そんなニコライを興奮させたのはナポレオンとの「大祖国戦争」であり、戦勝による愛国主義的高揚であった。彼は兄帝アレクサンドルとともにパリ入城をはたした。ただ「一二年の息子たち」とは違って、そこで見学したのは廃兵院、病院などの軍事施設であった。帰路のベルリンではプロイセン国王の娘を見初め、一八一七年に挙式した。王妃はアレクサンドラ・フョードロヴナと改名した。若い夫婦は七人の子供に恵まれ、郊外のアニチコフ宮殿で暮らした。アレクサンドラは慈善事業に熱心であり、継承問題が持ち上がるまでニコライにとって平穏な生活が続いていたのである。

デカブリストの蜂起が治安の強化を促したのは、ある意味で当然であった。まず反政府の「有害な」活動や思想を取り締まるために検閲法が発布され、皇帝直属の秘密警察として「官房第三部」が創設された。第三部の初代長官は憲兵隊長ベンケンドルフ伯爵で、定員は一六名であった。この機関が国民各層の監視にあたったのであり、ニコライの治世末には四〇名にまで拡充された。さらに改組される一八八〇年前夜には七二名にまで達し、ロシア社会に暗い影を落としたのである。

ニコライ１世　専制とロシアの「国民性」の確立に努めた

近代文学と検閲

ニコライは第三部が作成した資料の隅々まで眼を通し、些細な点までみずから指示していたという。文学者の作品も事前検閲を受け、最悪の場合は作品の発禁はもとより、本人も流刑処分とされた。一八三六年に『哲学書簡』を書いた

ロシア文学の開花　ニコライ1世の時代は、近代文学の画期でもあった。上はプーシキン、下はゴーゴリ

ピョートル・チャアダーエフは精神病院に拘禁され、一八四九年には若きドストエフスキーが「ペトラシェフスキー事件」に連座して死刑判決を受けた。処刑場で銃を持った部隊の前に並べられたそのとき、懲役刑への減刑が告げられた。そのときの恐怖の体験がドストエフスキー文学の根底にあることはよく知られているところだが、ドストエフスキー文学が開花するのは一八六〇年代のことである。この時期を代表するのはニコライ・ゴーゴリとアレクサンドル・プーシキンであった。ゴーゴリは『外套』（一八四二）で生活に打ちひしがれた下級役人の哀感を描き、『死せる魂』の第一部（一八四二）では、農奴制の社会を徹底的に風刺した。

他方でデカブリストへの共感を隠さなかった詩人プーシキンの代表作は『エヴゲニー・オネーギン』（一八三二）で、彼とともにロシアの近代文学は始まった。だが彼の作品はニコライによって検閲された。叙事詩『青銅の騎士』は突き返された。『プガチョフ史』は「反乱」という一語を加えることで、辛うじて出版が許可された。「プガチョフのような謀反人に歴史などない」というのがその理由であった。プーシキンは一八三七年に決闘で命を落とすが、ロートマンによると「功業を切望し、死よりも無名性を恐れる」デカブリスト世代の一員であった。

ニコライ帝のこうした治安対策は、一八四八年にフランス、そしてドイツでおきた革命によってさらに強化された。革命の波及を恐れた彼は危険思想の徹底的な弾圧に乗りだし、大学の自治は狭められた。ニコライはハンガリーにロシア軍を派遣して、「ヨーロッパの憲兵」として大陸の秩序維持に力を発揮した。すぐ後で述べるように筆者はニコライの治世についての従来の一面的な扱いを見直し、その肯定面について評価しようとするものだが、一八四八年からの「暗黒の七年間」は文字通りニコライの「悪名」を決定的にしたのである。

「専制・正教会・国民性」

ニコライが即位したのは二九歳のときであった。治世は約三〇年間という長きにわたったが、彼には「国家第一の僕」としてのツァーリという強い義務感、力強い外観と鉄の意志、そして完璧な専制君主への志向があった。モデルはピョートル大帝で、ニコライは大帝を熱烈に称賛したという。だが時代は新しいイデオロギーを必要とした。大帝以来のロシアは万事においてヨーロッパの制度と文化を借用し、ロシアのそれで潤色してきた。だがそうした「方法」では、もはや「国民性」「国民的な一体性」を保つことはできない。「我々は外的な生活については何かを外国人から学ぶことはできるが、内的な生活について学ぶことは何もない」というのがニコライの立場であった。ロシアはヨーロッパ諸国がそうしているように、自己と自己の歴史のなかに固有の価値を見出さなければならない。こうしたニコライに格好のイデオロギーを提供したのが文部大臣セルゲイ・ウヴァーロフ(一七八六〜一八五五)であった。「専制・正教会・国民性」がそれである。

一八三三年に文部大臣に就任したウヴァーロフによると、「ナロードの教育は、我が君主の意志に応じて、正教、専制、そして国民性という接合された精神に導かれ」なければならない。この「三つの聖なる原則」は、ニコライの治世末までさまざまな形で説かれた。正教、つまり神はもちろん「地上の神」であるツァーリの権威のための基礎であり、したがって皇帝、将校、そして領主への従順を説くために用いられた。同じことだが、ロシアにあっては父が子に対して完全な権威を持つ。それは子に「自由」を与える場合も含むもので、軍司令官と兵士たち、領主の農民たちの関係についても同じである。

このような「家父長的な関係」についての言説がロシアのあらゆる出版物を支配したのだが、この点で歴史と歴史学は大きな役割を果たした。ニコライ帝自身オリジナルな資料であれ、二次文献であれ「ロシアの過去」を扱ったものなら全てを読んだという。彼の治世にはじめて帝国大学にロシア史講座が設けられた。モスクワ大学ではミハイル・ポゴジン、ペテルブルク大学ではニコライ・ウストリャーロフがそれぞれ「国家のイデオロギー」の発展と普及に重要な貢献をしたのである。

専制は新しい繁栄、力、そして栄光へとロシア人を束ね、導き、そして駆り立てるとして称賛したウストリャーロフの『ロシア史』は学校教科書に採用された。彼は一八三四年からペテルブルク大学でロシア史を講じ、強い影響力を及ぼした。ちなみに翌年に世界史教師として作家ゴーゴリが採用されたことが知られているが、これは「大学の歴史に顕著な跡を残さないエピソード」にすぎない。他の歴史家たちもツァーリの個性と治世に「特別の注意」を払ったが、プーシキンの『青銅の騎士』もそのような「官製の国民主義」とさほど距離はなかった。人びとは歴史家を通して自己と自己の国の過去を理解するのであり、政府は史料の蒐集と公刊に多額の予算を注ぎ込んだのである。

オペラ『皇帝に捧げた命』

国歌が制定されたのもこの時期のことであった。当時ロシアではイギリス国歌「ゴッド・セイヴ・ザ・キング」のロシア語訳が使われていて、メロディーもそのままであった。ニコライは宮廷オペラの指揮者の息子アレクセイ・リヴォフに「教会でも軍隊でも演奏でき、また学者にも無学者にも理解でき、しかも神秘的で力強く、『国民性』が刻印されたような」新しい国歌の作曲を命じた。途方もなく難しい注文であったが、リヴォフは皇帝の要請にみごとに応えた。歌詞はジュコフスキーの詩から取られた。こうしてロシアの栄光のために働くツァーリを守るように神に呼びかけ、ツァーリへの臣民の深い愛情を示した「神よ、ツァーリを守らせたまえ」で始まる国歌が作られた。初演は一八三三年末の聖ニコラの日、つまり皇帝の「名前の日」であった。ニコライはすべてのパレードと観閲式で新しい国歌の演奏を命じたのである。

国歌に続いて、一八三六年にはミハイル・グリンカによってオペラ『皇帝に捧げた命』が作られた。ロマノフ家の初代ミハイルがツァーリに選出される前に、ポーランド人の手によって危うく誘拐されるところをコストロマの農民イヴァン・スサーニンによって救われたという「伝説」は、ロシア人なら誰でも知っている。ナポレオン戦争時にはスサーニンを農民愛国者として称えた物語も生まれていた。これをオペラにすることを思いついたのがジュコフスキーであった。彼はイタリア留学から帰国したばかりのグリンカに依頼したのである。オペラというヨーロッパ音楽の形式にロシアの「国民性」をみごとに盛り込んだグリンカの『皇帝に捧げた命』は大成功をおさめた。このオペラは帝政末まで、そしてソヴィエト時代には『イヴァン・スサーニン』と改められて、主要な国家行事には欠かせない音楽会のレパートリーとなったのである。

ニコライの治世における記念碑の多さも注目に値する。ペテルブルクの冬宮広場の中央に聳え立つ高さ四七・五メートルの「アレクサンドルの円柱」、そしてモスクワの「救世主教会」は、ナポレオンに対する戦勝を記念してニコライが建設を命じたものである。そのほかにニコライ政府が直接間接に関与して各地に建設された記念碑は恐らく一〇〇を超えていた。これらも彼の治世の「国民性」のイデオロギーを雄弁に物語るものといえるだろう。

スラヴ派と西欧派

以上のような、いわゆる「官製国民主義」の形成に向けてニコライ政府が努力していた一八三〇年代に、インテリの間ではより根源的な思想が表明され、議論されていた。その口火を切ったのが一八三六年に雑誌『テレスコープ』に掲載された論文「哲学書簡」であった。著者はモスクワ大学在学中にナポレオン戦争に従軍した後、精神病治療のためにヨーロッパ各地を訪問した経験もある退役軍人で、当時四二歳のチャアダーエフであった。彼はロシアがヨーロッパにもアジアにも属さず、これまで人類全体の文化に何一つ貢献することがなかった、と断言した。それとともにロシアがヨーロッパの国々よりも遅れて歴史に登場したことは、ロシアの将来にプラスとして働くことを指摘する。というのは先進諸国の経験や失敗に学ぶことができるからである。こうして彼はいわば「後進性の優位」というべき議論を展開したのである。

チャアダーエフの論文はニコライ治世下の「闇夜にとどろいた銃声」であり、「ロシアに対する告発状」であった。祖国ロシアの過去と現在がいかなるものであったのか。将来に受け継ぐべきものは何か。特にピョートル大帝の「革命」の評価をめぐってインテリたちの意見は大きく分かれた。スラヴ派（ホミャコーフ、キレエフスキー兄弟、アクサーコフ兄弟、サマーリンら）によると、ロシアにはギリシア・ローマの文化的遺産が受け継がれることはなく、ルネサンスと宗教改革も起きなかった。その代わり、ビザンツからギリシア正教を受け入れた。この教えの核心は「ソボールノスチ」にある。それは正教徒間の愛と自由と真理によって結ばれた「共同体の精神」にほかならない。このような「調和的な結合」は農村共同体をはじめ、スラヴ民族の社会生活のなかに常に存在した。ゼムスキー・ソボールもそうである。ピョートル大帝の改革は西欧化を進めて、それらの伝統を根こそぎにした。ヨーロッパの個人主義はロシアに害毒を与えることは明らかであるにもかかわらず、ロシアはその道を進もうとしている、というのがスラヴ派の主張であった。

これに対して西欧派（ベリンスキー、ゲルツェン、オガリョフ、グラノフスキーら）は次のように批判する。ピョートル以前のロシアは、スラヴ派の見解とは逆に、精神的には不毛な世界であった。ギリシア正教会は国家に奉仕する僕《しもべ》であって、民衆支配の道具でしかなかった。二〇〇年におよぶモンゴル民族の支配はロシアをヨーロッパから切り離し、歴史の歩みを止めた。そうした長い荒廃と苦しみの後に登場したのがピョートル大帝であった。彼は古いビザンツの衣裳をかなぐり捨て、ロシアをヨーロッパと同じ水準に高めるために多くの改革に乗り出した。ロシアの進むべき道は彼が始めた事業をより一層発展させることにある。

両派の主張は、以上のように真っ向から対立した。スラヴ派のほとんどが土地貴族であったのに対して、西欧派にはそうでないものもいたが、彼らの出自に大きな相違はなかった。彼らは同じ本を読み、同じ講義を聴き、同じサロンに出て、そして同じ雑誌に書いていた「仲間」でもあった。そして強調しておかなければならないことは、双方とも専制と農奴制に対しては批判的であったことであり、そのために少なからずのものが迫害を受けたのである。

一八四八年のヨーロッパの革命の挫折にブルジョア社会の「堕落」をみた「西欧派」のゲルツェン（一八一二～七〇）は、「スラヴ派」が称賛するロシア農民の共同体に改めて眼を向けた。彼らの土地共有と自治に社会主義への直接的な移行条件が備わっているのではないか。こうして彼はロシアにおける「共同体的社会主義」の思想的先駆者となったのである。

ニコライ時代の内政と外交

官僚制の拡充

ニコライの治世において特筆されるのは官僚制の拡充である。デカブリストの蜂起後、貴族たちに不信の念を抱いたニコライは、官僚制を自己の権力の支柱とすべく増員と質の向上に努めたからである。一八〇四年の時点で「官等表」上の役人が一万三二六〇人であったのに対して、一八四七年には六万一五四八人と四・五倍に増加した。多くはニコライの治世に達成されたものである。確かに一等官から四等官までの高官の多くは土地貴族が占めたが、世紀半ばには全官僚の四人に三人が「地代」ではなく、「俸給」に生活の資を求めた貴族官僚であった。

このように貴族たちの国家勤務への依存が強められたが、ニコライ帝は制度の拡充にも努めた。さまざまな名目での給与の補塡、勤続年数による昇進と表彰、勲章の授与、九段階の年金制度などがそれで、そのほかに大学・専門学校卒業生の優先的な任用・昇進が保証された。他方で「好ましくない」役人の解任に躊躇することはなかった。贈収賄もそうだが、官僚はいかなる秘密結社にもフリーメーソンにも所属していないという誓約書の提出を求められた。

こうした一連の措置によって、各省の中堅官僚の質は急速に向上したが、もとより地方は別である。地方役人は数が少なく、増える一方の業務をこなすためにはよく訓練されていなかった。また注目される現象としては、いわゆるバルト・ドイツ人、つまり沿バルト地方のドイツ人貴族出身者のロシア官界への進出である。ヨーロッパの文化と技術に通じたバルト・ドイツ人の採用はピョートル大帝の時代からの伝統であった。帝政期を通じて高級官僚の八人に一人はバルト出身者であったとされるが、この時期には特に際立っていた。高官に占める「ドイツ的要素」は三〇パーセントから五〇パーセントにも達したのである。官僚は元来保守的ではあるが、ニコライ帝の政策によってエリート集団が形成され、次の時代の「開明官僚」の出現を準備したことは忘れてはならないだろう。

官僚制の拡充とともに、法の整備が図られた。『ロシア法大全』が編纂されたが、この仕事にあたったのはミハイル・スペランスキーであった。かつてアレクサンドル帝のもとで統治機構の改革にあたった彼は、保守派の反対で受け入れられず、ニジニ・ノヴゴロドに流刑された経歴をもっていた。その四年後に赦されてペンザ県知事に就任し、さらにシベリア県知事を経て、一八二一年にペテルブルクに戻っていたのである。ニコライ帝もまたこの人物を高く買い、法典編纂という難しい仕事を委ねた。こうして一八三三年にできあがったのが

『ロシア法大全』四五巻であり、これには一六四九年の「会議法典」から一八二五年までの法令が収められた。併せて現行法一五巻が編纂されたのである。

商工業の発展と初の鉄道

ニコライ帝の治世は経済的にみてどのような時代だったのだろうか。かつてロシアの「産業革命」を一八三〇～四〇年代に求める見解が有力であったが、専制と農奴制という体制下で果たして経済的な飛躍が可能だったのだろうか。ロシアは依然として人口の九〇パーセントが農民という農業国であったことは確かだが、これを文字通り受け取ってよいものだろうか。

ロシアの産業の中心はモスクワであった。モスクワは一八四〇年には人口三五万であり、ペテルブルクの四七万にかなり水をあけられていた。だが「不幸な一二年」、つまりナポレオン戦争時の大火からは完全に立ち直っていた。「モスクワはマンチェスターのようなマニュファクチャーの町になる」、というのはニコライ帝自身の言葉だが、伝統的にモスクワとモスクワ県は繊維産業の中心地であった。

モスクワは商人の町として独特の風貌を持っていたが、この時期には特に古儀式派の信徒たちによる企業経営が顕著であった。つまり女帝エカテリーナの「宗教的寛容」によってモスクワに帰った彼らは、プレオブラジェンスクとロゴジュスクの二つの墓地を核として形成された共同体を基盤にして、積極的な企業活動に乗り出した。公式の資料では一八五〇年のモスクワの人口に占める古儀式派の割合は五パーセントにすぎないが、ギルド登録商人の一五パーセントが古儀式派であった。人口比に照らして、古儀式派商人の比重は著しく大きいものがあった。ロシア最大の繊維工場を経営していたサッヴァ・モロゾフがその典型である。

ロシアの国内商業は、その地理的な条件もあって全国各地に散在する定期市に依存するところが大きく、一八五〇年には大小四六七〇の定期市があった。なかでも毎年七月一五日から九月一〇日まで開かれる最大のニジェゴロド定期市はヴォルガ水系の核に位置し、ここにはロシア商品のみならず、ヨーロッパ商品、アジア商品が集まった。そしてここでも古儀式派の商人たちの活動は目をみはるものがあった。

ロシア最初の鉄道　1837年

ロシア最初の鉄道が敷設されたのもニコライの時代であった。先進国イギリスで第一次鉄道ブームがおきていた一八三七年、ロシアでもようやく試験的にペテルブルクとツァールスコエ・セローを結ぶ二五キロが建設された。だがこのときでさえ、「社会のモラルを低下させる」と述べた財務大臣カンクリンをはじめとして鉄道害悪論を唱えるものが少なくなかった。だがニコライは違った。鉄道事業は有益かつ必要なものである。かつてペテルブルクはロシアの隅っこにあり、帝国の中心から遠いと非難されたが、今やそれが解消されるというのが彼の確信であった。

一八四三年からペテルブルク―モスクワ間を一直線で結ぶ鉄道建設が始まった。建設作業には同時に三万から四万の労働者があたった。過労と栄養不良のために枕木の数よりも多くの死者が出たといわれるが、これはかなりの誇張である。八年後に全長六五〇キロが完成した。一八五一年はニコライ帝の即位二五周年にあたっており、皇帝夫妻はモスクワのウスペンスキー聖堂での儀式のためにペテルブルクから汽車に乗り込んだ。鉄道建設が他の経済活動を大いに刺激し、発展させることは間もなく明らかになった。さらに一八六一年までには約一五〇〇キロが開通した。もとよりヨーロッパの稠密《ちゅうみつ》な鉄道網には遠くおよばなかったが、ロシアのような広大な国にあっては鉄道の効用はきわめて大きかった。

農奴解放への期待

だが最大の国内問題は農民問題、もう一歩踏み込んでいうと「農奴解放」であった。東ヨーロッパでは一八世紀末オーストリアのヨーゼフ二世の急進的な試み以来、「農奴解放」は避けて通れない問題となっていた。一九世紀に入るとプロイセンを筆頭に各地で「農民改革」が実施されており、一八四八年以後残る大国はロシアだけであった。

だがニコライ政府は有効な方針を打ち出すにいたらず、「領主の意志による」もの、つまり合意の上での農民人格の解放という一八〇三年のアレクサンドル時代の規定が基本であった。その場合でも領主の死後の解放という条件の付与、あるいは領地相続人の「不望」という問題のためにスムーズに運ばなかったのである。ニコライの治世にはアレクサンドル一世の治世の四万七一五三人（男）を少しだけ上回る、六万七一四九人が解放されたにすぎない。つまり一握りの農民が解放されただけであった。

他方で、旧ソヴィエトの歴史家たちはこの時期の農民闘争の激化について明らかにしてきた。一八〇〇年から一八二五年に年間平均して二六件の「農民一揆（騒擾、蜂起）」が起きたのに対して、一八二六年から一八六〇年には平均六〇件、つまり二倍強となった。また領主と管理人の殺害、逃亡、ツァーリへの嘆願書の提出などの「抗議」が各期間に一六件から六七件と四倍にもなった。そうした一揆や抗議の直接的な原因がなんであれ、「自由」、つまり「農奴解放」に対する農民の期待は強く、後述するアレクサンドル二世の決定やその後の経過に強い影響を与えたとする歴史家も少なくない。

「ヨーロッパの憲兵」として

ニコライの対外政策はきわめて強硬であった。一八二九年五月、彼はワルシャワでポーランド国王として即位した。ウィーン体制下で誕生した「ポーランド王国」は、ロシア皇帝アレクサンドルを君主に戴き、兄である総督コンスタンティン大公が常在するとはいえ、立憲君主制を明記した自由主義的憲法と二院制の国民議会をもつ国であった。つまり「専制ロシ

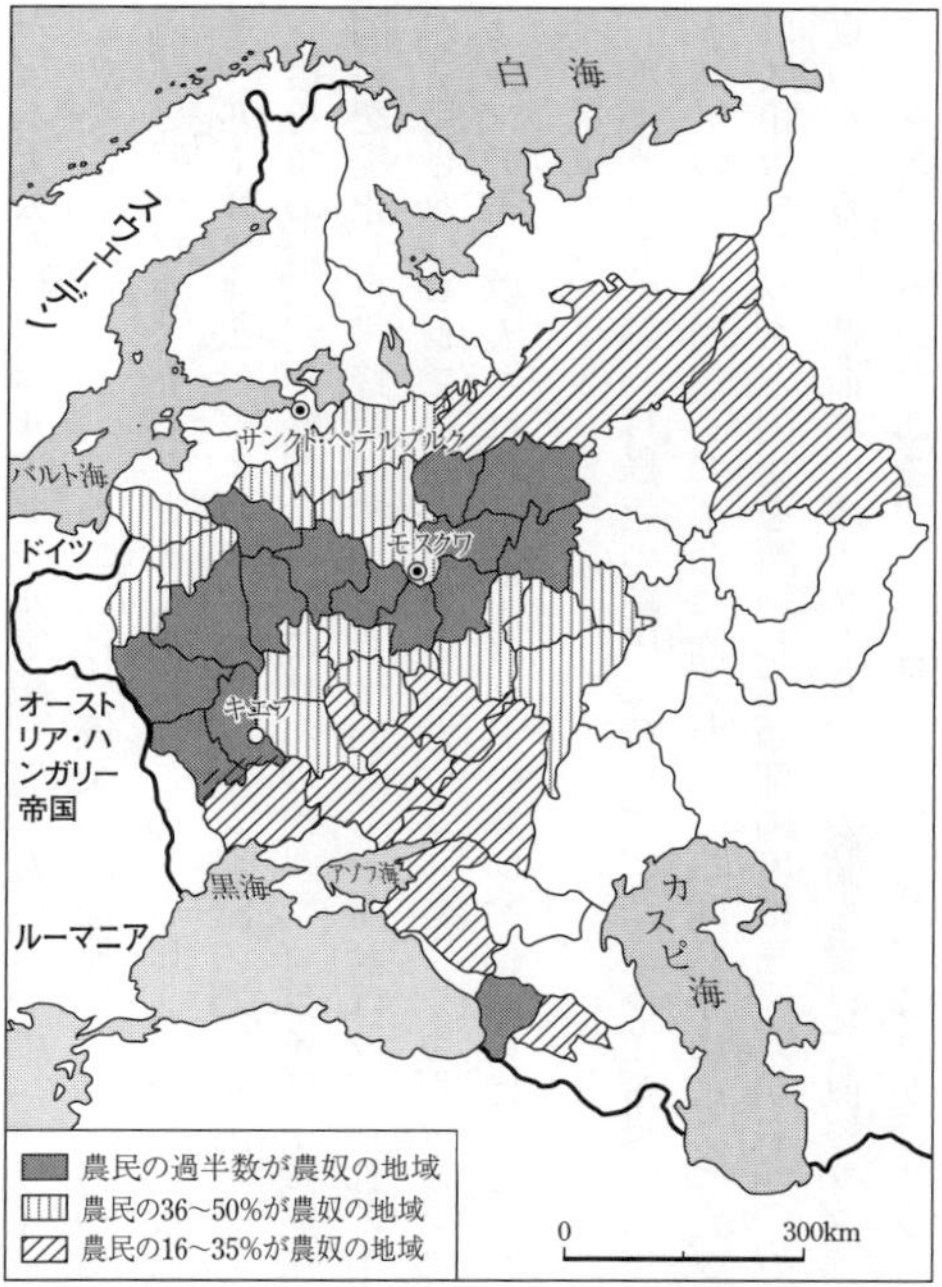

解放前の農奴の分布

ア」とは似ても似つかぬ進んだ体制が認められていたのである。だがデカブリストの蜂起を鎮圧したニコライの即位とともに、そうした「融和的な」ポーランド政策は消滅した。彼はポーランド憲法と王国軍の廃止を断行しようとしたのである。

　こうした動きに対して、一八三〇年一一月、ポーランドの愛国的な軍人たちはコンスタンティン大公が住むベルヴェデル宮殿を襲った。かつてニコライ帝は一七歳年長の兄の大公に敬意を抱いていたが、この頃には、優柔不断な兄に不満を持つようになっていた。蜂起は両国軍の戦闘にまで発展したのである。このときポーランド国民政府の首班となったアダム・チャルトルスキ公は、ニコライにウィーン会議の遵守を迫る一方で、ヨーロッパ列強に軍事支援を求めた。だが蜂起は失敗に終わった。ニコライは王国憲法の無効を宣言し、王国軍と国会を廃止した。蜂起に参加した士族たちの財産は没収され、中央と地方の役人にロシア人が登用され、ロシア通貨が導入された。ワルシャワとヴィルノの大学は閉鎖され、公教育ではロシア語が導入された。ポーランドのロシア化政策は、こうしてニコライ政府の下で徹底されたのである。

ポーランドの一一月蜂起の鎮圧に続いて、ニコライ帝は一八三三年にプロイセン、オーストリアの君主と同盟して革命に備えた。一八四八年に起こったフランスの二月革命に際しては共和政フランスと国交を断絶して西部国境に三〇万から四〇万の大軍を集結させた。翌年夏のハンガリー革命にはオーストリアの要請を受けて直接ブダペシュトに軍隊を派遣して、これを鎮圧したのである。「ヨーロッパの憲兵」、これがニコライ帝のロシアに付けられた別称であった。

クリミアでの敗北とニコライの死

だがニコライ晩年のクリミア戦争は、彼にとって文字通り致命的となった。クリミア戦争の原因が、中世末から近世にかけてヨーロッパの周辺諸国を震撼させる強大さを誇ったオスマン帝国の衰退にあることはよく知られている。帝国の衰退とともに浮上してきたのがいわゆる「東方問題」である。その解決をめぐってヨーロッパ列強の利害は鋭く対立したのである。

ロシアは女帝エカテリーナ二世の治世におけるクリミア・タタールの追放以来、オスマン帝国の圧政下にあるスラヴ系諸民族の解放という名目の下に南下政策を採用してきた。一八二八年と翌年の「露土戦争」で、ロシアはダーダネルス、ボスポラスの両海峡の自由通行権、黒海における通商権という大きな成果を手にした。オデッサの港で荷積みされた穀物はボスポラス海峡を通ってヨーロッパ諸国へ輸出されるようになった。オデッサの町の人口は一七九五年にはわずか二三〇〇人余であったが、一八二六年には三万三〇〇〇人、一八五二年には一〇万人に近づいた。穀物輸出国ロシアにとって、この地域での利権の拡大は重要な意味を持ったのである。

こうしたロシアの南下政策は、中近東とバルカン半島に影響力を確保しようとしていた列強の反発を招いた。特にイギリスとフランスは衰退するオスマン帝国を支援することでロシアに対抗した。一八五三年六月、ニコライ一世が聖地エルサレムにおけるギリシア正教徒の保護を名目にしてオスマン帝国の自治領に八万の軍隊を派遣すると、オスマン帝国もイギリス、フランスの軍隊の支援を受けて宣戦布告した。こうして始まった戦争の主要な舞台となったのが黒海艦隊の基地があるクリミア半島であった。

ロシアは緒戦こそ勝利したものの、イギリスとフランスの強力な海軍の派遣によって戦況は逆転した。連合軍はオデッサ、ニコラエフの町を艦砲射撃した。ロシア海軍がまだ帆船であったのに対して、敵は機動力にすぐれた蒸気船であった。また兵器弾薬の不足、鉄道網の未整備による緩慢な物資の運搬と兵員不足のために、ロシア軍は守勢に立たされた。クリミア半島の要塞セヴァストーポリが最大の舞台となったが、三四九日間の防衛戦の後、ついに陥落した。壮絶な戦いのなかで実に五〇万人のロシア兵が戦死した。一八五五年八月二七日のことである。戦争とはいえ「セヴァストーポリの虐殺」を実行したイギリスに対するロシア人の憎しみは長く残った。同年一二月にはそれまで中立を守ってきたオーストリアの参戦によって、ロシアの敗北は決した。ニコライ帝はロシア軍の敗色濃い一八五五年二月半ばに肺炎のため亡くなった。

戦後処理と「解放の噂」

一八五六年三月のパリ条約によって、クリミア戦争の処理がなされた。黒海の中立化が宣言され、ロシアとオスマン帝国はここに艦船、そして要塞と武器庫を持つことを禁止された。またすべての国に「航行の自由」が認められた。これは連合国に自国の商品輸出の広い展望を開き、ロシアの輸出に打撃を与えるものであった。クリミア戦争はこうしてロシアの黒海支配に終止符を打ち、イギリス、フランスの中東支配に基礎を与えたのである。

クリミア戦争はナイチンゲールの物語と赤十字の起源としても知られるが、ロシア側でもニコライの弟、ミハイル大公妃エレーナ・パーヴロヴナの活躍が知られている。負傷者の救助を呼びかけた彼女のもとでは、医師ピローゴフの指導で一六三人の看護婦たちが献身的に働いていた。これがロシア十字軍の基礎で、「エレーナ医学院」は帝政末までさまざまな専門医を養成した。

注目されるのは、クリミア戦争のさいの農民義勇兵の行動である。政府は徴兵令に基づく大幅な増員のほかに、一八五四年四月と翌年一月に国民義勇軍を募集した。応募する農民は領主の承認を得なければならず、解散後は帰村するという「誓約書」を出すことになっていた。だがこれは農民たちに思いがけない反応をひき起こした。「ツァーリは希望者すべてを一時兵役に召集し、その代わりその家族は永久に農奴状態からはもちろん、徴兵や国税からも解放される」という噂となって広がったのである。

噂を信じた農民たちは大挙して村を離れはじめた。中央部、ヴォルガ河沿岸、南西部の農民たちも「自由を求めて」志願した。それを阻止する領主や地方当局との衝突・騒擾が各地で起きた。クリミアでは「自由」が約束されているという噂もあったが、実はこうした噂と騒ぎは今回が初めてではなかった。一八二五年にはヴォルガ河流域の諸県で、数千の農民が伝説上の「ダーリア川へ」向けて逃亡したことがあったが、逃亡はクリミア戦争の敗戦直後にも起きた。こうしてクリミア戦争の敗北を契機として、まず農奴解放の問題が日程に上ってきたのである。

第六章　近代化のジレンマ

「解放皇帝」アレクサンドル二世

農奴解放への道

新帝アレクサンドル二世の最初の仕事はクリミア戦争の敗戦処理であった。一八五五年二月に彼が即位したとき、ロシアはまだ戦争の渦中にあった。だが敗色濃く、翌年三月に屈辱的なパリ条約を結んだ彼は三八歳で、すでに成熟した皇帝であった。皇太子時代には内政において要職を占め、重要な会議にも出席して多くの政治経験を積んでいた。若い頃の外国視察でドイツのヘッセン・ダルムシュタット公の次女を見初めて結婚し、皇太子ニコライを含めて七人の子女をもうけた。また宮廷では口喧《やかま》しい叔父たちもほとんどこの世を去っていた。改革は彼の意向にかかっていたのである。

一八五六年八月の戴冠式の直後、アレクサンドルは政治犯の恩赦《おんしや》を実施した。一八二五年のデカブリストたち、ペトラシェフスキー事件の参加者たち、そしてポーランド蜂起参加者たちなどを含む九〇〇〇名が解放されたのである。デカブリストについていえば、シベリア流刑者一二〇名のうち、生きながらえているものは三十数名で、また全員が「帰還」を希望したわけではない。シベリアの発展に献身して、そこに骨を埋める覚悟のものもいた。けれどもこの恩赦は変化を期待する「社会」の側からは大いに歓迎された。検閲制度も緩和された。「雪どけ」がこの年を象徴する言葉であり、「ロシアは自由に呼吸しはじめた」。ペテルブルクには改革を求める文書が押し寄せ、ニコライ帝の時代の閉塞感は一掃されたのである。

治世初期の懸案は農奴解放であった。パリ条約の直後、アレクサンドルはモスクワ県の郡貴族団長たちを前にして次のように演説した。「農民とその領主のあいだには不幸にも敵対的な感情が存在しており、余は遅かれ早かれ、我々がこのことに決着をつけなければならないと確信している」「されば、下からよりも、上からこれを行う方がはるかによい」。

アレクサンドル２世　農奴解放などを実現したが、1881年に暗殺された

この有名な演説とともに農奴解放が政治日程に上った。もとより当の貴族たちの大多数はこれに反対であったが、翌年一月に農民問題秘密委員会が設置された。一八五八年に「地方の特殊性と貴族の希望」を聞くために選挙・招集された貴族委員会でも相変わらず原則的な反対、あるいは「土地なし解放」を主張するものが多数を占めた。改革によって「民族的な価値」が失われるとか、改革はヨーロッパのそれのコピーであって、ほかならぬヨーロッパは「革命」のために大きく

動揺したではないかなどさまざまな保身的、反動的な意見が聞かれたのである。

だが農民問題の解決にかけるツァーリの決意は固かった。今のままでは農業の停滞は続き、また農民兵士たちから構成される軍隊も立ち行かないことは明らかであった。アレクサンドル二世は精力的に国内をまわって、各地で消極的な貴族たちの説得にあたった。彼を支えたのはニコライ・ミリューチンを筆頭とする開明的官僚たちであった。また弟でリベラルな海軍大臣コンスタンティン大公、そして敬愛する叔母エレーナも改革を強く支持していた。こうして一八五九年法典編纂委員会が設置され、「土地付き解放案」の細部の検討に入った。その後も曲折はあったが、一八六一年二月一九日、アレクサンドル帝は農奴解放令に署名した。この問題に取り組んでから六年の歳月が流れていた。

解放令と農民および貴族の反応

農奴解放令の内容は、ひと言でいうと「人格については無償」、「土地については有償」というものであった。つまり二年間の準備期間を経た後に、「農奴」つまり貴族・領主の人格的支配下にあった農民たちは結婚の自由、裁判によらない体刑の廃止、動産不動産の取得と処分の自由、商業や工場建設などの「市民的な諸権利」を無償で手にすることができる。かくてロシアの農民は初めて「人格的な解放」を手にしたわけである。

では彼らがそれまで村仲間とともに利用していた肝腎の「農民分与地」はどうなるのか。土地については、まず領主との間で彼らに与えられる土地の規模を確定した「土地証書」を取り交わさなければならない。その後でその土地を「買い戻す」のである。つまり土地の所有権は領主にあり、農民たちは地代を支払うことを条件に利用していたに過ぎない。したがってそれを買い戻さなければならないというわけである。

だが「買い戻す」といっても農民たちには資金がない。そこでまず領主には国庫によって立て替え一括支払いがなされ、農民たちは年利六パーセントの「四九年ローン」で、それを分割支払いするという方法が取られた。今後は「地代」ならぬ「買い戻し金」を国庫に支払うことになったのである。しかもこうした一連の手続きは農民個々人ではなく、村共同体の単位で行うのであり、「買い戻し金」支払いについても村の「連帯責任制」が採用された。

したがって農民が「自分の土地」を勝手に処分することはできない。共同体を完全に離れるためには村人の多数の賛成を必要としたのである。言い換えると、領主の恣意からは「人格的に」解放されたが、村共同体はかえって強化された。ともあれこうして約二二五〇万人の「農奴」が農奴制のくびきから解放されたのである。

農奴解放令は三月五日に公布された。公布が遅れたのは、二月下旬が謝肉祭にあたり、祝い酒を飲んだ農民たちが「暴動」を起こすかも知れぬと危惧されたからである。ペテルブルクの冬宮前の広場では例年この時期に市が立って賑わうのだが、場所が変更されたという。解放令は約一ヵ月かけてロシア全土で公布され、地方の村々では教会の司祭の口からその内容が伝えられていた。ある教会では司祭が十字を切って読み始めたところ、集まった農民たちが騒ぎ始めた。読み進むにつれて、騒ぎはさらに大きくなった。「一体これが自由なのか」。農民たちは本気で騒ぎ始め、司祭は読むのを中断しなければならなかった。これが解放令に対する農民たちの一般的な反応であった。今後二年間はなにも変わらず、なんの免除もないという内容に農民たちは失望したのである。

間もなく法令は偽もので、ツァーリから贈られた「真の自由」は役人と領主によってすり替えられたのだという声が挙がった。四月初めのカザン県スパスキー郡ベズドノ村で、大規模な一揆が起きた。読み上げられたツァーリの勅令は偽もので、本ものは別にあるとして農民たちが立ち上がったのである。隣接の村々からも「真の自由」についての説明を聞くために農民たちが集まってきた。そこで領主の求めに応じて軍の部隊が派遣され、さまざまな農具で「武装した」農民たちとの戦いが行われた。公式発表だけでも五一名の農民が射殺された。この年の四月から七月までに全国で六四七件の一揆が起きた。

一揆の内容にもよるが、この数字は決して小さくないし、政府も農民の動向を強く警戒していた。けれどもこの点だけを強調するのは一面的である。大多数の村は、むしろ「平穏」であった。つまり不承不承とはいえ、村と農民たちの多くは「ツァーリの勅令」に従って、「土地証書」の作成に入った。地域によっては領主側にかなり有利な土地確定（いわゆる「土地の切り取り」）がなされたが、一〇年後には農民の三分の二が土地を買い戻したのである。

農奴解放が専ら領主の利益を考えて具体化され、実施されたという多くの主張にもかかわらず、貴族たちの多くも解放令には批判的であった。彼らにとって解放令は「ペテルブルクの改革者たち」によってもたらされた「避け難い災い」にほかならない。不満は少なくなく、ときに厳しい言葉が投げつけられた。ある地方貴族は「農民に対する自由の付与でもって、ツァーリは私と数千の領主たちの死刑に署名するのだ」と露骨に語った。また「この秩序を壊すことは、国家の破滅を準備することを意味する」と反発したのである。

「大改革の時代」

アレクサンドル二世の改革は農民問題だけではなく、国家と社会の全般におよんだ。一八六二年一月にロシアではじめて国家予算が公開され、政府の新聞には準備されている諸改革についての報告が掲載された。いわゆる「情報公開（グラースノスチ）」である。次いで六三年には大学令が制定され、教授会の自治という原則が確立されたが、学生については自治組織の結成を禁じた。他方で初等教育と中等教育に関する法令が制定されるなど教育改革も行われた。

一八六四年には司法改革が始まった。すべての身分に共通する治安判事制と普通裁判所体系の二本立ての独立した司法制度が確立されたのである。また陪審員と弁護士制もつくりだされた。けれども農民は別扱いであった。農民の訴訟は後述する郷に置かれた「郷裁判所」が扱うこととされ、そこでは旧来の慣習法が適用された。言い換えると、農民たちは帝国の他の臣民とは区別され、「財産の不可侵」という基本的人権を享受することはできなかった。まだ時期尚早と判断されたのである。

そして軍制改革である。陸軍大臣ドミートリー・ミリューチンの手で過度の中央集権を廃止して、全国は軍管区に分けられた。また軍事費を削り、軍隊の質の向上にも注意が払われた。一八七四年には国民皆兵制への移行がなされ、それまでの農民を対象にした徴兵制に代わって、祖国防衛の義務が身分の別なく、すべての臣民に平等に課されたのである。兵士は二〇歳以上の兵役登録者のなかから抽選で選ばれた。期間は一五年だが、陸軍は現役六年で、残りは予備役であった。こうしてクリミア戦争の敗北以来の懸案のひとつが改革されたのである。

ゼムストヴォの設置

大改革の目玉の一つに地方自治機関ゼムストヴォの設置がある。郡行政を在地の貴族たちに委ねていた従来のシステムは、農奴解放によってご破算となり、地方行政の整備は急務であった。それまで非公式であった村の共同体が、「村団」として末端の行政組織として正式に位置付けられた。また新たに男子納税者三〇〇人から二〇〇〇人規模の、隣接する幾つかの村団から形成される「郷（ヴォーロスチ）」が置かれた。そして郷とその上部機関の県に各々「ゼムストヴォ」という自治機関が設けられたのである。まず郡ゼムストヴォは当該地方の住民から選挙された代議員によって構成される「郡会」を持った。その郡会の代議員のなかから、県ゼムストヴォの代議員が選ばれることになる。代議員の任期は三年で、郡会と県会にはそれぞれ執行部としての参事会が置かれた。こうして選挙に基づく新しい地方機関が生まれた。ゼムストヴォは西部諸県とバルト諸県を除くヨーロッパ・ロシア三四県で導入されたのである。

ゼムストヴォの代議員は形式的には「全身分を代表する」ものとされたが、もとより住民の直接選挙ではなかった。身分的および財産的資格から三つの「選挙人範囲」が設定され、代議員は地主、都市民、郷の農民から別々に選挙された。こうして選ばれた郡会の代議員は、三四県で合計一万三〇〇〇人に達したが、内訳は地主が四七・七パーセント、都市民が一二・三パーセント、農民が四〇パーセントであった。農民代表の比重は小さくはないが、母体は圧倒的な部分を占めていたわけだから、相対的には少なかった。また彼らが参事会に入ることも稀であった。とはいえ年に一度、数日間とはいえ農民が「地方議会」に出て、かつての主人と肩を並べるという未曾有《みぞう》の現象が生まれたのである。

ゼムストヴォの代議員　19世紀終わり頃。Geoffrey Hosking, *RUSSIA AND THE RUSSIANS*, 2001より

ゼムストヴォの任務はその地域の「経済的な必要」に応えることであったが、具体的には初等教育、医療、道路整備、農業技術援助、緊急時の食糧確保、商工業の振興などさまざまな分野にわたった。そのためにゼムストヴォには徴税権が与えられ、独自の財源を

もつことになった。だが、その活動は郡では県知事、県では内務大臣の監視下に置かれて制限を受けた。したがって不十分ではあったが、地方自治に向けての大きな前進であったことは否定できない。ゼムストヴォの設置は地方貴族をはじめ、人びとに政治参加の意欲を与え、ロシア社会のなかの「積極的な要素」を動員することになったのである。

カラコーゾフ事件

農奴解放令は、他方でポーランドの民族解放運動を刺戟した。一八六三年一月に士族主導で始まったいわゆる「一月蜂起」は旧王国全土に広がった。アレクサンドル帝はポーランド農民に対して反乱士族の土地を与えると約束することで、彼らを蜂起から切り離すことに成功した。蜂起は一五ヵ月後に鎮圧されて、ムラヴィヨフ将軍のもとで厳しい処罰が行われた。彼はデカブリストとしてシベリア流刑となった弟、そして処刑された親族を持っていたが、今度は逆に「絞首人」という悪名を付与された。首謀者が処刑されたほかに、多くのポーランド人が流刑された。だが問題は封じ込められただけで、約一万人ものポーランド人がフランスやアメリカに亡命して、民族解放の戦いを続けたのである。

一八六六年四月四日のことである。ペテルブルクの「夏の庭園」を散歩していた皇帝に銃が向けられた。それに気付いた通行人がとっさに犯人の腕を押さえたために、銃弾は標的を逸らした。事件はアレクサンドルに強い衝撃を与えた。「解放皇帝」として名誉の絶頂にあった彼自身が標的となったからである。彼は犯人に向かって「ポーランド人か」と尋ねたが、ドミートリー・カラコーゾフというロシア人、元カザン大学の学生であった。事件を知って冬宮に集まった首都の民衆はバルコニーに姿を現した皇帝をみて「ウラー」を叫んだ。

そして翌日から事件は神話化された。ツァーリの命を救った通行人はオシップ・コミッサロフという人物であった。すでにペテルブルクに長く住んでいたが、出身はコストロマであった。つまりあのイヴァン・スサーニンと同郷ということになる。こうして事件はコストロマの農民スサーニンが初代ミハイル・ロマノフを救ったという「スサーニン伝説」の再現として演出されたのである。褒賞《ほうしょう》として世襲貴族の称号の贈与が決定された。受賞のために皇帝の前にあらわれたコミッサロフの傍らにはコストロマ地方の農民衣裳を着た彼の妻がいた。

こうしてツァーリ狙撃事件は「ツァーリに献身するロシア人」という官製の「国民性」観念を確認する機会へと転化されたわけである。劇場ではグリンカのオペラ『皇帝に捧げた命』が上演され、ポーランド人が登場すると聴衆は「ポーランド人を倒せ」と叫んだ。最後のプロセッションと「栄光あれ」の合唱はかつてない盛り上がりで、その後で何度も国歌「神よ、ツァーリを守らせたまえ」が演奏されたという。

だがアレクサンドル帝が受けた衝撃が癒されることはなかった。事件を契機としてリベラルな大臣たちは更迭され、治安担当の官房第三部が強化された。同年新しい長官となったシュヴァーロフは、皇帝の厚い信頼のもとに権力を手に入れた。「停滞と反動の一四年」とされるアレクサンドル治世の後半期はカラコーゾフ事件を契機としていたのである。

専制とインテリゲンツィア

ピョートル大帝生誕二〇〇年祭

一八七二年はピョートル大帝の生誕二〇〇年という記念の年にあたった。彼の「革命」については本書で具体的にみたところで、以来ロシアは「ピョートルが切り開いた林道」を歩んできた。けれども一八四〇年代の「スラヴ派」のように厳しい批判があり、すぐ後で述べるナロードニキのような別の方向を探る理論活動と社会運動もすでに生まれていた。この機会に政府が大帝を称える記念の講演を催したのは自然のことであった。

大帝の誕生日である五月三〇日を中心に何らかの記念行事をしない学術機関はなかったといわれるほど各地で大帝に係わる催しが行われた。頂点は二月から五月にかけて実施されたモスクワ大学のロシア史教授セルゲイ・ソロヴィヨフの公開講演であった。講演が行われた「貴族会館」の大ホールには大勢の学者、政府高官、官僚などが顔を揃え、著名な歴史家の言葉に耳を傾けた。ではソロヴィヨフは何を語ったのだろうか。

「偉人はその時代の子であり、そのナロードの子である」。ソロヴィヨフの基本的な考えはこの一言に集約される。つまり偉人の出現は偶然ではない。彼は「ナロードの強い要請」を受けて現れ、ナロードを「歴史生活の継続に必要な新しい道に案内する」。新しい道へ進む必要性を自覚した「ナロードは立ち上がり、道に集まった」。そこに「指導者が現れる」。ソロヴィヨフは偉人の出現をこのように説明した後で、ピョートル大帝の改革、本書では「革命」と表現したが、それは「ナロード」によって呼び起こされた「ナロードの事業」であり、大帝は「ナロードのツァーリ」「ナロードの偉大な教師」にほかならないとする。「偉人はナロードが感じない、意識しないものを感じ、意識することはできない」「土壌がないときに、建物を建てることはできない」。ピョートルの諸改革は一七世紀にすでに準備されていたが、成熟した需要を充たすには「偉大な教師」が必要であった。それがピョートルであり、彼の事業であったというわけである。

歴史家ソロヴィヨフの基本的立場は「スラヴ派」によっては批判された「西欧派」である。また彼は過去のロシアにおける「国家の創造的役割」を強調する「国家学派」に属していた。農奴解放をはじめとする当時の「ブルジョア的諸改革」についても彼は「専制のイニシアティヴ」に期待を寄せ、他方で「革命的な改造」のいかなる試みにも批判的な立場に立つ「穏健なリベラル」であった。今回の講演ではピョートル大帝の改革の肯定的な面にだけ注意を集中して、それと「現代」との関連を明らかにするという傾向がみられ、全体として称賛的な調子がみられたことは否定できない。講演はそれまでの彼の歴史研究を下敷きにしたものではあるが、「急激な転換」ではなく、「歴史の進化的性格」が強調されている。この辺の解明は史学史の課題であって、ここは詳しく論ずる場ではない。要するに彼の講演は間接的には現在のツァーリによる穏健な改革に対する「歴史的な正当化」という意味を持ったのである。

モスクワの貴族会館でのソロヴィヨフの公開講演は聴衆の「完全な共感」でもって迎えられたという。彼らはロシアの社会的上層であったが、もとより社会の一握りの層である。「ナロード」というロシア語にはいろいろな用法があるが、ソロヴィヨフの「ナロード」は、一体としての国民である。ニコライ一世の政府が「国民的な一体性」の形成のために努力したことはすでに指摘したところだが、現実の「ナロード」には一握りのエリートと大多数の貧しい平民という歴然とした社会経済的な格差があった。中間層は薄く、一九世紀ロシアほど大きな「格差社会」はなかった。この大きく深い溝はどのようにして埋められるのか。リベラルな改革か、あるいは革命か。インテリたちの道は大きく分かれたのである。

ゼムストヴォの活動家たち

「大改革の時代」は、すでにみたように「ゼムストヴォ」という新しい地方自治機関を産み落とした。その設置法は見た目ほどに自由主義的ではなかったが、それでもこの改革によって初等教育や道路の整備、保健と医療などの分野で大きな成果を挙げた。またそれは地主貴族に国政参加の意欲を与え、自由主義を育てる土壌をつくった。ここでその担い手たちについて具体的にみることにしよう。

まず医療である。ゼムストヴォの医療はエカテリーナ二世のときに創設された社会福祉庁の諸機関を引き継いだのだが、地方の農村には病院もなく、正規の医者もほとんどいなかった。地方にいたのは「フェリトシェル」と呼ばれていた「准医師」で、ドイツ語で「軍医」を意味した。彼らの大部分は元中隊軍医で、プリミティヴな医学知識しか持っていなかったが、彼らとて全国をカヴァーしていたわけではなかった。その他には助産婦と薬草師がいただけである。そこで各ゼムストヴォは中央から大学卒の資格をもった医者を招いて、農村医療の充実にあたったのである。

医者の数は一八六五年に一八県で五〇人にすぎなかったが、五年後には三三県で六〇〇人、一八八〇年には一〇〇〇人を超えた。彼らのほとんどは「ペテルブルク外科アカデミー」の卒業生で、多くは貴族や官僚の出自であった。こうして医者の数は徐々に増えていったが、もとより広大なロシアからみるとまだ一握りであった。農村に入っても病院はなく、医者を受け入れる宿舎もなかった。彼らの活動は「准医師」のための学校を設立してより専門的な医学教育を施すこと、病気の原因をなす蒙昧《もうまい》、迷信などを除去するという「啓蒙的、社会的な医療」に向かわざるを得なかった。「博士は旦那の医師、准医師は百姓たちの医師」が現実で、農民たちは准医師たちが働く「医療所」で治療を受けたのである。その他に大部分のゼムストヴォは家

チェーホフ　『かもめ』『桜の園』などで知られるチェーホフは、大学卒業後、ゼムストヴォの医師として働いたことがあった

畜の疫病に備えて大抵一、二人の獣医を抱えていた。

一八六四年以前の農村に医者はいなかったが、学校の教師はいた。一九世紀初めからの教育政策によって各種の学校が設立されていた。だが教師といっても読み書きに不自由がないだけで、勤務から追放された役人、各種の施設の「半可通」、退役兵士などのいわば「何処にも身の置き所のない連中」であった。それでもいないよりはマシであった。

ゼムストヴォは初等教育の面で著しい前進を示した。一八七〇年代末までに農村学校は約一万校に達し、教師の数も一万人を上回った。医者とは違って、ゼムストヴォ学校教師の出自は大抵は農民、聖職者で、両者をあわせると七〇パーセントを超えた。彼らはさまざまな中等教育機関を出ていたが、骨の髄まで農民世界を知る人びとであった。幾つかの事例研究が示すところでは、聖職者出身者の割合が大きく、一八八〇年代には多くの県や郡で女性教師の割合が五〇パーセントに近づいた。彼らの給与は安く、そのほかのあらゆる条件もミゼラブルであった。

ゼムストヴォには、そのほかに少数ではあるが統計家がいた。といっても狭い意味での統計学者ではなく、課税対象としての土地の地価、あるいは農民経営の収益性や農民の経済状態の調査にあたった。大多数の県ゼムストヴォに「統計局」が置かれたのは一八八〇年代のことであった。その時点でも一〇〇人を超えず、医者に較べても少なかったが、ロシア革命前夜には一二〇〇人に達した。彼らの多くは医者と同じく貴族、官僚の出自で、モスクワ大学やモスクワの商科大学、あるいはペテルブルクのポリテクを卒業した後、県ゼムストヴォの統計局で働いた。

　統計家たちの中心となったのはモスクワ県で指導にあたったオルロフである。彼はモスクワ大学の統計学者チュプロフの弟子で、地方へ出かけてゼムストヴォ統計の組織化に尽力した。ゼムストヴォの活動家たちは自己の仕事を「勤務」としてではなく、「ナロードと真理への奉仕」とみなしていたが、この点で統計家も同じである。また多くのものは、「解放同盟」の指導者ペシェホーノフのようにリベラルな運動の活動家でもあった。

聖職者の文化的役割

ところでゼムストヴォの活動家たちのなかには聖職者の出自のものが少なくなかったが、これはゼムストヴォに限らない。革命家を含めて、あらゆる知的な活動家のなかには聖職者の息子として生まれ、神学校を出た聖職者とその予備軍がいた。また後世にその名を残したものも少なくない。特に著名な人名だけを挙げると、世紀前半の政治家スペランスキー、財務大臣のヴィシネグラツキー、革命思想家のドブロリューボフとチェルヌイシェフスキー、哲学者のブルガーコフ、経済学者のコンドラチェフやチュプロフなど錚々たる人物を挙げることができる。

　なかでも多数を占めたのが歴史家である。シベリア出身のナロードニキ史家シチャポーフ、モスクワ大学のロシア史講座の教授であったソロヴィヨフとクリュチェフスキーなどがすぐに挙がるが、彼らのような大物だけではない。一九世紀後半にできた県の統計局や学術古文書委員会で地域の歴史と文化の調査と研究の中心的な担い手の多くは地方の町や村の教会に勤める聖職者であった。これは彼らがリテラシーの低いロシア社会にあって伝統的に唯一読み書きの訓練と教育を受けた階層であったことが大きい。ロシアにあって聖職者が「潜在的な歴史家身分」となったのはその結果であった。けれども読み書きができるからといって、人は自動的に「インテリ」になるわけではない。ロシアの村司祭の多くは大酒飲みで強欲というのが定説だから、そこには時代精神も強く影響していたように思われる。いずれにせよロシアの聖職者の文化的役割はカトリック、プロテスタントの諸国と較べても大きいのではないだろうか。

「民衆のなかへ（ヴ・ナロード）」

一八七四年夏のことである。両首都に住む多数の若者たちが農村に入って、自らが信奉する「社会革命」の理想をプロパガンダするという動きが生まれた。「民衆のなかへ（ヴ・ナロード）」という言葉で広く知られるようになったこの運動の起源は五年前の「ネチャーエフ事件」、そして哲学者ラヴロフの『歴史書簡』に求められている。ペテルブルク大学の学生だったネチャーエフは陰謀組織による「革命」を説き、ラヴロフは民衆に対するインテリの「未払いの債務」の返済を訴えていた。つまり彼らが受けた高等教育と恵まれた状態は働くものの犠牲のうえにある、という「罪の意識」があった。かくて学生に限らず、技師、医者、教師、助産婦など大勢の若いインテリたちが進んで農村に入り、革命と社会主義について宣伝を始めたのである。
「民衆のなかへ」のような若者や学生の急進的運動は、後進国の「近代」にほぼ共通してみられるものである。ときの権力者たちはそうした運動を力で抑えつけることで、かえって急進化させてしまう場合もしばしばであった。ロシアの場合もそうだが、ロシア独特の条件にも注意しなければならないだろう。まず初等教育が軽視され、ナロードの圧倒的な多数が読み書きもできない状態にあったのに対して、高等教育を受ける学生数は急激に増加していた。また伝統的な「国家勤務」の代替としての「社会への奉仕」という彼らの潜在的な意識についても十分な注意が払われなければならない。いずれにせよ、若いインテリたちの「贖罪」の思いは深かったのである。

だが農民たちの反応は予想外のものだった。村の農民たちは農民服に着替えた学生や若者たちを不信と警戒心でもって迎えた。外国語をちりばめた「旦那たち」の話はそもそも字が読めない農民たちの理解を超えており、何の共感も示されなかった。逆に彼らは若者たちを自ら近くの警察に突き出したのである。若者たちの動きを政治体制に対する重大な脅威として警戒していた政府は、これを厳しく取り締まった。全国三〇県で一五〇〇人以上が逮捕され、三年におよぶ審理のなかで四三人が獄死、一二人が自殺した。また三八人が精神に異常をきたしたという。

スモーリヌイ女学院　貴族の娘たちのための寄宿学校。ダンス衣裳に身を包んだ女学生。*THE RUSSIAN CENTURY*, RANDOM HOUSE,1994より

ナロードニキの分裂

「民衆のなかへ」運動は、こうしてまったくの失敗に終わった。そもそも運動にはプロパガンダという以上の狙いはなく、具体的なプランもなかった。したがってそれを熱気だけに駆られたヨーロッパ中世の「子供の十字軍」に喩える厳しい見方もある。だがこれが後の革命運動に与えた影響は小さくなかった。

一八七六年に結成された「土地と自由」の若者たちは二年前の運動を引き継いだ。農村に「定住して」宣伝工作を行うという方針を採った彼らは、自らを初めて「ナロードニキ」と名乗った。西欧とは異なる、ロシアの民衆の理想に立脚した独自の平等社会の樹立が彼らの目的であった。だが政府の厳しい監視下で活動はほとんどできず、この組織は三年後に分裂した。この結果生まれたのがテロル、つまり皇帝暗殺を軸とする政治革命を目指す「人民の意志」派である。こうしていわば「学位をもったプガチョフたち」が表舞台に登場したのである。

ところで一八七〇、八〇年代のナロードニキ運動には女性の参加が目に付く。一八七三年

から五年間に取り調べを受けた一六一一人のうち二四四人、つまり一五パーセントは若い女性であった。運動の背景には学生数の増加があることはすでに指摘したが、これは男子学生にかぎるものではない。この頃ペテルブルク、モスクワ、カザン、キエフの各都市で大学タイプのカリキュラムをもった女子高等課程と女子医学専門学校が相次いで創設され、学生数も男子の三分の一に迫る勢いであった。しばしば見逃されていることだが、ロシアの女子高等教育は西欧よりも「先進的」であった。一九一四年には高等教育機関の全学生の約三〇パーセントを女子学生が占めた。ソフィア・ペローフスカヤ、ヴェーラ・フィグネル、あるいはヴェーラ・ザスーリチなどの著名な女性ナロードニキたちが生まれた背景には、以上のような興味深い事実があるのである。

一八八一年三月一日

一八七〇年代末のロシアは異常な社会的緊張の状態にあった。それを象徴するのが七八年一月末に起きたヴェーラ・ザスーリチによるペテルブルク市長狙撃事件である。あらゆる暴力を使って専制を打倒するという「赤色テロル」の時代はこの狙撃事件によって始まったのである。最終的な標的はもちろんツァーリであった。「解放皇帝」を狙った一八六六年のカラコーゾフ事件についてはすでに触れたが、翌年五月には訪問中のパリの万国博覧会でも彼が乗っている馬車に向かって銃弾が放たれた。今度はポーランド人の犯行であったが、弾は逸れた。

それから十余年を経た一八七九年四月、再び皇帝アレクサンドルが狙撃された。犯人ソロヴィヨフは帝大中退の後に教師をしていたが、農村工作に入っていた革命家であり、取り調べで彼は皇帝を「人民の敵」と呼んだという。一一月にはモスクワ郊外でツァーリ専用列車が爆破され、翌年二月には冬宮の晩餐用の大広間の爆破事件が起きるなど、皇帝は二年間で七回もの暗殺未遂事件に遭遇した。そして運命的な一八八一年三月一日がやってきた。

アレクサンドル二世は三日後に、ある重要な議案を大臣会議に諮《はか》ることを予定していた。大臣会議の設立は一八〇二年のことだが、制度的に整備されたのは彼の時代のことである。彼は自らの影響力を保持するために内閣制への移行には否定的であったが、何らかの譲歩はさけられなかった。前年五月に内務大臣に登用したロリス＝メリコフはアルメニア出身で、カフカース勤務の長い軍人上がりではあるが、リベラルで人気のある政治家であった。

ロリス＝メリコフは政治状況の安定のために不人気な保守派の大臣を退任させ、官房第三部を廃止した。さらに彼の提案によって、ロシアに「立憲的な統治」の導入が検討された。具体的には国家評議会に都市と県ゼムストヴォの代表を加えることであり、それによって「社会の啓蒙的な部分」と専制との間にある溝を埋めようとするものであった。ロリス＝メリコフは「憲法」に対するアレクサンドル二世の執拗な抵抗を知っていたから、慎重に事にあたった。「これはまったくエタ・ジェネロー（フランス革命を導いた全国三部会）だ」というのがアレクサンドルの最初の反応であったという。だが結局彼の提案に同意したのである。

三月一日の日曜日、二時過ぎのことである。冬宮への帰路アレクサンドルの箱馬車がエカテリーナ運河を渡り終えた頃、橋の傍らにいた青年の手から馬車に向けて爆弾が投ぜられた。だが爆弾は馬車の脇で破裂したため、皇帝に危害はなかった。こうした場合、馬車を走らせて、その場を立ち去るのが鉄則であるという。ところが皇帝は馬車から降りて傷ついた護衛のコサックを元気づけようとしたのである。そこに別の方向からもう一発の爆弾が彼の足元に投げられた。皇帝の出血はおびただしかった。急いで冬宮に運ばれ、懸命の看護がなされたが、数時間後にアレクサンドルは絶命した。犯人は「人民の意志」党員であった。すでに何度か述べたように宮廷クーデタによる密かな皇帝暗殺には事欠かないが、一般人による公然たる暗殺はロシア史上初めてのことであった。

アレクサンドル二世は、その性格と世界観において自由主義者ではなかった。彼は状況に応じて「改革者」になったのであり、あるときは「改革派」、べつのときは「保守派」の官僚を支持した。彼の暗殺はロシアの政治に暗い影を投じた。予定されていたロリス＝メリコフの国家改造案は日の目を見ることなく葬られたのである。

暗殺はアレクサンドル二世の新しい家庭を崩壊させた。実は病身の皇后マリアが亡くなる前から、彼は三〇歳も年下の若いエカテリーナ・ドルゴルカヤと「第二の家庭」を築いていた。それは当然ペテルブルクの人びとの陰口と好奇の的となったが、彼は皇后の死後にすぐに挙式した。いわゆる「貴賤相婚」で、妻子は位階や財産を相続することはできないのだが、皇帝は「第二の家庭」のためにさまざまな配慮をしていた。だが新たに即位した息子のアレクサンドル三世は年下の「義母」とはうまくいっていなかった。彼の求めに応じて、エカテリーナ・ドルゴルカヤは幼い子供たちとともにロシアを離れて、南フランスのニースへ移った。皇帝暗殺に対する捜索と厳しい処罰が始まる一方、アレクサンドル二世が暗殺された場所には、間もなく「血の上の救世主教会」の建設が始まった。

テロルとの闘い

皇帝としてのアレクサンドル三世の最初の仕事はテロルとの闘いとなった。暗殺を実行した「人民の意志」党はすぐに捜索を受け、四月三日に六人の逮捕者のうち五人が公開処刑された。一人は「妊婦」であったため猶予されたのである。次いで「治安維持法」が発布され、危険人物の取り締まりと捜索が続くが、「テロの温床」として槍玉にあがったのは大学をはじめとする高等教育機関であった。大学に対しては「自治の制限」、高等女学院の閉鎖、そして「料理人通達」として知られる御者、召し使い、料理人など低い身分の出身者の入学制限の措置が取られた。

これには理由がある。一八六五年の学生数はトータルで四一二五人であったが、一八八〇年には八〇四五人、つまり約二倍に増えていた。その中で町人と他の都市民、農民など「低い身分の出身者」が一五パーセントを占めていた。この数字は決して小さくない。同時代のドイツの大学について、学生のほとんどが「大学教育を受けた市民層と官僚層との出身」であったこと、そこに「民主主義敵対性」が育まれたとする見解は広く知られているが（ハンス・ヴェーラー『ドイツ帝国』）、それに較べるとロシアはかなり「民主主義的」であった。だが「料理人通達」にもかかわらず「低い身分の出身者」の割合はさして減ることはなかったのである。

検閲も強化された。レフ・トルストイの本の多くが出版禁止とされ、哲学者ソロヴィヨフの講演が禁止され、画家レーピンの『イヴァン雷帝』の展示が禁止された。こうした一連の引き締め政策に対して、テロルは再び皇帝に向けられた。一八八七年三月アレクサンドル三世の暗殺未遂事件がおきた。このとき首謀者として処刑されたのが一九一七年の「十月革命」の指導者レーニン（本名ウラジーミル・ウリヤーノフ）の兄であった。レーニン一七歳のときのことで、いうまでもなく彼に与えた衝撃は大きかった。

19世紀の文学者　1860〜80年代に代表作を発表したトルストイ（上、1828〜1910）とドストエフスキー（下、1821〜81）

ポグロムと反改革

アレクサンドル二世の暗殺事件は遠いウクライナでのポグロム、つまりユダヤ人襲撃をひきおこした。ロシア帝国はポーランド分割以来世界最大のユダヤ人人口を抱えていたが、一八三五年に旧ポーランド王国の一〇県のほかに、ロシア南西部の一五県を「定住地域」として指定していた。彼らはおもに製造業・居酒屋・商業などに従事していたが、周辺のウクライナ人農民との軋轢は絶えなかった。ロシア政府は皇帝暗殺に関与した組織にユダヤ人が数名加わっていたことを明らかにしたが、その直後からユダヤ人攻撃が増えたのである。四月にエリザヴェートグラードで始まったポグロムは、キエフ、オデッサに広がりウクライナ全土を席捲《せっけん》した。教会で祝福を受けた後、民衆はイコンや皇帝の肖像画や旗を掲げて行進しながら、ユダヤ人の商店や住居を襲撃した。財産を強奪しただけでなく、血なまぐさい殺戮《さつりく》が行われた。

ロシア政府は臨時条例によってユダヤ人の農村移住、不動産取得を禁止した。また両首都の大学ではユダヤ人を学生数の三パーセントに制限するなどの規定を設け、定住地域以外では最もユダヤ人人口が多いモスクワから二万人を追放した。その結果多くのユダヤ人はアメリカに向かった。一八八〇年代には一三万人、九〇年代には二八万人もがユダヤ人抑圧政策に絶望してロシアを離れたが、ユダヤ人の若者たちを反政府の革命運動に走らせる一因となったのである。

アレクサンドル三世の家庭教師は「極めつきの保守主義者」ポベドノスツェフであり、アレクサンドルは彼の強い影響下にあった。国家評議会議員をへて、一八八〇年に宗務院長の職についたポベドノスツェフによると、ロシアはその広大な国土、複雑な民族構成、遅れた民心などのために、何よりも国家と教会の一体化が必要である。その観点からブルジョア的改革や西欧文化の導入に強く反対したのである。即位の際の「専制の不動性」を宣言した皇帝のマニフェストを執筆したのは彼であり、現存秩序の維持は自明の前提であった。

一八六四年に発足したゼムストヴォは、すでに見たように国民学校の設立、医療・獣医制度の普及、道路建設や農業教育の推進、食糧備蓄制度の整備、あるいは厖大な統計資料の作成など活動は多岐にわたり、その成果は大きかった。ドイツの社会学者マックス・ウェーバーによると、ゼムストヴォは「ロシアで最も生きいきとした公的制度」であったが、そうなると「国家は、その権威を脅かす競争者に対して、敵意をあらわにせざるを得ない」。ゼムストヴォは、一八九〇年の法令によって活動が制限された。地方自治は貴族と富裕な地主の手に握られ、村団に対する地主の監視も強められた。新たに行政・司法上の権限を持つ「地方司政官」が設けられ、地域の世襲貴族のなかから任命された。こうした一連の「反改革」によって、解放後の社会の引き締めが図られたのである。

このようにアレクサンドル三世の保守的姿勢は疑いないが、一八七七年から暗殺事件にいたる危機を乗り切ることで、政府の威信と自信を回復した。また農民に対しては「買い戻し金」の軽減、人頭税の廃止や共同体保護、労働者に対しては児童労働の禁止と工場監督官制度の制定などの「愛民政策」などによってロシア社会の安定化に寄与したのである。

工業発展の陰で

鉄道建設と産業発展

ロシアの工業化における画期が農奴解放にあることには異論はないだろう。けれども解放は一時的な停滞をもたらした。旧来の工業が新しい条件に適応するためにはかなりの時間が必要であったからである。例えばウラルの製鉄業で、ここではデミドフ家の工場が独占的であったが、その労働力は「占有農民」であった。解放の知らせを聞いた農民たちは勝手に工場を離れ、そのためデミドフの諸工場は約六〇パーセントの労働者を失った。農民の無償労働によってウォッカを製造していた領主たちの醸造工場も同じである。そのほかに同時期のアメリカでおきた南北戦争はロシアの綿織物工業に一時的に原料の途絶、つまり「綿花飢饉」をもたらしたのである。

一八六〇年代後半にロシアはようやく工業化に向けた本格的な歩みを開始した。そして経済発展の「決定的な要素」は鉄道建設であった。一八六〇年代末から約一〇年間の第一次鉄道ブームによって、ヨーロッパ・ロシアの鉄道網の骨組みができた。一八六五年には総延長は三八〇〇キロであったのに対して、一〇年後の七四年には一万八二〇〇キロ、さらに八三年には二万四一〇〇キロに達した。全長はともかく、そのスピードは他のヨーロッパ諸国よりも速かった。モスクワ—クールスク線、モスクワ—ヴォローネジ線、モスクワ—ニジニ・

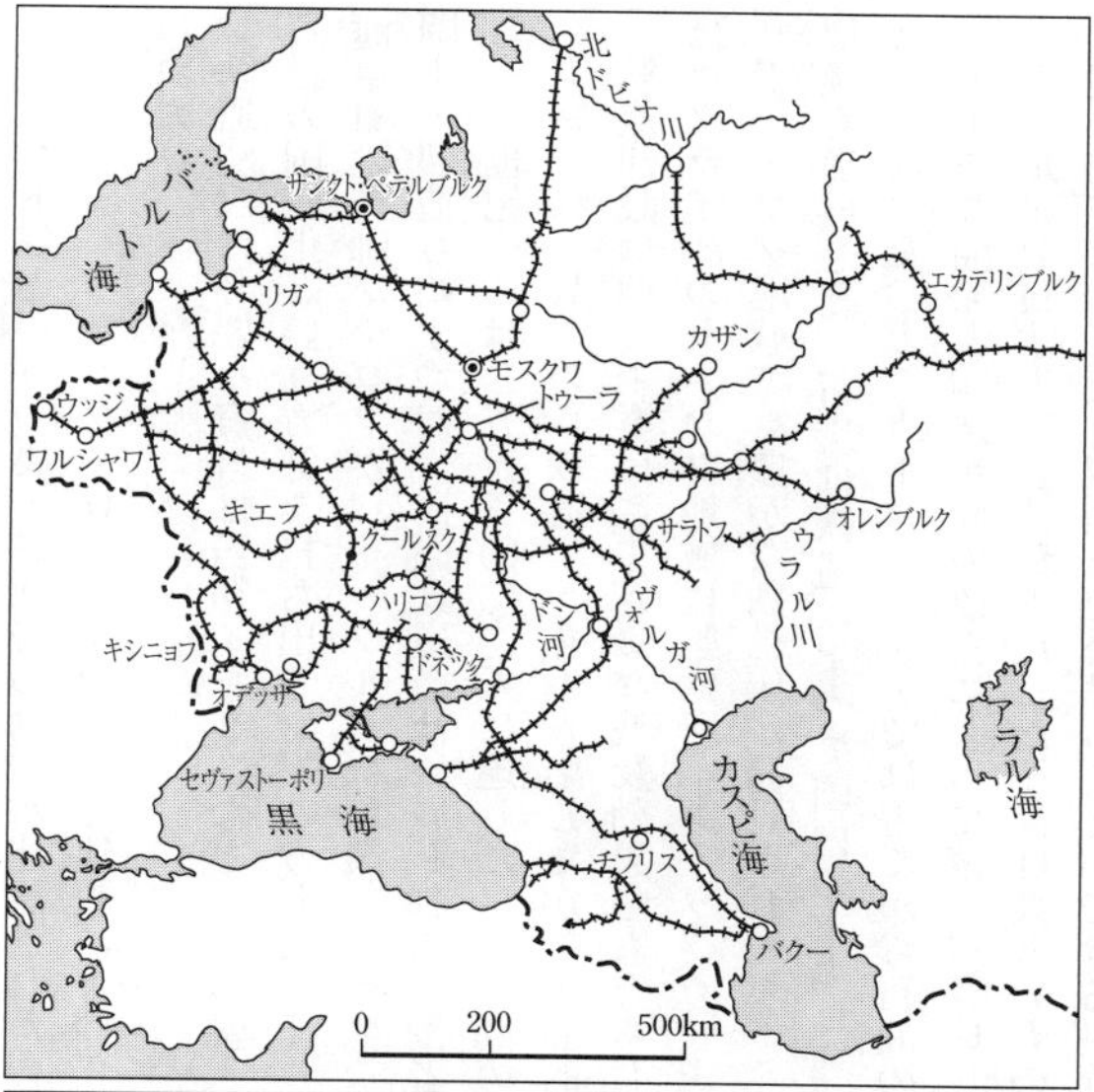

サンクト・ペテルブルク	1,566,000
モスクワ	1,481,240
ワルシャワ	781,179
オデッサ	620,143
キエフ	527,287
ウッジ	415,604
リガ	370,000
チフリス	303,150
ハリコフ	244,526
バクー	232,200（人）

鉄道網の発達と主要都市の人口　鉄道は1900年のヨーロッパ・ロシアの部分、人口は1910年のデータの上位10都市

ノヴゴロド線という中央工業地帯の動脈が建設されたのに続いて、クールスク―ハリコフ―オデッサ線、ハリコフ―ロストフ線などの建設によって主要な農業地域が黒海の輸出港と結ばれた。

鉄道建設に必要な資材は当初イギリスなどからの輸入に頼っていたが、政府は一八六六年資材の国産化という方針を打ち出した。こうしてレール圧延、車両の国内生産が始まった。海軍省の技師プチロフがペテルブルクに創業した有名な工場でレールの生産が始まった。機関車の製造も始まった。民間鉄道会社に雇われた労働者数は一八六五年の三万二〇〇〇人から四半世紀後には二五万三〇〇〇人に達した。この間の鉄道建設は基本的に民間会社によって実施され、数人の「鉄道王」を生み出したが、全面的に国家に支えられていたのである。

鉄道建設は他の工業にさまざまな波及効果をもたらした。イギリス人のジョン・ヒューズはウクライナのドネツク地域に製鉄所「ユーゾフカ」を操業して大成功を収めた。近くのクリボイ・ログ地域でも豊かな鉄鉱床《てっこうしょう》が発見された。ドネツク地域では瀝青炭《れきせいたん》が採掘され、石炭業も発展した。石炭は鉄道によって国内の市場に運ばれたが、鉄道自身が「第一の消費者」であった。カフカースのバクーでは古くから石油の存在が知られていたが、石油産業はこの頃技術開発と輸送手段の改善によって驚くべき成長を示した。この点でスウェーデン人ノーベル兄弟石油生産会社が果たした役割は大きいものがあった。

軽工業では綿工業と製糖業を挙げることができる。綿工業の成長はすでに一九世紀初めにモスクワ県とウラジーミル県で広くみられた。アメリカ独立戦争による「綿花飢饉」のために一時的な不振を余儀なくされたが、その後機械化が進み、一八九〇年代のロシアでは群を抜いた先進産業であった。製糖業の原料は甜菜《てんさい》（ビート）であるが、特にウクライナのキエフやハリコフ県の領主工場で生産されていた。その方法はきわめてプリミティヴで、農奴解放によって働き手を失い一時的に衰退した。だがその後企業家の手による技術革新、そして「砂糖」に対する需要の高まりによって生産高は飛躍的に増加した。

モスクワの商人たち　サモワール（ロシア風の湯沸かし器）を囲む新しい中産階級。1910年の光景

モスクワの商人たちと教会

首都ペテルブルクが官僚と軍人の街であるのに対して、古くからの経済の中心地であるモスクワは商人の街であった。彼らの企業活動は帝国の経済を推進し、ロシアに富をもたらした。他方でモスクワは教会の街であった。一九世紀末に五〇〇を超える教会があったが、その多くは商人たちの手で建設されたのである。ペテルブルクにも商人が住み、教会も少なくなかったが、古都モスクワに遠くおよばなかった。

世紀半ばのある観察者によると、「モスクワの商人は敬虔であった」。彼らは「厳しく断食するし、彼らの多くは家族とともに倹しく暮《つつま》らしている」。教区教会に寄付し、日曜や聖なる日のミサ、晩祈には定期的に出席した。四旬節には誰もが断食をし、最初と最後の日には例外なくすべてのお勤めに参加した。イコンは正教徒商人の家族にあって最も大切な持ち物で、困窮や破産のばあいでも質入れしたり売り払ったりしてはならなかった。「奇跡をおこす聖ニコラ」は中世以来ロシア人には最も人気のある聖人で、聖ニコラのイコンを所持するだけでなく、モスクワの教会の十に一つはその名前が付けられていた。

モスクワ最大の綿花王朝の創業者ヴァシリー・プロホロフが初期の醸造業を止めて繊維工業に移ったのは、酒造りが敬虔な人間にはふさわしくないと考えるにいたったからだという。有名な三山繊維工場を引き継いだ息子のコンスタンティンも、地域の有名な修道院に巡礼に行くために数ヵ月モスクワを離れた。だが彼は自分の息子たちに外国人の家庭教師を付け、家業に入る前にドイツやアルザスの優良企業で働かせるために送り出した。一八五一年のロンドンの万国博覧会にも連れていった。つまり彼の敬虔さは「最広義のヨーロッパ主義」と調和していた。また弟のチモフェイは兄に捧げたエッセイ「富の獲得について」で、「もし富が労働によって獲得されるのならば、その喪失は人を破滅から守るだろう。彼は労働を再開してより以上のものを獲得できる。なぜなら彼は神のなかで生きるからである」と書いた。

正教の労働倫理においてより徹底していたのは「古儀式派」であり、商人にはその帰依者が少なくなかった。モロゾフ家、グチコフ家、リャブシンスキー家、コノバロフ家などがそれである。プロテスタントの宗教倫理と企業家たちの勤労原理の一致を説いたドイツの社会学者マックス・ウェーバーの著名な「プロテスタンティズムの倫理と資本主義の『精神』」（一九〇四～〇五）のテーゼをロシアの「古儀式派」に当てはめる試みは二、三に留まらないのである。

「大改革の時代」まで商人たちは「非特権身分」であった。彼らにはおびただしい負担や租税が課されたから、公共的サーヴィスはできるならば「避けるべき負担」でしかなかった。だが一九世紀後半に彼らの態度は一変した。都市行政や他の公的施設で主要な地位を求めるようになったのである。最も豊かな商人たちの名前がモスクワのカテドラルの教区委員として登場する。ロシア最大の繊維企業の経営者ミハイル・モロゾフはクレムリンの聖母被昇天カテドラルの教区委員であり、同じく受胎告知カテドラルの教区委員はウォッカ商のピョートル・スミルノフ、救世主キリストの巨大カテドラルの教区委員は茶・砂糖取引商ピョートル・ヴォトキンであった。彼らは教区委員として教会の建物とイコノスタス、シャンデリアなどのインテリアの維持と補充に責任を負い、数多くの宗教行事の世話にあたったのである。

それにもかかわらず、富と企業家に対するロシア人一般のネガティヴな視線が消えることはなかった。「誰も正直に働くことで石の宮殿を手に入れることはできない」というわけである。彼ら自身も良心の呵責《かしやく》に苛《さいな》まれた。「神に喜ばれたい」とする思いは教会への惜しみない寄進、特に慈善活動となって現れた。一八六〇年から第一次大戦前までの五五年間におけるモスクワ商人協会、およびモスクワ市社会奉仕局に寄せられた寄付一七八件の分析によると、最大のピークは世紀転換期の一八九六年からの一〇年間である。若干の増減はあるが、この間多くの商人がさまざまな名目で多額の寄付をした（一件あたり約八万四〇〇〇ルーブリ）。「貧しい市民のため」は最も通常の形だが、特に「貧しい花嫁のため」の寄付も少なくなかった。「養老院や看護院の建設あるいは維持のため」があり、特に「病気で盲目の女性のため」の寄付があった。「無料の部屋の家」、つまり無料宿泊所の建設あるいは維持のため、「精神病患者の看護のため」に寄付された。そのほかに男女の職業教育施設や生徒に対する奨学金のために、さらに極貧の両親の子供や孤児のための奨学金が寄付された。もちろん匿名ではなく、「名前付き」であることが慈善行為の強い刺戟となった。トレチャコフ、バフルーシンなどの大商人などのほかに、多額の遺産を相続した女性たちによる寄付も顕著であった。

解放後の村と出稼ぎ農民

農奴解放後のロシアでは、すでにみたように近代化に向けての改革が相次いだ。明治維新後の日本、南北戦争後のアメリカとほとんど同時代であり、比較史の観点からも関心が寄せられてきた。解放から三〇年あまり経た一九世紀末のロシアの人口は一億二六〇〇万人であったが、いわゆるヨーロッパ・ロシアに約九三〇〇万人、つまり全体の七四パーセントが暮らしていた。そのうち都市人口は一三パーセントに過ぎず、残りの八七パーセントは農村の居住者であった。解放後のロシアではかなりの工業化がみられたにもかかわらず、依然として圧倒的な農村人口を抱えた社会であったのである。

農奴解放は初めて農民に「無償で」人格的な諸権利を付与した。つまり農民は「自由な近代的個人」となったわけだが、経済的な前提となる「土地」についてはそれまでの利用慣行が踏襲された。また土地の所有権は「買い戻し」によって村共同体に与えられた。すでにみたようにロシアの農民の多くは「土地割替」という独特の慣行をもつ村共同体に所属していたわけだから、農村に急激な変化をひき起こさないためには止むを得ない措置とみることができる。口数に応じて各世帯に一定規模の土地の利用を保証するこのシステムの保持は、「土地なしのプロレタリアート」の発生を避けるという政治的な観点からも当面不可欠であった。けれども長期的にみると、こうした解放方法は重大な問題をはらむものであった。

解放後の農民　19世紀末のようす

まず解放後におきた急激な人口増加は以上のような独特な土地利用にマイナスに作用した。つまり一八六三年から五〇年間に人口成長は約二倍という高い数字を示したのに対して、農民たちの平均的土地保有規模は五・一デシャチナから二・七デシャチナへと激減した（一デシャチナは約一ヘクタール）。この数字は五〇年という比較的長いタイム・スパンであって、地域的な特殊性とか格差も考慮されていない。だがこの間にいわゆる「土地不足」問題が顕在化した。またロシア農業は非効率な共同体農業のままであり、「土地割替」慣行のために土地改良意欲も削がれた。つまりこの土地利用システムは「社会的には」正義に適ったものだが、「経済的には」むしろ抑圧的であった。「農業革命」を経たイギリスでは一八世紀後半にはすでに播種《はしゅ》量の一〇倍の収穫を得ていたのに対して、ロシアでは世紀末でさえ五倍という低い水準にあえいでいた。

年	総　数	男子%	女子%
1858	496,656	64.2	35.8
1862	532,297	60.5	39.5
1869	667,207	56.7	43.3
1881	861,303	54.6	45.4
1890	954,400	53.8	46.2

ペテルブルクの人口　『近代ロシア社会史研究』高田和夫（山川出版社）より

人口の九〇パーセント近くが農村の居住者であるといっても、必ずしもすべてが農業に従事していたわけではない。モスクワ以北の「非黒土」の諸県では解放前から、いや一八世紀後半から出稼ぎや副業が盛んであった。「国内パスポート」を持って大都市や特定の地方へ出稼ぎにいき、地代を稼ぐことはこれらの地域の農民にとって普通の現象であった。農奴解放はこの動きをさらに促進したが、あり方に大きな変化はなかった。農民たちは「村と土地」の絆を保ったまま、大抵は「季節パスポート」を手に出稼ぎに出たのである。成長を続ける首都ペテルブルクはこうした出稼ぎ農民たちの最大の稼ぎ場であった。

ペテルブルクは一八九〇年に九五万人を超える大都市に成長したが、特徴的なことには夏季と冬季では二〇万人の差が出た。原因は明らかに出稼ぎ農民たちの大量移動にあった。例えば一八九八年の史料でロシア有数の出稼ぎ県ヤロスラヴリをみると、当県はペテルブルクに約一〇万四〇〇〇人、モスクワに二万六〇〇〇人の出稼ぎ農民を送り出した。彼らのなかには商業やサービス業で成功したものも少なくなく、なかでも居酒屋が盛んであった。ペテルブルクの居酒屋のほとんどがヤロスラヴリ県出身者で占めていたという。ネフスキー大通りにある高級食糧品店エリセーエフ商会の祖先もヤロスラヴリの出稼ぎ農民であった。初めて首都へ出る農民たちの働き先、住居などを世話したのは同郷人団体であった。「ペテルブルクのヤロスラヴリ人たち」は多く、慈善団体まで組織していたのである。

出稼ぎ農民たちは、夏季に農作業のために故郷へ帰り、それが終わると再び都市へ向かった。つまり定期的な「往復運動」を繰り返していたのであり、都市に定住するものは少なかった。彼らは「都市に住む農民」であり、二〇世紀初めでさえペテルブルクの労働者の多くは村との繋がりを断っていなかった。同じことは基本的に世紀転換期に人口一〇〇万に達した「大きな村」モスクワにも当てはまる。モスクワの住民の実に半数以上は、村に家族を残して出てきた周辺地域からの農民であったのである。

このような解放後における出稼ぎの増加は村の生活に影響を与えずには済まなかった。最も目立った動きは家族制度である。支配的であった「家父長的大家族」が崩れて、特に一八八〇年代からは急速に「家族分割」が進んだのである。「核家族」へと移行する傾向がみられたわけだが、この過程で指導力を発揮したのは、旧来の家制度のもとで「忍従」を余儀なくされていた女性たちであった。

没落する貴族たち

農奴解放後の貴族たちはどうだろうか。すでに述べたように貴族たちの大多数は解放そのものに反対であった。あらゆる新しいものに対して本能的に刃向かう「田舎貴族根性」（ロシア人の「ポシェホーニエ」）というべきものがあるが、もとよりそれだけではない。首都に豪華な館を構えて社交的な生活を送る貴族は一握りであり、もともと貴族たちの多くは決して豊かではなかった。サルティコフ・シチェドリンの名作『僻地《へきち》の旧習（ポシェホンスカヤ・スタリナー）』に鮮やかに描かれるように、地方貴族たちの生活はむしろ倹しく、旧慣墨守的で新時代とは逆の方向にあった。ちなみにタイトルにある「ポシェホーニエ」とは実在するヤロスラヴリ県の一地方だが、「僻地」の代名詞として広く知られていた。

解放に際して貴族たちは領地のうちの三分の一を手元に残したうえに、村の農民たちから一時的に莫大な「買い戻し金」を懐にした。したがって彼らは農業経営の合理化によって、「近代的地主」として新しい道を踏み出すという将来が待っているはずであった。ところがそうはならなかった。莫大な「買い戻し金」は、過去の負債のためにかなりの部分が相殺された。つまり貴族たちは領地を抵当にして「貴族貸付銀行」から借金していたのだが、解放にあたって借金を返済しなければならなかったからである。この点について最近の研究では、一八五〇年代に抵当に入っていた領地は二七パーセントほどで、通説の半分以下であるという。

貴族たちのなかで大領地の資本家的経営者に転身できたものはわずかで、中小の土地貴族たちの大多数は雇用か小作の農業労働者を使って、細々と経営を続けた。特徴的なのは、中央黒土地帯とヴォルガ中流域を中心に「雇役制農業」が広がったことである。これは隣接の土地不足農民たちが自分の馬と農具でもって地主の畑を耕すもので、収穫の取り分はおおよそ地主二に対して、農民一という比率であったという。それは過去の農奴制時代と大きな相違はなかった。

モスクワ芸術座の創立　座員が各自のサインをしてチェーホフに贈った写真。「写真展ミーシャたちの素顔」図録、朝日新聞社(1991)より

多くの貴族たちにとって、領地の売却はすぐ浮かぶ選択肢の一つであった。解放から一九〇五年革命の前夜までの四三年間に貴族の土地は四一パーセント減少した。つまり売却、そして質流れ処分によって毎年一パーセントが減っていったことになる。もともとロシアの貴族たちはプロイセン・ドイツのユンカーのような農場経営者ではなく、領地を「単なる収入源」としてしか見ていなかったから、売り払うことにさほど抵抗は少なかった。領地を売り払った彼らとその子弟は大都市に出て、専門職業人として暮らした。貴族の五分の一がそうした道を選択し

たとみなされる。

他方で、貴族たちは軍人や官僚になる「特別の近道」も失った。古くからの貴族特権の砦で、彼らの独占状態にあった将校団は世紀末までに五〇パーセントほどに急落した。官僚についていは三〇パーセントを占めたにすぎなかった。その穴を埋めたのは都市民や聖職者など「雑階級人」の子弟たちであった。貴族の破産は一八七〇年代にはまだ一握りだったが、一八九三年には二二三七件を数えたのである。

ゼムストヴォ医師から作家になったチェーホフが描いた『桜の園』は、そうした没落貴族たちの挽歌であった。ちなみに一八九八年にモスクワ芸術座を設立して、チェーホフの『かもめ』を上演したスタニスラフスキーは富裕な商人の家に生まれたが、曾祖父はヤロスラヴリの農民であった。ロシア社会の変化は農奴解放前から始まっていたが、解放後の五〇年に社会は大きく変貌した。特に多数を占めた中小の貴族たちはその大波に為すすべもなく呑みこまれたのである。

「聖なるロシアの乞食」

農奴解放の翌年モスクワであるユニークな本が出版された。『聖なるルーシにおける乞食』というタイトルで、著者プルィジョフは「誰もが知っているが、誰も注意を払わなかった」都市の「乞食（ニシチイ）」の実態を描くとともに、その起源について独自の解釈を示したのである。それによると、モスクワの乞食は約四万人にのぼるが、彼が特に問題視したのは自発的であれ、不慮の災難によって余儀なくされたのであれ、彼らを「乞食」として受け入れ、社会に定着させたキリスト教の教え、つまり贖罪の思想である。コペイカ銭、つまり小銭を施して満足を得る「小額（コペイカ）喜捨《きしゃ》」の慣行こそ贖罪行為の最も形骸化したもので、偽善であると糾弾したのである。初版の二〇〇〇部はたちまち売り切れ、これを契機に「乞食と偽善」をめぐる大論争が展開された。ではその実態はどうだろうか。

「ルーシでは飢えで死ぬ人間は一人もいない」という諺《ことわざ》があるが、この当時ロシアの乞食は驚くほどの数に達した。プルィジョフを批判した「革命家」トカチョフは、「貧民」と「乞食」を区別して、前者は約三三万人、後者を四万人足らずとしている。他方で一八七七年の内務省の記録では、全国で乞食を「生業」としているものは三〇万人としているが、これは「最小の推定値」であり、実際はさらに多い。乞食は都市と農村を問わず特に帝国の中央部の諸県に多いのだが、モスクワ地方とモスクワの状況は深刻であった。以下では高田和夫の論文から幾つかの例を引いておこう。

貧しい人たちの食堂　戦前のサンクト・ペテルブルクのワシレフスキー島の失業者のための給食所

まず農村部だが、乞食稼業に特化する村や郷があった。モスクワ県では二つの村が有名で、村人は年三回かなりの遠隔の地まで集団で乞食に出かけた。

いわば「出稼ぎ」で、他の県でも晩秋に乞食稼業に出て全国をさまよい、春の農作業までに帰村する移動を繰り返す村は幾つもあった。シュヴァーロフ伯の領地では一八四〇年代に農奴、特に「子連れの女」がかなりの割合で乞食をしていたが、同じ領地の女たちは第一次大戦前夜でもモスクワで出稼ぎのように乞食をしていた。つまり農民にとって「乞食」は伝統的な稼業であったということになる。

都市部については、教会の大きな祝日、先祖供養の日に施《ほどこ》しを求める乞食が一般的だが、そのあり方はさまざまであった。モスクワの木賃宿《きちんやど》が集中していた貧民窟「ヒートロフカ」には、一八八五年の市の調査では八七六八人が住んでおり、最大の宿「クラコフの家」だけで六三室に三〇〇〇人が入っていた。住民は農民外套を着て職を求める「流入農民」か、あるいは労働能力を失って「いつも放浪し飲酒して」いる浮浪者たちであった。前者は土工、暖房工、木挽きなどの雑役労働者として安い賃金で働いていた。つまり安価な労働力市場として一定の役割を果たしていたのである。女性は料理女、小間使いである。彼らの場合も「同郷人団体」が世話にあたったが、浮浪者は別である。彼らの多くも当初は一時的な住まいとしてここを選択して職探しをしていた。だが、うまくいかず、「ここでも滞在が長引くにつれ、周囲の飲酒、放蕩、賭事の世界に身をもちくずし、自らヒートロフカの恒常的住人となった」。まさしくゴーリキーの『どん底』（一九〇二）の舞台である。

モスクワ市はさまざまな救済対策を採りはじめた。また企業活動で成功した商人たちは、すでに述べたように慈善活動に多くのお金を注ぎ込んだ。だがいずれも市内から乞食を一掃することはできなかった。街にはさまざまな理由で、次からつぎと貧民が押し寄せた。一八九一年から翌年にかけてヴォルガ地方でおきた大飢饉では多くの人びとが救援活動のために農村に入った。歴史博物館での講演「古ルーシの善良なる人びと」で、クリュチェフスキーは一七世紀初めの「動乱」の時代に生きたロシア人の例を引いて救済を訴えた。彼は村司祭の出の穏健なリベラルで、日頃から急進的な革命家の行動や声高な調子を嫌い、むしろ「小額喜捨」のような仕事を有益と見ていた。だが次第に勢いを増していったのは革命家たちの過激な訴えであった。

第七章　拡大する「植民地帝国」

帝政ロシアとカフカース

カフカースの歴史地理学

近代ロシアは領土の拡大を続ける植民地帝国で、内政の問題は非ロシア人地域とも深く係わっていた。本章では一九世紀における領土拡大の具体的な経過、そして帝国の「ロシア化政策」で生じた問題をみておこう。もとよりカフカースと中央アジアはロシアの新しい植民地だが、シベリアの植民地化は古く、すでに一九世紀には人口の圧倒的多数はロシア人であった。だが三つの地域については多くの共通点があり、本章で一括して整理しておくことにしよう。

ロシア最南部のカフカース地方は中央部を北西から南東に走る全長一五〇〇キロの大カフカース山脈をはさんで、大きく北カフカースと南カフカース（ザカフカース）に分けられる。山脈は最高峰のエルブリース山（五六四二メートル）を中心に高山と氷河で、自然は荒々しい。東西をカスピ海、黒海に挟まれ、また南はアラス川でもってイラン、そしてトルコと国境を接する。北はもちろんロシア連邦と接している。

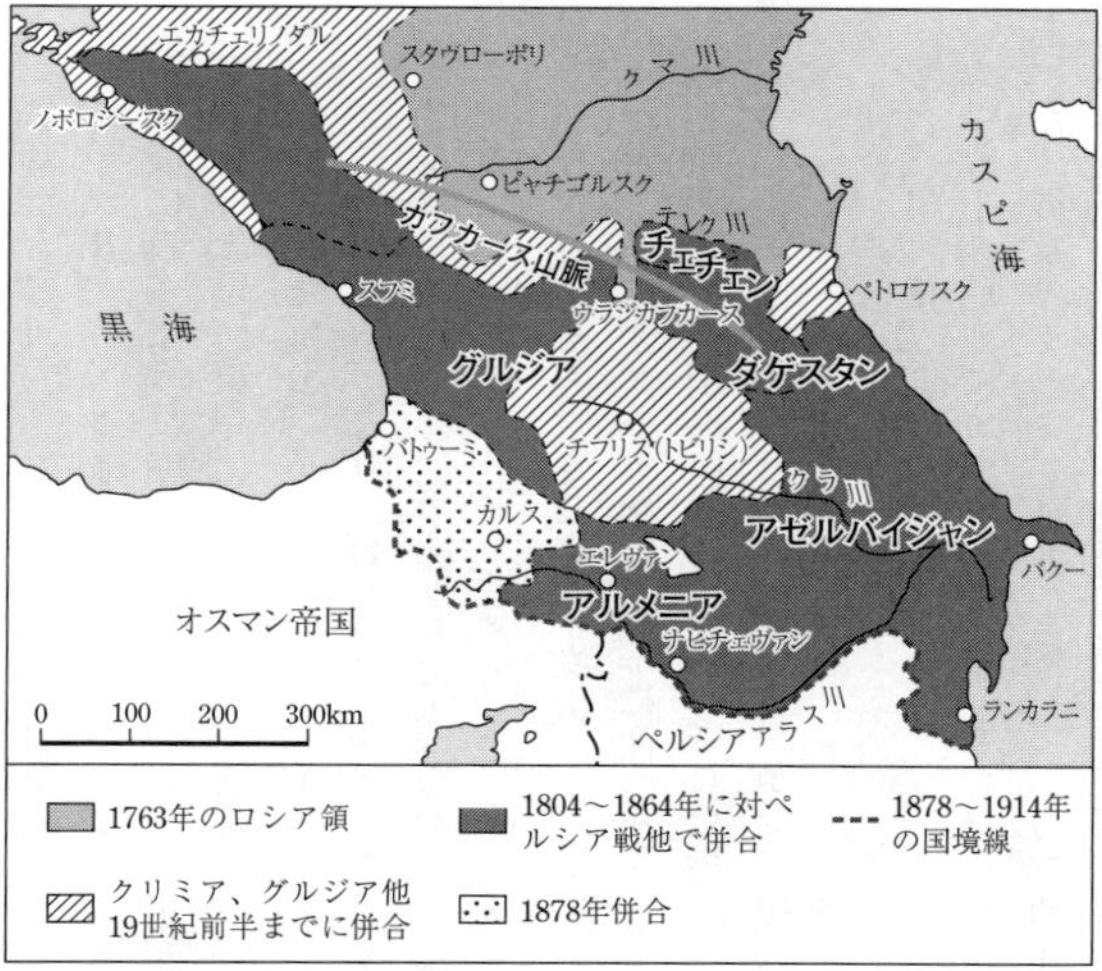

ロシア帝国のカフカース併合

現在の北カフカースには「ロシア連邦」に含まれる七つの「自治共和国」があるだけで、独立の国家はない。最大の面積と人口を誇るのはダゲスタンで、チェチェンが続く。チェチェンが現在なお激しい独立闘争を続けていることはよく知られている。北カフカースの山岳部は寒冷だが、山麓部は温暖な気候だという。平野部は黒土地帯に属していて、農業や牧畜が盛んである。首都をはじめ、大きな町のほとんどは一九世紀前半にロシアが形成した要塞にさかのぼる。

　これに対して南カフカース（ザカフカース）は、現在三つの独立国家から成っている。最大はアゼルバイジャンで、カスピ海西岸に接している。首都はバクーで、一二世紀には王国の首都であったが、一八〇六年にロシアに併合された。アラス川でイラン領アゼルバイジャンと南境を接している。石油は古くから知られていたが、後にみるように産業化されるのは一九世紀後半のことである。

グルジアは黒海東岸に面している。首都チフリス（トビリシ）の歴史は古いが、一八〇一年にロシア領となり、カフカース総督府が置かれた。人びとの信仰はキリスト教のなかのグルジア正教である。これに対してアルメニアは小国である。多様な地域を抱えているとともに、アルメニア人は移住や離散を余儀なくされた歴史を反映して、国外にも多くのコミュニティを持っている。「アルメニア商人」はしばしば「カフカースのユダヤ人」という偏った見方がなされてきた。また第一次大戦のなかで八〇万人ともいわれる「アルメニア人大虐殺」がおきた。オスマン帝国東部に住むアルメニア人が一九一五年、「敵国ロシアに内通している」として強制移住させられ、さらに虐殺されたのである。エレヴァンは古い交易都市であったが、首都となったのは「十月革命」後の一九一八年のことである。

シャミーリとカフカース戦争

カフカース地方にロシアが進出したのは一八世紀後半、特にエカテリーナ二世期のことであった。彼女はクリミア征服に続いて、カフカースに眼を向けたのである。ロシアは一七八三年に東グルジア王国を保護国化するが、さらに一八〇一年には王国を廃止して、東グルジアを帝国に併合した。また一八一一年にはアルメニア王国を併合し、西グルジア地方についても漸次併合を進めていったのである。

古くからの軍事・政治の要衝チフリス（トビリシ）がこうしたロシアの併合政策の拠点であったが、併合直後から反植民地的蜂起が相次いだ。特に北カフカースのダゲスタン、チェチェンの地ではイスラム教徒の山地民族の抵抗が止むことはなかった。一八一六年から始まった特別グルジア軍司令官エルモーロフによる平定作戦に対して、山地民族はいちだんと結束を固めた。

一八二四年にはロシア帝国に対する「ジハード」が説かれた。その一〇年後の一八三四年に、北カフカース地域のイマーム、つまり政治的、宗教的指導者の地位に就いたのがシャミーリであった。シャミーリはダゲスタンの諸民族の一つアヴァール人の農民の出で、一七九七年の生まれとされる。イスラム神秘主義教団のなかで盟友ガーズィー・ムハンマドと知己となり、一緒に「ジハード」に参加した。こうして第三代イマームに選ばれたシャミーリの下で二五年間にわたる徹底抗戦が続けられたのである。

シャミーリ　北カフカースで、ロシアに対する「ジハード」を指導した

ロシア軍は苦戦を余儀なくされた。こうした状況を打開するために、ロシア政府は一八四四年、チフリスにカフカース総督府を置き、初代総督にミハイル・ヴォロンツォフ（一七八二〜

一八五六）を任命した。彼は名門貴族の出で、リベラルな見解の持ち主であった。すでにノヴォロシアとベッサラビアの総督を経験していた皇帝の信頼の厚い人物である。カフカース総督は皇帝直属の、軍政と民政の全権を委ねられた統治者であったが、ヴォロンツォフは一二年間にわたって現地の貴族層の支持と忠誠を取り付け、現地人の積極的な登用によって帝国との統合に貢献したのである。

だがカフカース戦争は続いた。クリミア戦争が始まると、シャミーリはイギリスやオスマン帝国からの援助を受けた。だがクリミア戦争後、北カフカース全域の征服をめざすロシア軍の大攻撃が始まった。一八五七年チェチェンに突入したロシア軍は、北西カフカースの山地民族に対する攻勢を強め、ようやく平定を成し遂げた。一八六一年のことだが、シャミーリはその二年前に降伏して、ロシア国内のカルーガで軟禁状態に置かれた。後にメディナへの巡礼を許され、そこで亡くなった。シャミーリの名前はダゲスタン、チェチェンの山岳諸民族の統合と独立のシンボルとして後世に伝えられたのである。

ロリス＝メリコフの足跡

カフカース戦争はロシアにとってきわめて困難な、長い戦いであった。だが事態はしばしば植民地主義の教科書にみられるように「侵略と抵抗」という図式で描かれるほど単純ではなかった。一八四七年のことである。カフカース総督ヴォロンツォフ付きの特任将校として一人のアルメニア人軍人が配属された。名前はミハイル・タリエロヴィチ・ロリス＝メリコフで、二二歳の若い将校であった。彼はチフリスの商人の家に生まれ、アルメニア・カトリック教会で洗礼を受けたカフカースの人であった。現地の初等学校に通学した後に、一八三六年にモスクワの「ラザレフ東方語学院」に入学した。ロシア帝国での同化と社会的上昇を可能にするために設けられたアルメニア人学校である。語学の才があった彼にふさわしい場であったが、間もなく彼はペテルブルクに上京している。そこで近衛予備士官学校に入り、軍歴を積むことになったのである。こうして先の特任将校として赴任して以来、ロリス＝メリコフは故郷のカフカースで帝国軍人、行政官として二八年余りを過ごした。

　カフカース総督ヴォロンツォフは彼の才能を高く評価し、大きな信頼を寄せた。第三代イマームのシャミーリとの戦いに手を焼いていたロシア軍は、この絶対的指導者に従っていたハジ・ムラートの投降という思いがけない機会を持った。レフ・トルストイの実名の中編『ハジ・ムラート』（一九〇四）として有名だが、そのとき彼の世話にあたったのがロリス＝メリコフである。ハジ・ムラートはロシア軍にはきわめて貴重な情報源となったが、この点でロリス＝メリコフの功績が大であった。ヴォロンツォフ総督は「タタール語を話し、ハジ・ムラートをよく理解し、彼からも完全に信頼されているらしい、立派で、すぐれた、とても知恵

ロリス＝メリコフ　アルメニア出身の軍人で政治家

のある将校」と彼を称えた。ロリス＝メリコフは上官のアルメニア人の姪と結婚したが、彼女の祖父はアルメニア・カトリック教会の大司教であった。カフカースでの数々の功績を経た後に、彼がロシア政府の最高責任者として首都に現れたのは一八八〇年のことである。アレクサンドル二世のもとで抜本的な国家改造案の作成にあたったことはすでに述べた通りである。

バクーの石油産業

ロシアは一八世紀にカスピ海沿岸地方を一時的に占領したことがあったが、本格的に進出したのは一九世紀に入ってからである。イランとの間で激しい争奪戦が繰り広げられ、結果としてアゼルバイジャン地域はロシア領とイラン領の南北に二分された。住民はムスリムで、ロシア領アゼルバイジャンはカフカース総督府の下におかれたのである。

カスピ海に臨むアプシェロン半島に位置する「風の町」バクーではすでに九世紀に石油が採取されていたという。油層中に溶け込んでいた可燃性のガスが漏れだし、つねに燃えていた。「永遠の火柱」と呼ばれ、ゾロアスター教徒の信仰を集めていたという。進出の狙いは石油ではなかったが、結果としてロシアは大変豊かな資源を手に入れることになった。

油田の本格的な採掘は一九世紀後半のことで、それまで油といえば鯨油、つまり海のクジラの油であった。最大の捕鯨国はアメリカで、一八五九年ペンシルベニアで石油の油田が採掘された時から石油の時代が幕を開けたのである。バクーの石油産業は短期間に文字通り飛躍的な発展を遂げ、世界一の地位にのし上がった（第二位はアメリカ）。一九〇〇年にロシアは世界の産油量の五一パーセントを占めたが、その九五パーセントはバクーで産出された。なかでも一八七九年に設立された「ノーベル兄弟石油生産会社」のノーベル兄弟は「バクーの石油王」とまで呼ばれたのである。

政府の招聘によってロシアにやってきて、水雷を発明するなど数々の功績を挙げた初代イマヌエル・ノーベルには四人の息子がいた。実質的に彼の企業を引き継いだのは次男のルードヴィヒであったが、彼の委任を受けた長男ロベルトのカフカース視察旅行が大きな転機となった。ロベルトは立ち寄ったバクーで石油に出会い、石油産業の将来に大きな可能性を見出したのである。一八七三年のことである。

バクーの油井群　世界一にのし上がった　1890年頃

当時バクーには七〇ほどの油井があったが、二人は一八七九年に会社を設立して、本格的な活動にのりだした。ノーベル兄弟は特に技術革新においてめざましい成果を挙げた。パイプラインの敷設、石油タンカーの建造、貯蔵タンクの開発などである。かつて石油は木製の樽に入れられ、バクーからカスピ海を北上してアストラハンに、そこからヴォルガ河を使って各地に運ばれており、コストが嵩んだ。兄弟会社はまず油井から製油所までの輸送のためにパイプラインを敷設するとともに、石油の大量輸送にも新しい技術を開発した。つまり船底に大きなタンクを装備した安定感のあるタンカーを建造したのである。「ゾロアスター号」と名付けられた彼らのタンカーがカスピ海に就航したのは一八七八年のことであり、七年後にはノーベル家のタンカー一七艘がカスピ海を走っていた。

このようにしてノーベル兄弟の会社は石油の採掘から精製、輸送まで一貫したシステムを構築することで、ロシア第一の石油会社に成長した。世紀転換期にノーベル家は一七一の油井を所持していたが、これによってバクー全体の一八パーセント、世界の総採油量の九パーセントを占めたのである。工業化を進めていたロシア政府も当然ノーベル家の事業に協力した。二〇世紀初めのチフリスの労働運動でもさほど大きな打撃を受けることはなく、十月革命前までノーベル家の占める位置は圧倒的であった。

中央アジアのロシア化

ウリヤーノフ家とチュヴァシ人

一八六九年のことである。ヴォルガ中流域の町シンビルスクに新しい「国民学校視学官」としてイリヤ・ニコラエヴィチ・ウリヤーノフという人物が赴任してきた。彼はアストラハンの町人の貧しい家の生まれで、苦学してカザン大学を卒業した後、十数年間数学や物理の教師を務めた。医師の娘との結婚生活ですでに二人の子供をもうけ、妻は三人目の子供を身ごもっていた。三八歳の中年の「視学官」ウリヤーノフは地域の教育活動の改善や読み書きのできない農民のための学校開設にあたったが、とくに地域の少数民族の子供たちの教育に尽力した。彼が協力者とした青年教師イヴァン・ヤーコヴレフはチュヴァシ人で、ウリヤーノフ家のなじみの客であったという。ウリヤーノフは日常的な差別や偏見を排して「異族人」の教育を熱心にすすめた。その理由としては、彼自身がカルムイク人の出であったことにもよるだろう。子供たちはそうした父の背中をみて育ったわけだが、翌年四月、三人目の子供ウラジーミルが誕生した。

ウリヤーノフ家の人びと　前列右端がウラジーミル(レーニン)。兄アレクサンドルは後列中央

すでに指摘したように、ヴォルガはかつて「アジア人の川」であった。つまり周辺地域には多種多様なアジア系の諸民族が住んでいたが、一六世紀の「併合」以来、ここに進出するロシア人とこれらの「異族人」との間のせめぎ合いが続けられてきた。チュルク語系のチュヴァシ人の圧倒的多数はカザン県と一部シンビルスク県に住んでいた。「視学官」ウリヤーノフがすすめていたのは、一言でいうと教育による「異族人」の同化政策であったが、それは当時「イリミンスキー方式」と

呼ばれていた。

ペンザ県の司祭の子に生まれたニコライ・イリミンスキー（一八二二〜九一）はカザン神学大学を経て、母校の教授さらにカザン帝国大学教授を務めた学者だが、特に「異族人」教育に尽力したことで知られている。「民族性の尊重」という観点から、初めの教育は「母語」で行うという方法で、「異族人」の手に母語の初等読本、道徳的冊子を与え、徐々にロシア語教育に移った。つまり民族的特性への圧迫、制限を感ぜずに、結果として「強制されざる諸民族の同化」をもたらそうとするものである。イリミンスキーは「カザン異族人師範学校」の校長としてもヴォルガ、ウラルで伝道活動並びに初等国民学校と非ロシア諸民族のための師範学校の組織化にあたった。ウリヤーノフが依拠したのはこのイリミンスキー方式であった。

チュヴァシ民族学校の生徒たち　1896年

この問題については後日談がある。一九一七年の「十月革命」の翌年春、レーニンはシンビルスクのソヴィエト議長に宛てて「私は、イヴァン・ヤコヴレヴィチ・ヤーコヴレフという、チュヴァシの民族的高揚のために働き、ツァーリズムから一連の迫害を受けた五〇歳の視学官の運命に関心がある。ヤーコヴレフを彼の生涯の事業から引き裂かないようにする必要があると思う」と打電した。一八七〇年四月にウリヤーノフ家に誕生したウラジーミルと

中央アジアの植民地　カスピ海以東の中央アジアは、19世紀にロシアの植民地となり、20世紀にはソヴィエト連邦に組み込まれたが、ソ連崩壊後は、カザフスタン、ウズベキスタン、キルギス、タジキスタン、トルクメニスタンの各国として独立した

は実は「レーニン」であった。彼は「異族人」の教育にあたった父と「チュヴァシ人」ヤーコヴレフに共感を持って見ていたのである。

中央アジアの植民地化

チュヴァシやマリ、バシキールなどの「ヴォルガ・ウラル地方」の諸民族がロシアに併合されたのはすでに一六世紀のことだが、ロシアが本格的に中央アジアに進出するのは一九世紀二〇年代に入ってからである。まずカザフのステップに要塞を築き、国境防衛と通商の拠点となる要塞線を形成していった。「遊牧民の部族連合体」カザフを最終的に併合したのは一八四七年のことであった。こうしてカザフは帝国の一部となったが、世紀後半にはロシアはさらに中央アジア南部の定住地域へと進出した。この地域にはブハラ、ヒヴァ、コーカンドの三ハン国が並立していたが、まずコーカンド・ハン国の攻略に着手した。一八六七年には大商業都市タシケントにトルキスタン総督府が置かれた。

初代のトルキスタン総督はコンスタンティン・カウフマンであった。すでに五〇歳で若くはなかったが、一八四四年からカフカースで勤務した後に、クリミア戦争で頭角をあらわしたという経歴の持ち主であった。彼は翌年から一〇年足らずのうちにブハラ、ヒヴァを保護国化し、コーカンド・ハン国については滅亡に追いやった。一八八一年には遊牧民トルクメンとの戦いに勝利して、中央アジアを支配下におさめたのである。

かくて「西トルキスタン」つまり「ロシア領中央アジア」という「地域」が生まれたわけ

だが、これは圧倒的な武力にものをいわせた征服そのものであった。したがって抵抗も起きた。カザフの「ケルサルの乱」は、一八三七年から「カザフ最後のハン」ケルサル父子二代四〇年にわたるカザフの統一、カザフ・ハンの復興を目指す反ロシアの戦いであったが、そのほかにもロシア統治に対する不満と反感は絶えることはなかった。ロシア国内でもナロードニキなどによる反対があったが、最も象徴的なのはヴェレシチャーギンの「戦争礼賛」（一八七二）という一枚の絵である。

タシケントのロシア砲兵連隊　1867年には、ロシアはタシケントにトルキスタン総督府を置いた

画家ヴァシリー・ヴェレシチャーギン（一八四二〜一九〇四）は、貴族の生まれで海軍兵学校を卒業した後、絵の勉強を始めた。彼は絵の題材を求めて世界を旅行したが、一八六七年から数年間はロシア軍将校として中央アジア遠征に参加した。参加しただけでなく、サマルカンド防衛で発揮された彼の「際立った勇敢さ」によって帝国陸軍から聖ゲオルギー勲章を授与されたのである。

だが間もなく彼は「平和主義者」に転向した。理由はトルキスタン作戦の野蛮さにあった。彼には「トルキスタン」や「バルカン」、あるいはナポレオン戦争などについての連作があるが、中央アジアの最終的な制圧を描いた「戦争礼賛」について自責の念をこめて次のように語った。「歴史を描いた作品であると同時に、告発の絵でもある。つまり私のようなものに向けられるべき公正にして容赦ない告発画である。戦士として私はウズラでも撃つように人びとを撃ち殺したからだ」。そして彼はこの絵の枠に「過去、現在、未来のすべての征服者に捧げる」との銘文を記した。これを見たアレクサンドル二世は、ヴェレシチャーギンを「ゴロツキ」か「狂人」だと評したという。

近代ロシアの「恩恵」

中央アジア征服は、ロシア政府の「大義」によると、中世的なイスラムの因襲にとらわれた支配と生活からの「解放」であった。この点で初代総督カウフマンは象徴的な存在であった。彼の統治は強圧的な反面、寛容な側面も持ち合わせていた。イスラム社会の伝統的な諸制度に対する露骨な干渉はなく、ロシア正教への強制的な改宗もなかった。他方で「新しいロシア臣民」のために初等学校が設立され現地語とともにロシア語学習が奨励された。道路、郵便などの交通・通信網の整備、学術調査団の派遣など「近代ヨーロッパ文明」の「恩恵」がもたらされた。また工場が建てられ、ロシア人労働者もやってきた。とはいえ彼らは現地住民が暮らしていた地区とは別に建設された「新市街」に住んだのである。

一八九一年にはオムスクにステップ総督府が置かれた。中央アジアも否応なしに「近代」の波にさらされた。これに対する反発も絶えなかったが、在地の知識人たちのなかにはカザフ文化がイスラムの強い影響にさらされるのを嫌って、むしろロシア・ヨーロッパ文明によ

ヴァシリー・ヴェレシチャーギン　自身が多くの戦場で戦いながら、中央アジアをはじめとする各地の風俗とともに、植民地帝国ロシアの残虐な戦争を冷徹な視線で描いた。日露戦争で戦死。代表作「トルキスタン・シリーズ」より、左は「ティムールの扉」、213cm×168cm。上は同じく「戦争礼賛」。127cm×197cm。ともにトレチャコフ美術館蔵

ってカザフ社会の改革を志向するものもいた。ロシア式教育を積極的に受け入れ、ロシア帝国のなかでキャリアを築くものもいたのである。

よく知られているように、ユーラシア各地の遊牧民は日常的に「クムズ（あるいはクミス）」という馬乳酒を飲む。酒とはいえアルコール度は低く、各種のビタミンが豊富なことから古くから薬効があると考えられてきた。かつてロシア人は彼らを「クムズを飲む連中（クムィスニキ）」と軽蔑していた。ところが世紀転換期の中央アジアは大都市の豊かなロシア人にとって絶好の行楽地となった。旅行者たちはそこで遊牧民の伝統的な「身体によい」馬乳酒を飲むために「クムズ・ステーション」に立ち寄った。「クムズ療法」も大いに繁盛した。当時のある医療記者によると「年ごとにクムズ・ステーションを訪れる人は増えつづけている。新しい季節のはじめ、人びとはクムズを求めて何処に行こうかと自問するのである」。

フェルガナの綿花栽培

中央アジアへの進出は、ロシアにとって当初は必ずしも計画的ではなかったが、結果的に広大で豊かな植民地をもたらした。カザフ人、キルギス人、あるいはトルクメン人などは家畜の飼養を専らとする遊牧民であったが、自然と水に恵まれたウズベク人とタジク人の住む地域では昔から綿花栽培が行われていた。ロシアでは一八世紀末以来、綿工業が成長をみていたが、世紀半ばの「綿花王国」アメリカの南北戦争によって、ロシアへの原綿供給は激減していた。そのため中央アジアの原綿価格は五、六倍に暴騰した。生産の中心地フェルガナ地方では綿花の栽培面積が急増し、精製綿がモスクワをはじめロシア中央部の綿工場に運ばれたのである。

こうして中央アジアのオアシス地帯はロシアの綿工業に原料を提供する重要な地域となったのだが、この動きに拍車をかけたのが鉄道建設であった。一八八〇年から建設が始まった中央アジア鉄道はカスピ海沿岸を起点とするが、一八八八年にサマルカンド、一八九九年にはタシケントまで延長された。こうして一九〇六年にオレンブルクとタシケントを結ぶ鉄道路線が完成した。中央アジアからの綿花の輸送量は、一八八四年には約八七万プード（一プードは一六・三八キロ）だったが、一九〇〇年に四九六万プード、そして一九一三年には一三六九万プードへと飛躍的に増加した。また一八九九年までに中央アジアの綿花栽培場はモスクワ県で加工される原綿の五〇パーセント、ウラジーミル県で使用される原綿の四七パーセントを供給したのである。

パンと塩での歓迎　皇帝を出迎えるヴォルガ地方の女性たち。「パンと塩」はロシア人の伝統的な歓迎の儀式。「写真展ミーシャたちの素顔」図録より

中央アジアはロシアの原綿の多くを供給した。特にパミール以西の肥沃な大オアシス農耕地帯

で、面積二万平方キロを超える広大なフェルガナ盆地は先進的な綿花栽培地域となった。中央アジアは併合後わずか半世紀でロシアのモノカルチャー植民地と化したのである。

他方で原料の大半を中央アジアに依存していたロシアの綿工業は労働者数、生産額においてロシア最大の工業部門であった。そのトップ企業がモロゾフ家の綿工場であった。「農奴上がり」の創業者サッヴァ・モロゾフの事業を受け継いだ息子チモフェイのニコリスク工場では約九〇〇〇人の労働者が働いていた。

一八八五年一月、モロゾフの工場で八〇〇〇人が参加した大規模なストライキが勃発した。一月七日はロシア正教のクリスマスで休日なのに、社長チモフェイは終日労働を求めたのがきっかけだった。それは「忍耐の杯を溢れさせた最後の一滴」であった。恣意的な解雇、あるいは仕事上の欠陥・遅刻・欠勤・深酒に対する賃金の三〇パーセントまでのカットなどの経営者の暴君ぶりに紡績工や職工たちが反発して、ストに突入したのである。賃金を元の基準まで引き上げること、罰金は五パーセントの最高限度額を設けることなどの労働者の要求は正当なものであった。チモフェイは軍隊の力を借りてストを一週間で押さえ込んだが、モロゾフ家の名声は失墜した。政府もそれまで「発生したなかで最も大規模で深刻なストライキ」を危惧して、翌年ロシア最初の工場法を制定したのである。

ロシアの工場労働者の多くは、かつて村からの出稼ぎ農民であったが、時代とともに村との繋がりを絶った「本来の」労働者も増えていた。彼らの生活については興味深い事実も明らかにされているが、その一つに「集団的拳闘」がある。つまり二つの工場あるいは居住地域の間で一定のルールの下で殴り合いをするもので、負傷者はもとより、ときに死者を出す場合もあったという。この「野蛮な」現象はロシア社会の底にある一面を垣間見せている。

東シベリア・極東の開発

イルクーツクからウラジヴォストークへ

東方進出においても一九世紀のロシアは大きな前進をみた。極東における国境は一六八九年のネルチンスク条約、一七二七年のキャフタ条約で中国清朝との境界が定められて以降、アレクサンドル二世の治世にいたるまで変化はなかった。この間シベリアの人口は着実に増えていった。一七世紀前半にはシベリアに住んでいた約二〇万人のうち、一〇人に九人は先住民であったが、その比重が逆転するのに大して時間はかからなかった。一八世紀末の人口は約一二〇万人で、すでにロシア人の方が多くを占めていた。そして一九〇五年、シベリアの人口は約九四〇万人と八倍近く増加したが、すでに一〇人に九人はロシア人であったのである。

ところで一八世紀のシベリアはまだほとんど未開の大地であった。一八世紀末にイリムスクに流刑された思想家ラジーシチェフは首都の友人に宛てて次のように書いた。シベリアは「その資源において何と豊かな地域なのだろう。そして何とたくましい地域なのだろう。（その開発には）まだ何世紀かが必要です。しかし、ひとたび人が住みつくならば、それはいつの日にか世界の年代記で重要な役割を演ずる運命を担っているのです」。

その頃、バイカル湖南方のキャフタにロシア・中国間の国境貿易所が置かれていた。ロシア側の担い手はイルクーツク商人で、基本的にはロシアの毛皮製品と中国木綿とのバーター取引であった。その後ロシアは専ら茶（チャイ）の輸入に特化していった。茶にも幾つかの種類があるが、一八六〇年頃は、中国からの輸入のほとんどは紅茶であった。サモワールと呼ばれる金属製の湯沸かし器も普及した。ロシアにおける飲茶の習慣はこのようにして定着するわけだが、この国境貿易によって繁栄したイルクーツク商人たちは、アメリカの商人たちとも交易を始める。その一人シェリホフは仲間とともに一七九九年に「ロシア・アメリカ会社」を設立して、アラスカのみならず、カリフォルニアにまで交易圏を拡大していくのである。

シベリアは行政的には一八一九年に二分され、西はトボリスク、東はイルクーツクにそれぞれ総督府が置かれた。これは今述べたようなバイカル湖以東の東シベリア地域に対する政府の関心の高まりを反映していた。一八四七年、ニコライ一世は東シベリア総督にニコライ・ムラヴィヨフを任命した。ムラヴィヨフは当時三八歳であったが、皇帝はあのカフカース戦争でチェチェン人などの山岳民を相手に手腕を発揮していた彼に目を付けたのである。

ムラヴィヨフは皇帝の期待に応えた。東アジアにおけるロシアのプレゼンスを主張するムラヴィヨフによると、弱体化する中国から利益を得るためにはヨーロッパの大国の機先を制しなければならない。そのために彼は自前のコサック軍を編制したほどである。後に贈られた「アムール伯」の称号から「ムラヴィヨフ・アムールスキー」と呼ばれた彼のもとで、海軍大佐ネヴェリスコイによるアムール河口探検、ニコラエフスク（ニコライ帝の町）の建設が実施された。

中国はこうしたロシアの進出を認めなかったが、アヘン戦争、アロー号事件を経て衰退を露《あらわ》にしていたこの国に巻き返す力はなかった。一八五八年五月、ロシアはアムール河とウスリー河（松花江）における航海権を手に入れ、さらに二年後の北京条約でウスリー河東岸地方も獲得した。一八六〇年ここに「東方の支配者」を意味する町ウラジヴォストークが建設された。ウラジヴォストークは北太平洋の拠点として重要な意味を持ったのである。日本とのあいだに樺太千島交換条約を結んだのは、一八七五年五月七日（西暦）のことであった。

夢のシベリア横断鉄道

シベリアに鉄道を建設するという議論は一九世紀半ばの「鉄道ブーム」の時代からあるにはあった。だが人口希薄な広大な地域に数千キロにもおよぶ鉄道を敷こうというのは確かに夢物語に違いない。それが現実味を帯びたのは極東アジアへの西欧列強の進出であった。ロシアもこの動きに対抗して行動を起こすこと、ここでこそロシアは優位に立たなければならないという戦略的な意義が強く唱えられたからである。将来この鉄道が東西貿易の基軸的位置を占めるようになるとみて、建設に積極的な役割をした財務大臣セルゲイ・ヴィッテさえも、当初は「主として軍事的・政治的思惑によって」いたことを認めている。

当時、世界の制海権を握っていたのは大英帝国であった。イギリス海軍はヨーロッパからアジアにいたる海上交通路を手中にすることで、「パクス・ブリタニカ」を維持していた。だが一八七三年の大恐慌以来、さすがの「世界の工場」は翳《かげ》りを見せ始め、後進のドイツとアメリカ合衆国の追い上げを受けていた。それでも世界の海の支配権が揺らいだわけではない。

そうした大英帝国にとって、ユーラシア大陸を横断する鉄道の開通は、見過ごすことができない問題であった。これによってロシアは陸軍を大量に短期日でウラジヴォストーク、さらに東アジアに動員できるが、イギリスの海軍力はその抑止力にはなりえないからである。また中国におけるイギリスの通商的権益や外交的優位をも覆しかねず、ウラジヴォストークから香港にいたる制海権がロシアの手に握られることも意味した。シベリア鉄道の敷設は、ヨーロッパ列強におけるイギリスの主導権を揺るがし、そのインド統治に不安を与え、アジアにおける既存の権益や勢力地図を書き換えるという意味でも国際情勢に大きな衝撃を与えたのである。以上の展望はイギリスにとっての最悪のシナリオであって、ロシアの政治家がそこまで視野に入れていたかどうかは解らない。とはいえこれを座視することはできないのである。

「偉大な冒険事業」

カフカースや中央アジアとは違って、当時のシベリアをロシアの「植民地」と呼ぶことは

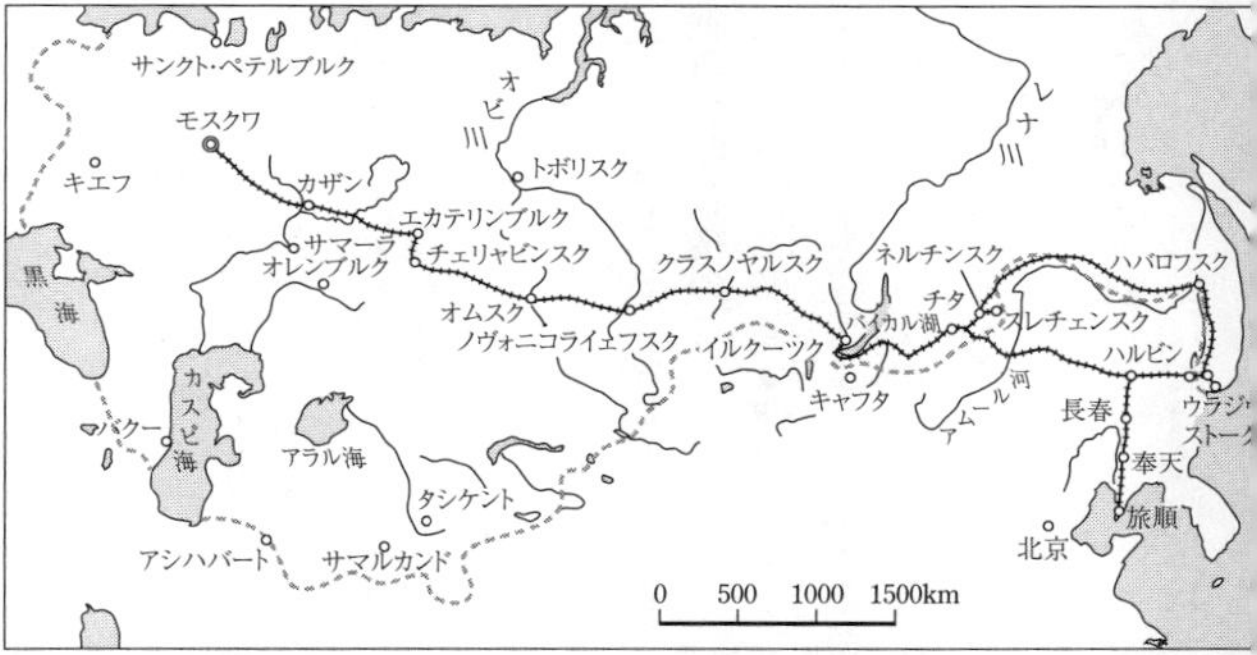

シベリア横断鉄道　1901年、モスクワとウラジヴォストークが結ばれた

できない。一八五〇年のシベリアの人口は男女合計二一七万四〇〇〇人であったが、そのうちロシア人は二〇〇万人を数えた。鉄道建設によって「古きよきシベリア」が失われてしまうとする「地域主義者たち」の危惧や反対の声はあったが、彼らの意見はまったく考慮されることはなかった。一八九一年アレクサンドル三世と大臣会議はシベリア横断鉄道の建設を「できるだけ早く」始める決定を下したのである。

工事は西のチェリャビンスクと東のウラジヴォストークの双方から同時に着工された。その年五月のウラジヴォストークでの起工式では東方旅行から帰国途中の皇太子ニコライが鍬入れをした。冬の酷寒、深い森林、数知れない峡谷・断崖、幾つもの大河と湖、そして湿地や「永久凍土」などの自然の障害はいうまでもないが、建設資材の運搬や労働者の調達などについても大きな困難が予想された。挙げればキリがないほどの多くの問題があった。だがチエリャビンスクからオビ川にいたる西シベリア部分は五年後の一八九六年一〇月に完成され、続くオビ川からイルクーツクまでの部分も一八九九年一月に開通した。東からの建設も順調に進められた。

最大の難所は「ベルギーよりも大きな」バイカル湖をどう通過するかである。その湖岸にレールを敷くためには渓谷に二〇〇の橋を架け、岩山に三二のトンネルを掘らなければならない。それだけで数年かかるとみたヴィッテは、とりあえず「蒸気フェリー」の利用を決定した。イギリスの造船会社によって建造された全長九〇メートル、四二〇〇トンの倉庫のような「バイカル号」によって湖の東西の岸が結ばれた。一九〇一年一〇月、モスクワとウラジヴォストークを一三日で結ぶシベリア横断鉄道が開通したのである。もとより正規の全線通しの運行は数年後のことであり、バイカル湖の南岸を迂回するルートが完成したのは日露戦争の開戦後のことである。

「偉大な冒険事業」は、こうしてほぼ計画通りの期日に達成された。世に少なくない「ロシア嫌い」をも瞠目させる出来事であった。革の椅子と数ヵ国語の本を備えた図書館を持つ車両もあり、懐のゆたかな旅行者には快適な旅を約束したが、シベリアへ向かう貧しいロシア人移民たちは安い有蓋貨車に乗り込んだのである。

シベリア移住

シベリア移住における画期は一八六一年の農奴解放であった。農奴解放は農民に無条件で

「人格の自由」を付与したが、彼らはすぐに「近代的な個人」となったわけではない。離村にしても「村団の許可」を必要としたのだが、にもかかわらず制度的な障害が取り除かれた。かつて南部の豊かな無主の地に向かった逃亡農民がそうであったように、ウラルの向こうで新しい生活を目指す「進取の気性に富んだ農民たち」は跡を絶たなかった。彼らはそのために多少のリスクを厭わなかったが、もとよりすべてが首尾よく進んだわけではない。緊急時に対応するだけの現金の持ち合わせがなく、破綻に追い込まれた移民もいた。画家セルゲイ・イワノフの「移住民の死」（一八八九）は直接シベリア移住を扱ったものではないが、おおよそ一〇人に一人は新しい経営を立ち上げる前にさまざまな理由で死亡した。子供たちの犠牲は親よりも大きかったという。それにもかかわらず、移住は止まなかったのである。

　だがこの動きが数万人という大規模なものになるのは一八八〇年代になってからである。一八八九年だけで三万人近くがウラルを越えた。二年後にはその倍となり、アレクサンドル三世の治世（一八八一～九四）にはシベリアに四〇万人が入植した。その中の五パーセント、二万人ほどはいわゆる「海路移民」であっ

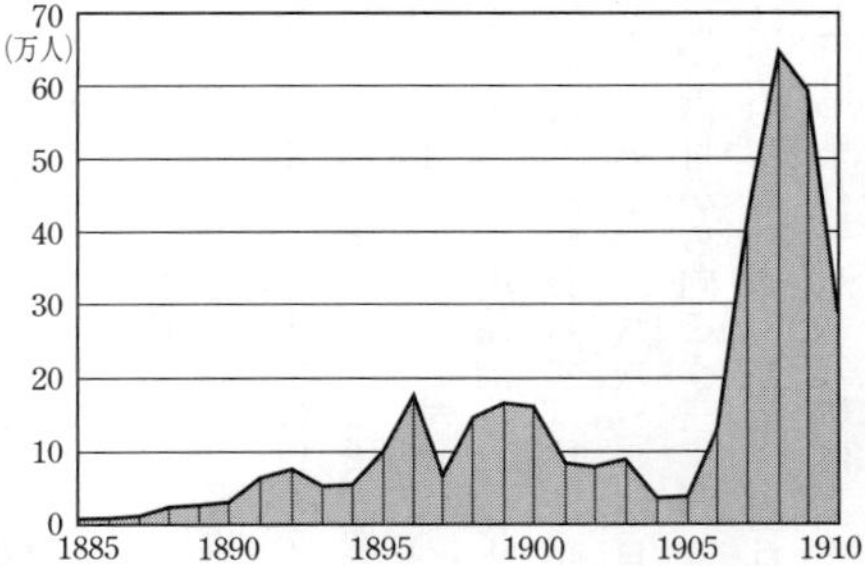

シベリア移住者数の増加　青木恭子「帝政末期ロシアのシベリア移住政策」(2004)より

た。つまり移民たちの大多数はウラルを越える「陸路」ではるばるやってきたが、落ち着き先は西シベリア南部の肥沃な地域が中心であった。東シベリアや沿海州にも肥沃な地域は少なくないが、移住の波はそのような遠くまでにはなかなか達しなかった。そこで政府は「海路」を利用するという、当時のアメリカでは通常のことだが、ロシアにとっては奇抜な計画を立てた。その事情は以下の通りである。

一八六一年三月、つまり農奴解放令が発布されたときアムール州と沿海州についての移民規定が定められた。すべてのロシア人と外国人の入植希望者は一世帯あたり最高一〇〇デシャチナの土地用益権と二〇年間の免税を享受できるという内容であった。だがこうした優遇措置にもかかわらず、移住希望者は決して多くはなく、年を追うごとにそれも先細りしていった。そこで一八八二年一月にはさらに一〇年間の免税を定めた新規定を制定するとともに、六月から向こう三年間、国庫負担で毎年二五〇世帯の「海路移民」を募集した。これには理由があって、前年、南ロシアのオデッサとウラジヴォストーク間に定期航路が開かれた。つまり一八六九年にスエズ運河が開通したことで、オデッサから地中海、紅海、インド洋、南シナ海、東シナ海、日本海を経由する航路が利用可能となったのである。

移住民のなかには、狭く窮屈な船倉でのはるかな船旅で、暑さのために病気に罹るものもいた。だが「わずか」四十数日しかかからず、三月から四月半ばにオデッサを出港すると六月には入植地に着くのである。遠く悪名高いシベリア街道と較べると時間は大幅に短縮され、コストも削減される。こうして一八八三年にはオデッサから農業移民の第一陣一六〇〇人がウラジヴォストークに着き、南部ウスリー地区に入植した。その後一〇年間で約一万六〇〇〇人、一九〇二年までに約五万七〇〇〇人の「海路移民」がここに入植したのである。だが国庫負担による移民の評判は芳しくなく、三年後にはすべて自己負担民に切り替えられた。出港地がオデッサだから、移民のほとんどはウクライナの農民で、特にチェルニゴフ県に集中していた。こうして「海路移民」はシベリア鉄道の完成まで、極東地方の開拓に一定の役割を果たしたのである。

シベリアには一九世紀末に移民の洪水が押し寄せた。移住の手続きが簡素化され、内務省に移住局が置かれた一八九六年には、「陸路移民」は約一八万人に達した。それに伴って都市の成長も著しいものがあった。一八九七年の段階で人口五万人を超える都市はイルクーツクとトムスクだけだったが、すぐにウラジヴォストークとオムスクがそれに加わった。ウラジヴォストークは一八九七年には約二万九〇〇〇人であったが、一九一一年には約八万五〇〇〇人にまで増加した。トムスクにはシベリア最初の大学が設立されたほかに、三〇以上の中等・技術学校があった。「シベリアのパリ」イルクーツクには立派なホテルや劇場も建てられた。かつてヨーロッパ・ロシアの各地からやってきた移民の子供たちは、いまや自分たちを「シベリアっ子」とみなし始めたのである。

「レナの金」と射殺事件

一九世紀初めのある夏の日のことである。あるイルクーツク商人が近くで開かれている小さな定期市へ出かけた。そこでは穀物や小間物と引き換えに先住民の毛皮を手に入れることができたのだが、彼はツングース族の猟師が装身具として身に着けていた金の塊《かたま》りに気づいた。シベリアにおける「金の発見」としてしばしば語られてきたエピソードである。この地方における金の存在は以前から知られていた。先住民たちがそれを外に漏らさなかったのは、よそ者の殺到によってその地域が荒らされることを恐れたからである。だがそうした時代も終わった。一八四〇年頃までにレナ・ヴィチム川流域を中心に金の採掘が始まった。「レナの金」はたちまち知れわたり、間もなく「黄金熱」が東シベリアを吹き抜けたのである。

この地域の金の採掘は、一八五三年、イルクーツク商人バスニンら三人によって設立された「レナ金産業会社」とともに本格化した。頭文字を取って「レンゾト」と呼ばれたこの会社はたちまち巨大化した。一九世紀末にシベリアはロシアの金産出額の約七五パーセントを占めていたが、その二五パーセントは「レンゾト」であった。これに目を付けたのが外国資本で、特に「世界の工場」から「世界の銀行」となっていたイギリスである。同じ頃南アフリカで金鉱が発見されたが（一八八六年）、二〇世紀初めにイギリスは世界に八六七の金鉱山を持ち、世界の金産額の半分以上を占めていた。一九〇八年、「レンゾト」の事業はイギリス資本の「レナ・ゴールドフィールズ株式会社」に併合された。時期からみて中央アジアで展開されていたロシアとイギリスの敵対的な「グレート・ゲーム」が前年の「英露協商」によって終わったことが有利に働いたのだろう。この会社には皇帝ニコライの母マリア・フヨードロヴナや元財務大臣ヴィシネグラツキーも投資したのである。

一九一二年四月、この会社で大事件が起きた。すでに六〇〇〇人を数えた金鉱山で働く労働者の半数が八時間労働、三〇パーセントの賃上げ、罰金制の廃止、食料品の品質向上、そして住宅事情の改善を求めてストに突入したのである。確かに会社の賃金はヨーロッパ・ロシアの工場労働者よりは高かった。けれども労働は夏一四時間、冬一一時間という長時間におよんだ。給与の多くは現物か、あるいは会社の「仮証券」であった。衣食住もお粗末で、冬の寒さをしのぐこともできない。労使間の調停が試みられたが、うまくいかなかった。軍隊の出動が求められ、デモに対して発砲した。正確なところは不明だが、八三人から最大二七〇人の死者と二五〇人の負傷者を出したのである。「レナの射殺」事件はすぐにヨーロッパ・ロシアにまで伝わった。各地で抗議のデモが組織され、参加者は三〇万人に達した。政府は調査委員会を組織してレナに派遣したが、革命家レーニンは事件を「新しい革命的高揚」と高く評価したのである。

第八章　戦争、革命、そして帝政の最期

ニコライ二世とその家族

皇太子ニコライと大津事件

ロマノフ王朝最後の皇帝となるニコライ二世は一八六八年、アレクサンドル三世の長男として生まれた。その後五人の弟妹ができたが、父帝の後継者として早くから帝王学を学ぶことになった。家庭教師は父帝の代からの宗務院長官ポベドノスツェフで、専制権力の絶対的な保持を説く超保守派であった。さらに皇太子には財政問題も教授された。担当となった元の財務大臣ブンゲはロシアでも急速に発展しはじめた企業や銀行などの資本主義経済に精通した人物で、政治的にもポベドノスツェフとは正反対の自由主義者であった。根が古風なニコライの耳に宗務院長官の言葉は了解できたが、ブンゲの経済学講義をどれだけ理解できたかは疑問である。

皇太子ニコライは一八九〇年一〇月から約一〇ヵ月間、鉄道と汽船を乗り継いで東方旅行にでかけた。まずウィーンに入り、さらにギリシア、エジプト、インド、そして九一年（明治二四）四月には日本にやってきた。長崎に着き、そして鹿児島や京都などの古都の春を堪

能して滋賀県大津市を訪れたニコライを五月一一日（西暦）、一人の巡査が刀で襲った。いわゆる「大津事件」である。

ロシア皇太子の来日を日本侵略調査のためと信じた巡査津田三蔵《つださんぞう》が人力車のなかのニコライに切りつけ、負傷させたのである。頭部を八針縫う傷であった。事件が日露関係の危機に発展することを恐れた明治天皇はみずから京都に赴き、入院中のニコライを見舞った。異例のことであった。外相と内相は引責辞任に追い込まれたが、犯人の津田は、大方の予想に反して無期徒刑となった。彼を大逆罪として死刑にしようとした元老、内閣の政治的干渉に対して、大審院長の児島惟謙《こじまいけん》が刑法にのっとり「普通謀殺未遂」の刑を適用したためである。司法権の独立を守った判決として著名なものだが、津田は同年九月に北海道釧路の集治監で病死した。

来日時の皇太子ニコライ　人力車に乗るニコライ２世と俥夫。大津事件直前の貴重な一枚。上野彦馬撮影

明治天皇の見舞いにもかかわらず、日本に対するニコライの感情は釈然としないものがあった。日本での予定を打ち切ったニコライはウラジヴォストークでのシベリア横断鉄道の起工式に出席した。そして首都への帰路、彼は三ヵ月にわたってシベリア各地を訪問した。はじめてバイカル湖を見学し、トムスクではシベリア最初の大学にも立ち寄った。旅の終わりにトボリスクの町にも立

ち寄っている。後に「神の人」と呼ぶようになる宗教家が生まれたのはこの町の近くで、生涯最後の年に再び立ち寄ることになる「因縁の町」である。

それ以来ニコライはシベリアに深い関心を持ち続けた。一八九四年にはシベリア鉄道委員会の議長にも任命されたが、その矢先、父帝アレクサンドル三世が倒れた。一〇月二一日皇帝の崩御と皇太子ニコライの即位が公にされた。そのとき新帝は二六歳であった。

ホドインカ原の大惨事

新帝ニコライは父の葬儀を済ませた後に、ドイツのヘッセン大公の娘アリックスと挙式した。彼女の母親は大英帝国の女王ヴィクトリアの末娘で、アリックスの姉はニコライの叔父セルゲイ大公に嫁いでいた。したがって結婚は歓迎された。アリックスは正教会に改宗してアレクサンドラを名乗った。二人はその後の重要な儀式をこなし、新しい皇帝の治世は順調に滑り出したかにみえた。だが一八九六年五月、思いがけない悲劇が起きた。

モスクワのウスペンスキー聖堂で挙行された戴冠式の四日後のことである。式典の祝賀行事の一環としてモスクワ郊外のホドインカ原で、記念品と食べ物が振る舞われることになっていた。この場所はモスクワっ子には馴染みで、アレクサンドル二世のときも、三世のときもその目的で利用されていた。だが会場は地面がデコボコで足場はよくなかった。記念品の配布が始まると、大勢の人びとが殺到して、会場はパニックの様相を呈したのである。ドミノ倒しで転んだ人びとは踏み潰され、あるいは溝に落ち、かくて祝賀会場は一転して大惨事の修羅場と化した。死者は一三八九人にものぼったのである。

新帝ニコライにとって不幸な船出となったが、これに拍車をかけたのがその悲劇の晩に開催されたフランス大使館主催の舞踏会であった。ロシアは一八八〇年代末からフランスとの経済的、軍事的な協力関係を強めており、シベリア鉄道建設でもフランスの資金が頼りであった。フランスは普仏戦争の敗戦以来、ビスマルクの「封じ込め作戦」による国際的な孤立からようやく脱して、ロシアに接近していた。一八九四年一月には「露仏同盟」が締結されており、ロシアにとっては大事な国であった。とはいえ大惨事の直後である。中止という選択がなかったわけではないが、ニコライの親族たちの多くは予定通りの開催を強く主張した。

だがこの判断は裏目にでた。ニコライと彼の政府に対するモスクワの民衆の評判は地に墜ちた。モスクワの民衆にとって、皇帝は「インペラートル」というよりも、古来の「ツァーリ」であった。つまりペテルブルクよりもはるかに親しみをもって迎えられていたのだが、「よきツァーリ」という素朴な感情も一瞬にして吹き飛んだ。舞踏会でニコライは終始「気分が悪そうで、陰鬱な面持ち」であったという。ホドインカ原の大惨事は彼の治世に影を落としたのである。

皇帝の家族と「死の病」

ニコライの妻、つまり皇后アレクサンドラは真面目で聡明な女性であった。だが彼女は内気で、洗練されたペテルブルクの社交界には向いていなかった。アレクサンドル三世妃、つまり義母のマリア・フョードロヴナが天性の才気と温厚さで社交界の人気者であったのに対して、彼女はダンスも下手だった。長い皇太子妃の時代を経たマリアと違って、何の準備もないまま、いきなり皇后となった彼女にはすべてが重荷であった。彼女は社交界からきっぱりと身をひき、生活の大半をペテルブルクから一六キロ離れたツァールスコエ・セローで過ごしたのである。

ニコライ夫妻の間には結婚の翌年から一年おきに子供が誕生していた。オリガ、タチアナ、マリア、そしてアナスタシアという四人の女児である。つまり結婚後一〇年間彼らは男子の後継者に恵まれなかったのである。一九〇三年夏、ペテルブルク建都二〇〇年の記念行事を終えた二人は、皇太子を授かりたいという切実な願いをいだいて、モスクワの南東三〇〇キロのタムボフ県の森のなかにあるサーロフ修道院まで巡礼にでかけた。翌年七月、アレクサンドラは待望の男児を出産した。名前はアレクセイで、ロマノフ家二代目の名から取られた。ニコライ帝がピョートル大帝の「革命」以前の「古ルーシ」を理想としていたためである。

アレクセイの誕生で、後継者問題はひとまず解決したかに見えた。誰もがそう思ったのだが、間もなく皇帝夫妻に重大な事実が知らされた。アレクセイは血友病であった。血液は凝固せず、患者は苦しむだけ苦しんで、早死にする運命にあるとされていた恐ろしい病である。今では周知のことだが、この病気は一般に女性を通じて遺伝し、男子だけが発病する。

アレクサンドラは母と祖母から血友病を受け継いでいたのである。当時「死の病」と恐れられたこの病気にたった一人の息子が冒されていると知ったとき、ニコライ夫妻の驚きと失意はいかばかりであったろう。皇太子の病気は、いうまでもなく極秘とされたのである。

ヴィッテの経済政策

ニコライ二世は、一八九五年一月の最初の政治声明で次のように述べた。「最近ゼムストヴォ会議で、代表者の国政参加という馬鹿げた夢が取り沙汰されていると聞いた。この際、皆にはっきり告げておきたい。私は国民のために善政を尽くすつもりだ。しかし亡き父上同様、断固として専制君主制の原則を貫く決意である」。この声明の背後にポベドノスツェフがいることは明らかだが、しかしさすがの宗務院長官も老いて力を失いつつあった。またニコライも専制護持以外の具体的なプログラムを持ち合わせていなかった。

一八九〇年代のロシア政界の最大の実力者はセルゲイ・ヴィッテであった。ヴィッテは自分の祖先について、「スウェーデン人がまだ支配者であったときのバルト諸県に定住したオランダ人家族から出た」とだけ述べている。バルト・ドイツ人は、すでに述べたようにピョートル大帝の時代からロシアに優れた人材を提供してきた。間接的だが彼もその一人であった。ヴィッテの父親はドルパート大学、さらにドイツの大学で学んだ後にロシア政府の勤務に就いた。その時の上司のサラトフ県知事の娘との結婚で生まれたのがセルゲイであった。後に政敵によって「ドイツ人」と指弾されたのも、彼のそうした出生に対する誤解によるも

セルゲイ・ヴィッテ　帝政末期の政治家で、日露戦争講和の全権大使

のである。

セルゲイ・ヴィッテは高級官僚の出世コースではなく、オデッサ大学の物理・数学科専攻というユニークな学歴を持つ。卒業後は民間鉄道企業に入り、経営者として頭角を現した彼は若くして財務省鉄道事業局長に就任した。強引だが有能だといわれた彼を財務大臣に抜擢したのがほかならぬ父帝であった。ヴィッテ四三歳のときである。彼は皇帝に対して、一〇年間でロシアをヨーロッパの経済大国の仲間入りさせると約束した。問題はその手法である。

ヴィッテによると、イギリスでは「すべてが個人の発意と企業心に委ねられており、国家は個人の活動を規制するだけである」。けれどもロシアではそれに頼るわけにはいかない。「ロシアでは官僚は個人の活動を方向づけるほかに、社会的経済的活動の多くの分野で、直接に参加しなければならない」。このようにヴィッテは経済生活への国家干渉という手法を主張した。このような手法はピョートル大帝以来の伝統的なものだが、それは逆に企業家の私的なイニシアティヴ、あるいはインセンティヴを拘束する危険をはらんでいた。

当時のロシアの企業家たちは、外国人に劣らないエネルギーでもって事業を展開していたが、根本にはこうした問題があった。ヴィッテはそれを知りながらも、あえて「上から」それを推進した。同じく後進国ドイツの経済学者フリードリヒ・リストの理論を踏まえたヴィッテの経済政策の結果、ロシアの工業化は一段と促進された。鉄鋼業、石炭業、石油業などの重工業の発展にともなって、軽工業も急速に発展した。世紀の大事業であるシベリア横断鉄道はそのシンボルで、これによって帝政ロシアの威信を保ったのである。

だが問題は農業であった。急速な工業化は農業の不況と農民の零落をもたらした。大都市には非熟練労働者、浮浪者、そして乞食が溢れた。そして二〇世紀に入ると、再び革命運動が活発になった。ヴィッテの威圧的な人柄を嫌っていたニコライは、一九〇三年彼を解任したのである。

ロシア・マルクス主義者の登場

一八八一年二月のことである。早くからナロードニキ運動とかかわり、逮捕も体験していた女性革命家、ヴェーラ・ザスーリチはロンドンで亡命生活を送るドイツの社会主義者、というよりもマルクス主義の創始者カール・マルクスに宛てて次のような手紙を書いた。「貴方の『資本論』はロシアにおいて大そう人気があり、ロシアの農業問題や村落共同体についての議論でもある役割を果たしています」「最近では私たちは、村落共同体は古代の形態であって、歴史がその没落を決定している、ということがしばしば言われるのを耳にします。そういう予言をしている人たちは、貴下の弟子『マルクス主義者』と自称しています」。この点に関して貴方の意見を直接うかがいたい、というのが手紙の趣旨であった。手紙からは当時のロシアにすでに「自称マルクス主義者」が現れていたことがわかる。「ロシア最初のマルクス主義者」として「公認」されているのは一八五六年生まれのゲオルギー・プレハーノフである。彼はもともとナロードニキとして出発したが、一八八三年に「労働解放団」を創設して、マルクス主義に転向した。二年後に発表した『われわれの意見の相違』ではじめてロシア資本主義化論を展開した。プレハーノフはロシア資本主義没落論を展開していたナロードニキを批判して、ロシアの現在と将来が資本主義のものであること、したがってロシアの革命運動の主体はプロレタリアートであると主張したのである。ただ彼は専制ロシアに対する当面の課題は「ブルジョア革命」であって、「プロレタリア革命」はその先であること、つまり「非連続二段階革命論」を唱えた。時期尚早のプロレタリア革命は「東洋的専制主義」への逆転を生むという示唆的な考えを示したのである。

プレハーノフのマルクス主義を受け入れ、そして批判したのが一四歳年下のウラジーミル・ウリヤーノフ、つまりレーニンであった。レーニンはカザン大学中退後、一八九三年にペテルブルクに出て、首都のマルクス主義サークルに入った。翌年に書いた『人民の友とはなにか』で頭角を現したものの、逮捕・流刑された。流刑地シベリアでクループスカヤと結婚するとともに、大著『ロシアにおける資本主義の発展』をまとめた。一八九九年のことである。この本でレーニンは資本主義の発展を具体的に分析した。現実は明らかにレーニンらマルクス主義者の側に軍配をあげていたが、解放後も強固に残存している共同体には一切触れなかった。

ロシア社会民主労働党はマルクス主義サークルの活動のなかから、一八九八年にミンスクで創立大会を開いた。その後プレハーノフらは若手のレーニン、マルトフとともに新聞『イスクラ』に拠って本格的な革命政党の形成をめざしたが、一九〇三年の第二回党大会、というよりも事実上の結党大会で分裂した。つまり西ヨーロッパ型の大衆政党を志向するマルトフに対して、レーニンは少数の前衛的革命党を主張したのである。前者を支持したのが「メンシェヴィキ」、後者を支持したのが「ボリシェヴィキ」である。プレハーノフは「メンシェヴィキ」を支持した。レーニンらは機関紙『フペリョード』を創刊して、独自の行動をとることになったのである。

ロシアのマルクス主義者たち　1897年。中央はシベリア追放直前のレーニンで当時27歳

同じ頃「社会革命党」つまりエスエルが結成され、ネオ・ナロードニキのサークルも活発な活動を繰り広げた。そしてそれらの組織に多くのユダヤ人の若者が加わるが、これには理由がある。一九〇三年七月にキシニョフでポグロム、つまりユダヤ人に対する攻撃が再発した。二日間で一五〇〇軒が破壊され、四九人が殺害された。そのほかに四〇〇人以上が負傷したが、ここでも警察は動こうとはしなかった。ポグロムは専制に対するユダヤ人の若者たちの憎悪を強めた。彼らは急速にロシアの革命運動と結びつき、その指導部を

占めた。特に社会民主労働党には後にレーニンらと「十月革命」を成功に導くトロツキー(本名ブロンシュテイン)を筆頭に、デイチ、アクセリロード、マルトフ、ジノヴィエフ、カーメネフなどの多くのユダヤ人が加わったのである。

日露戦争と一九〇五年革命

日本との開戦

一九〇二年三月、南ロシアのハリコフ、ポルタヴァの両県で農民一揆がおき、約八〇の地主館が襲撃された。こうした激しい一揆は農奴解放以来初めてのことであった。翌年四月にはすでにみたキシニョフのユダヤ人ポグロムが勃発した。さらに同年夏にはグルジアのバクーで大政治ストがおき、南ロシアの諸都市に広がった。リベラル陣営も「解放同盟」を結成して反政府的傾向を強めた。

一九〇二年四月に内相に就いたプレーヴェは、「反動的」として知られていた内務官僚であった。治安を回復するために残された唯一の手段が極東での戦争であった。「革命を抑えるためには、我々には小さな戦勝が必要だ」というわけである。日露戦争のロシア側の原因として従来しばしば引かれたこの発言は当時の雰囲気を伝えているとはいえ、かなり乱暴である。事態はさほど単純ではなかった。

一九〇〇年、ヨーロッパ列強の侵略にさらされていた清朝の中国で、義和団の乱が勃発した。「扶清滅洋《ふしんめつよう》」をスローガンに掲げたこの反乱は北京の列国公使館を包囲して、日独の外交官を殺害したが、列強の八ヵ国連合軍の力でねじ伏せられた。一九〇一年九月の北京議定書は清朝に途方もない賠償金の支払いを求めたが、列強のなかで最大の派兵をしたのが日本であった。

ロシアもクロパトキン陸軍大臣の主張で、反乱鎮圧後も満州から軍を引き上げず、事実上ここを占領した。それより二年前にロシアは旅順と大連を含む関東州の租借権と南部支線(東清鉄道)の鉄道敷設権を手にいれており、鉄道と都市の建設のために満州に六万人以上の人を送り出していた。旅順(ポート・アルトゥール)にはきわめて強固な要塞が建設され、太平洋艦隊の一部が配備された。日本は朝鮮半島への野望からロシアのこうした行動を強く警戒し、一九〇二年に日英同盟が結ばれた。兵員の大量輸送を可能にするシベリア鉄道の完全開通

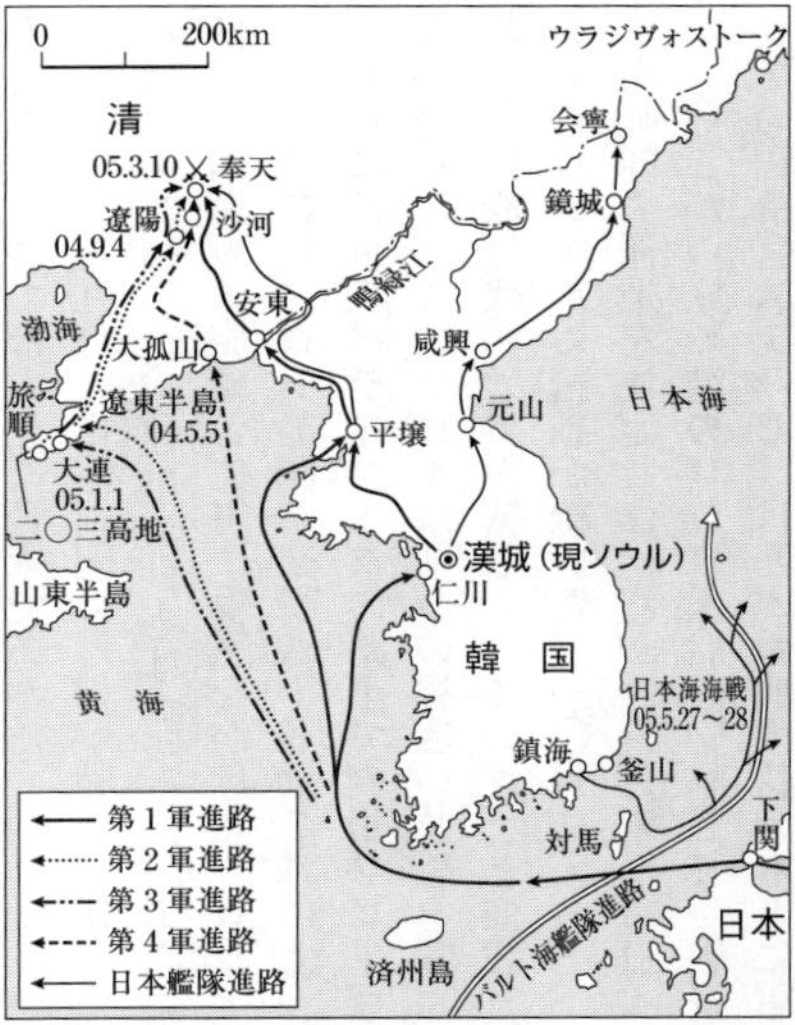

日露戦争での日本軍の動き(略図) 第3軍を率いたのが乃木希典大将である

も日本にとっては大きな脅威であった。

一九〇三年九月、日露両国の外相が満州と朝鮮の権益をめぐって話し合いに入ったが、決着はつかなかった。翌年、日本はロシアに国交断絶を通告して、開戦となった。一月二六日、日本海軍は旅順と仁川に攻撃をかけた。ロシアの太平洋艦隊がもつ艦船の半分を海に沈めたのである。ロシア側の楽勝ムードはこれによって吹き飛んだ。

七月には首都ペテルブルクの路上で内相プレーヴェがエスエルのユダヤ人アゼフによる銃弾に斃れた。このテロルは社会の幅広い共感を呼ぶ始末で、プレハーノフは「日本は圧迫された諸民族に代わって復讐しているのだ」と演説した。夏から秋にかけての満州の陸上の戦いでもロシア軍の苦戦が続いた。一〇月に入ると、ロシアは太平洋艦隊の支援のためにバルト海艦隊の派遣を決定した。だが一一月末から日本は激しい戦闘のすえ二〇三高地を占拠した。そこから旅順港のロシア艦船を砲撃して、戦況を決定づけた。一九〇五年一月一日、ロシアの司令官ステッセリは乃木希典《のぎまれすけ》大将のもとに軍使を送って降伏を申し出た。ステッセリのこの行動の知らせはロシア政府に動揺をひきおこすが、その首都ペテルブルクで大事件が起きた。

「血の日曜日」事件

一月九日（西暦一月二二日）の日曜日の朝のことである。一〇万人もの労働者が妻子を連れて、教会の旗とイコン、そしてツァーリの肖像画を掲げて冬宮への行進をはじめた。生活苦に喘《あえ》いでいた彼らはツァーリに「正義と庇護」を求める示威行進に訴えたのである。デモを率いたのはガポンという教会司祭で、手には工場労働者など大勢の署名のあるツァーリへの嘆願書が握られていた。彼は憲法制定会議の招集など「近代的な」権利の獲得を目指し、死を賭した強い決意をもってデモの先頭に立っていた。冬宮のニコライはその場を叔父のウラジーミル大公に任せて、家族とともに離宮に出かけた。入れ替わりに三万人の兵士が首都に入った。強硬派のウラジーミル大公は冬宮前に集まった大勢の民衆に発砲を命じた。子供を含む一〇〇〇人以上（公式発表では死者一〇〇人ほど）が死傷し、広場の雪は血に染まった。

「血の日曜日」事件　1925年に撮影された映画『一月九日』の一場面

「血の日曜日」事件は、ニコライ帝にとって九年前のモスクワのホドインカ原のそれよりもはるかに大きな痛手となった。「よきツァーリ」という民衆の素朴な観念は決定的な打撃を受けたのである。デモの指導者ガポンは全面的な蜂起を呼びかけた。ペテルブルクの秩序は間もなく回復されたが、抗議のストの波は全国に広がった。二月初めには「反動の象徴」であったモスクワ総督セルゲイ大公の爆死事件がおきた。彼は暗殺されたアレクサンドル二世の息子だから、親子でテロルの犠牲になったことになる。ペテルブルク総督トレポフは労働者の要求を聞くための会議を設置したが、事件を契機にして社会は大きく左傾化した。農村でも春から初夏にかけて不穏な動きがみられ、中央農業地帯の農民たちは村の取り決めに従って借地料の引き下げ、賃金報酬の引き上げを求めた。モスクワで全ロシア農民同盟が設立され、憲法制定会議の招集と「土地私有の廃止」の要求を掲げた。

「日本海海戦」の敗北

極東における戦況は引き続き芳しくなかった。日本軍の乃木希典指揮の第三軍によって一月に旅順が占領され、二月末にロシア軍は奉天《ほうてん》（現在の瀋陽）で敗北して大きな犠牲をだした。太平洋艦隊の支援のために急遽差し向けられたバルト海艦隊を指揮していたのはロジェストヴェンスキー司令官であった。艦隊はウラジヴォストークに向かって、五月上旬に朝鮮海峡に入った。ロシア艦隊が津軽海峡コースをとるのか、それとも朝鮮海峡コースをとるのか日本側には最後まで明らかではなかった。そのために連合艦隊を二分することはできず、日本は朝鮮海峡にしぼって迎撃態勢に入った。結果的にこの作戦が奏効した。五月一四、一五日（西暦五月二七、二八日）の一日半の海戦で、バルト海艦隊は戦艦六隻など一九隻が海中に沈められた。死者は約五〇〇〇名、捕虜は約六〇〇〇名にのぼった。これは単なる一つの敗北ではなく、文字通りカタストローフにほかならなかった。六月には黒海の戦艦ポチョムキンの水兵たちが反乱をおこし、一一日間船に赤旗を掲げた。ニコライ政府にとって事態は危機的なものとなった。もはや制海権を握ることも、戦勝によって講和に持ち込むこともできない。日本はロシア側の申し出を待つことなく、アメリカの大統領に対して日露交渉の斡旋を依頼した。こうしてポーツマスでの交渉が始まった。ロシアの全権大使はあのセルゲイ・ヴィッテであった。ニコライ帝はヴィッテを嫌っていたが、ヴィッテ以上に有能な政治家が見当たらなかったのである。日本の全権大使は小《こ》村《むら》寿《じゅ》太《た》郎《ろう》であった。ヴィッテは領土の割譲も賠償金の支払いも認めないニコライ帝の見解では交渉が立ち行かないことを知っていた。彼の巧みな外交手腕によって、八月末、ロシアはサハリン南部の割譲という比較的軽い損失で戦争処理ができたのである。

日露戦争後、七万人以上のロシア人捕虜が松山をはじめ全国二九ヵ所に収容されたことはよく知られている。他方で日本人捕虜は約二〇〇〇人で、ノヴゴロド県のイリメニ湖北端のメドヴェージ（熊）村に収容された。かつてアレクサンドル一世の時代に計画された「屯田村」のひとつである。この計画自体は失敗したが、メドヴェージ村の営舎は生きのこり、整備されていたのである。短期間にせよ、これだけの日本人がロシアに暮らしたのははじめてのことであった。

「十月詔書」と初の国会

ロシアの政治と社会の動揺は、終戦にもかかわらず収束されなかった。農村での地主館の焼き討ちは広がり、鉄道員や労働者のストライキが起きた。一〇月に入ると「憲法」を求める集会とデモがいたるところで行われた。モスクワから始まった動きは全国的な政治ゼネストに発展し、「ツァーリは退け」のスローガンが大声で叫ばれるようになった。専制君主制の打倒の声がはじめて聞かれたのである。

ここにいたってヴィッテとニコライ大公、そして皇太后マリアも皇帝に譲歩を促した。ロシア史上初めての言論、結社、信教の「自由」を宣言するとともに、国会の開設を約束する「十月詔書」が発布された。一〇月一七日のことである。ヴィッテは大臣の任命および政策決定の権限をもつという条件で、初代首相に就任することに同意した。

だが左派はこれに満足しなかった。「専制の打倒」が彼らの目的であり、その日まで闘いを続けるのは当然とされた。急進的なリベラルによって結成されたカデット、つまり立憲民主党なども皇帝から政府への権力の委譲を主張したが、穏健派のオクチャブリストは十月詔書に満足した。皇帝権力を支持する右派の「黒百人組」による暴力が荒れ狂う一方で、左派の行動も活発化した。モスクワでは年末にプレスニャ地区を中心に武装蜂起がおきた。

一九〇六年の二月から三月にかけて、国会開設のための選挙が実施された。このときレーニンのボリシェヴィキはボイコット戦術を採り、エスエルは選挙を無視した。結果はカデットの圧勝で、四四八議席のなかの一五三議席、つまり三分の一を占めた。こうしてロシア最初の国会は四月末に召集されたが、対立の構図は容易に解消されず、二ヵ月で解散された。それ以来「十月革命」までの一二年間に国会は四回召集されたが、ニコライ帝は国会に終始敵対的であった。国会の開設は「専制の葬式」にほかならない。「わが国には封建制はなかった。いつも統一と信頼があった」というわけである。

国会の力を削ぐために国家評議会が改組されて、上院つまり「第二の議会」となった。評議員の任期は九年で定員は九八名とされた。勅任議員と各界からの選出議員からなり、後者の多くは「貴族身分の大地主」であった。たとえ国会多数派によって採択された法案であっても、政府に不利とみなされれば、ここで潰されることになるのである。

四月二三日には国家基本法、つまり憲法が発布された。これは一八三二年版の改定で、「ロシア皇帝は無制限な専制君主である」という旧規定から「無制限な」の文言を削除して、外見的には立憲制を装った。けれどもそこには「いかなる新しい法律も国家評議会と国会の是認なくして生まれず、皇帝陛下の承認なくして発効しえない」という条文が盛り込まれたのである。

この間の経過を注意深く追っていたドイツの社会学者マックス・ウェーバーはこれを的確に「外見的立憲制」と呼んだ。彼の分析によると、ロシア政府は「一方で公式に自由を与えておきながら、その自由を行使しようとする瞬間に、他方の手でこれをまた取り上げてしまう不誠実な態度」に終始した。さまざまな制限を付して事実上「自由」を封じたのである。ヴィッテは憲法制定前夜に首相を辞任して、保守的な内務官僚ゴレムイキンがその地位に就いた。だが彼も短命で、国会解散後の七月に内相ピョートル・ストルイピンが新首相に任命された。

ストルイピンの改革と挫折

ストルイピンは名門貴族の出で、ペテルブルク大学を出て官界に入った。一九〇三年にはサラトフ県知事となって当地の秩序の回復に努め、また農業の抜本的な改革についてペテルブルクに報告書を送った。革命後の一九〇六年四月にその政治的手腕を買われて内相、さらに新首相に抜擢された。四四歳のときである。彼はすぐにペテルブルクの政治的潮流を見分け、ニコライ帝の信頼を得ることもできた。こうして「ストルイピンの時代」が始まったのである。

ストルイピンの政治スタイルは、一言でいうと「強大な権力とリベラルな改革」の組み合わせであった。テロルや反対派に対しては断固とした態度を貫いた。首相就任から三年間に三七九六人が処刑されたため、絞首台の縄が「ストルイピンのネクタイ」と呼ばれた。労働組合が解散され、多くの雑誌と新聞、書物が発禁処分を受けた。けれども彼は反対派を力でねじ伏せて、かつてのような無制限な専制を再建しようとしたわけではなかった。「君主の意志によって改革された祖国を、法に基づく国家へ転化させる」ことが彼の信条であった。

ストルイピンはまず土地改革に着手した。帝国内では依然として人口の八五パーセントを農民が占めていたが、農業の停滞は誰の目にも明らかであった。かつてナロードニキによって理想化された中世末からの伝統的な土地共有制と三圃制農業のために、農民の自主性は発揮されず、生産性の低下を招いていた。「土地混在」といって農民が利用する土地は方々に分散しており、加えて狭小であった。農民各世帯が利用する地条（細長く区切られた耕地）

数は五〇から一〇〇にのぼり、なかには三一一という極端なケースもあった。しかも土地の幅は農民たちがいつも履いている「樹皮靴」で測ることができるほどの狭さで、「五靴の幅の地条」という表現があったという。これでは合理的な農業経営など望むべくもない。

共同体は伝統的に農民一揆の拠点となってきたが、最近さらに過激な運動をひき起こしている。そうした共同体を解体して、農民運動の連鎖を断ち切るとともに、個人主義的農業を導入しなければならない。このような改革提案は、すでに解放前にみられた。セルゲイ・ヴィッテも「土地割替」の廃止を打ち出したが、政治的不安定を招来するということから実現にいたらなかった。こうした懸案の土地改革を具体化して、ただちに実施したのがストルイピンであった。

ストルイピン　1906年から首相として土地改革を行うが、1911年暗殺された

一九〇六年一一月、ついに共同体の解体が決定された。勅令によると、各県に土地整理委員会が置かれ、農民たちは自分の利用地に対して私的所有権を認められ、数十ヵ所にも分散していた地条を一ヵ所に団地化して持つことになった。これによって共同体的、集団的な農業は廃止され、村の各農民は個人主義的な農場経営者として再出発することが求められたのである。経営のために農民銀行から財政的な支援が与えられ

た。また結果として村が抱えることになる「余剰人口」についてはシベリア移住の措置も講ぜられた。ストルイピンはある新聞のインタビューに「国家に二〇年の内外の平静」が与えられるならば、この事業は完成され、諸君は見違えるロシアを見ることになるだろうと語った。

だが土地改革は、そうスムーズに進まなかった。従来の農民利用地には大きな格差があり、多数を占めたのは小さな土地しか持たない貧農であった。ストルイピンはその点を踏まえた上で「富農に賭けた」わけだが、多数派がおとなしく従うわけがなかった。共同体から離脱して個人農として独立するものに対する乱暴や嫌がらせ、土地測量の妨害などがいたるところでおきた。ある村では農民たちは「共同体を離脱するものすべてを殴り、殺すことさえ厭わない」という取り決めをした。他方でこの時期、シベリア移住は頂点に達した。一九〇七年から四二万人、六五万人、五九万人と、三年間だけで約一六七万人に達した。シベリア鉄道の開通が移住を促したのである。

ストルイピンの土地改革によって、一九〇六年から一〇年間にロシア農民の約二〇パーセントが近代的な個人経営に移ったとされる。この数字をどう判断するかは難しいところだが、彼が求めたように、もし「二〇年の平静」があれば、間違いなく改革はさらに進んでいたことだろう。一九〇九年からは収穫も順調で、農業生産性はアメリカ合衆国の七〇パーセントまで上昇したという数字を弾く歴史家もいる。だが「平静」は一〇年も続かなかった。ストルイピン自身も一九一一年九月一日キエフで観劇中に狙撃され、五日後に死亡した。犯人は警備当局が与えたチケットを持って劇場に侵入していた。ニコライ二世は彼に多くを負っていたにもかかわらず葬儀にも出ず、新しい首相ココフツォフを任命したのである。

ヴィッテとストルイピンは、ロシアの危機を救うべく登場した並外れて有能な政治家であった。彼らのお陰で、ロシアはあたかも「ツァーリの親政」で一切が取り仕切られているかのような外観を示すことができたのである。けれどもニコライは、ロシアを個人的に統治しようという「致命的な思い違い」と「虚栄心」を棄てきれなかった。ニコライにはいささか厳しい評価だが、そういわれても仕方ないほど、ストルイピン亡きあとのロシアの政治は支離滅裂で、気紛れといった観を呈したのである。

第一次大戦と帝政の最期

ロマノフ王朝三〇〇年祭

第一次大戦の前夜、帝政ロシアの近代化は確実に進んでいた。確かに都市の膨張と農村の停滞というような顕著な歪みやアンバランスはあるにしても、ロシア経済は好調であった。ロシアは世界一の穀物生産・輸出国であり、鉄鋼と石油の産出量は一八九〇年以降、倍増する勢いを見せていた。またニコライ即位以来、ロシアの工業力は四倍となり、鉄道路線もシベリア鉄道の完成もあって大幅に距離を伸ばしていた。年平均五パーセントという高い成長率は外国の投資家たちの魅力的な投資先となっていた。フランスの年金生活者たちは、ロシア政府が発行する国債を大量に購入していた。彼らにとってロシア国債は、あのディアギレフ・バレエ団のように魅力的と映っていたという。

文化的にも「銀の時代」と呼ばれるように詩作、文学、美術、演劇などさまざまな分野に多くの逸材があらわれた。それはまばゆいばかりの創造の時代であり、かつての「悔悟せるインテリ」とはまったく異なる反政治的で前衛的な動き（アバンギャルド）であった。ロシアは民衆教育こそ貧弱であったが、全国九大学での教育研究は先進的でさえあった。世界最大の飛行船「イリヤ・ムーロメッツ」が設計された。そうしたなかで、一九一三年、ロマノフ家三〇〇年の記念祭が挙行された。

ペテルブルクでの記念祭の会場はネフスキー大通りに面したカザン大聖堂で、期日は初代ミハイルがゼムスキー・ソボールで選出されたとされる二月二一日に設定された。その前夜には革命派による爆弾騒ぎの計画の噂もあり、軍隊と警察による厳重な警戒のなかでの式典であった。カザン大聖堂前に集まった四〇〇〇人もの高位高官、都市や農村の代表を前に護衛のコサック隊を先頭にした皇帝夫妻の馬車が到着すると、つめかけた民衆の「ウラー」の叫びがこだました。そしてニコライ帝が記念のマニュフェストを読みあげると、ペトロパブロフスク要塞の大砲が打ち上げられ、首都のすべての教会の鐘が響きわたった。

その日の午後、皇帝は冬宮で高位高官の挨拶を受け、初代ミハイルの招聘にでかけた貴族たちの子孫に会い、そして農民代表の晩餐に現れて「我がロシアは神の信仰、民衆に対するツァーリの愛、そして帝位へのロシア人の献身によって強くなった」と挨拶した。農民代表

ロマノフ王朝300年祭　冬宮(現エルミタージュ美術館)を出るパレード

も皇帝に感謝の言葉を述べて、ボルシチ、ピロシキ、鶏肉、デザートの給仕を受けた。レセプションに続いて舞踏会が開かれたが、皇后はどちらにも顔を見せなかった。首都の祝祭は三日間にわたって続いたが、熱狂とはほど遠いものがあったという。

夏の五月一六日から一〇日間、皇帝夫妻はヴォルガ沿岸諸都市を中心とした国内巡幸にでかけた。この巡幸のハイライトはミハイルが帝位を受諾したというイパチェフ修道院のあるコストロマであった。コストロマはゼムストヴォの力が強いところだが、民衆の歓迎は熱烈であった。ツァーリの権威を象徴する「モノマフの帽子」を被ったミハイルを頭に頂く高い塔の下にスサーニンが跪《ひざまず》く構図の「ミハイル像」の場で、皇帝はスサーニンの子孫と会った。出迎えた数千の農民たちの「ウラー」の叫びにニコライは目を潤ませたという。夕刻皇帝夫妻を乗せた汽船がヴォルガの岸を離れるとき、コストロマの町の教会の鐘がいっせいに鳴り響いた。

五月二五日、ニコライと家族はトヴェールスカヤ大通りを馬車でモスクワのクレムリンに入った。モスクワの貴族や商人たちの温かい歓迎は首都の祝祭でのアパシーとは対照的であった。ここでも三日間さまざまな儀式、レセプション、舞踏会、ディナーが催されたが、ニコライは心からの歓迎を感じた。

しかしモスクワの民衆はクレムリンに入る八歳の皇太子が、自分の足で歩くのではなく海軍水兵に抱かれているのを目にして動揺を隠せなかった。皇后陛下もどこか病気のようにみえた。だがニコライの方は今回の巡幸を大成功とみて、日記に「過去の我がロシアを際立たせているツァーリと民衆とのあいだの絆が、今も保たれていることが証明された」と記したのである。

「怪僧」ラスプーチンと皇后アレクサンドラ

三〇〇年記念祭の愛国的な高揚もまたたく間に過ぎ去った。首都ではストライキが頻発し、皇帝の取り巻きに対する攻撃が再開された。特に批判の槍玉に挙がったのは「シベリアの百姓」「怪僧」ラスプーチンであった。ラスプーチン問題は帝政末期のロマノフ家を象徴する出来事であった。

グリゴリー・ラスプーチンは一八六四年に西シベリアのトボリスク近くの寒村に生まれた。少年の頃に村を出て、近くの修道院に身を寄せたのちに長い巡礼にでかけた。そのなかで宗教家としての特異な資質をあらわすようになった。「鞭身派」に近いものだが、催眠術をも取り入れて信者を広げていった。薄青く鋭い彼の目に射すくまれると、誰もが暗示にかかって意識を失うのだという。そのラスプーチンが首都に現れたのは一九〇三年のことで、どういうわけか神学大学校長フェオファンの知遇を得た。また彼の紹介で皇帝の叔父にあたるニコライ大公の妃のもとに出入りするようになった。ラスプーチンを「神の人」「聖人」として皇帝妃アレクサンドラに紹介したのは彼女であった。

ラスプーチンには霊的な能力が備わっていて、治癒能力もあったという。皇太子アレクセイが血友病であることは極秘とされていた。いつ起きるとも限らない発病に怯え、苦しみに疲れ果てていたアレクサンドラにとって、彼こそ「神から遣わされた救世主」にほかならなかった。彼はしばしばアレクセイの出血を止めたという。もとより確認するすべはないのだが、かくてアレクセイの病を介しての二人の親密な関係が始まった。

ラスプーチンとファンの女性たち　独特の霊的能力を備えた彼は、宮廷で絶大な信頼を得た。1915年頃

ニコライ帝も皇后を通じてラスプーチンと会い、強い印象を受けた。『ニコライ二世の日記』によると、一九〇六年から一一年間にラスプーチンの名前が九一回登場する。特に〇九年が一二回、一〇年が一三回、そして一四年が一七回、一五年が一八回と多い。皇帝夫妻はこの不思議な力を持つ宗教家との関係を深めていったのである。

だがラスプーチンの評判は芳しいものではなかった。彼の見苦しい酒盛り、あるいは不道徳な行為について大臣たちから厳しい意見が寄せられた。また身持ちが悪く、女性信者との怪しげな関係に対するマスコミの批判が国会でも取り上げられた。ストルイピン首相は彼を一時シベリアの故郷に追放した。皇太后マリア、つまりニコライの母もラスプーチンとアレクサンドラが王朝を破滅させかねないと案じていた。だがニコライはラスプーチンを庇い、アレクサンドラは周囲の意見に耳を貸すことはなかった。イエス・キリストだって誤解されたではないか、というわけである。だがラスプーチンと彼女が「公然たる愛人関係」にあるという噂は皇帝の権威を大きく傷つけるものであった。

第一次大戦の開始

一九一四年六月セルビア人民族主義者によるオーストリア皇太子の暗殺事件によって、ヨーロッパは第一次大戦に突入した。セルビア支持の立場をとるロシアでは主戦論と戦争回避論の対立があったが、ニコライ帝は主戦論に立ち、総動員令を発した。ドイツもロシアに宣戦布告し、イギリス、フランスはロシア側で参戦した。皇帝は反ドイツ感情の高まりを考慮

戦場のニコライ２世　馬上でイコンをかざして将兵を祝福する。1915年

して、首都の名をドイツ風のペテルブルクからペトログラードと改めた。

だが開戦して間もなく、ロシアの社会と経済が抱える脆弱さがあらわになった。遠征用の軍事物資は三ヵ月分しかなく、すぐに不足するようになった。封鎖のために鉄道網が寸断され、物資の輸送もままならなかった。一九一五年春には早くも破局がおとずれた。ドイツ軍の攻勢を支えきれず、攻め込んだオーストリア領ガリツィアから退却を余儀なくされ、そしてポーランドを失った。八月だけでロシア軍は四〇万人の将兵を失ったのである。

ここに戦場で将兵を激励する皇帝ニコライのよく知られた写真がある。彼は手にしたイコン（「聖ニコラ」か？）で彼らを「祝福」しているのである。いささか奇妙だが、イコン崇拝に基づくこうした行為はロシア人には古来の日常的行為であった。その理由は「戦争で敵に勝利を収めたり、外交交渉で恒久平和が締結されるなどの成功は神の助力によるものであるのに、彼ら（ロシア人）はそれがあたかもイコンのなかの聖母や聖人による助力や執りなしや祈りによるものと考えているのである」。こう批判したのは一七世紀の亡命外交官コトシーヒンである。プロテスタントに改宗していた彼にとって不可解な行為も、古いロシアに愛着を持つニコライ帝においては正当なものであったのである。

その年九月初め、敗戦の責任をとって辞任したニコライ大公に代わって、皇帝はみずから軍の最高司令官となる意向を示した。大臣たちは皇帝の大本営入りが国政を弱めること、そして何よりも敗戦が帝政に止めをさすことを恐れて強く反対した。この時、皇帝の意向に賛成したのがラスプーチンであった。こうしてニコライはモギリョフの総司令部に引き籠もり、年老いた首相が留守をあずかった。ペトログラードでは皇后と「聖人」ラスプーチンの政治への容喙《ようかい》がますます増した。ラスプーチンはしっかりと皇后の心を摑み、彼女を支配した。ニコライ帝が前線に去ってからわずかの間に首相、内相、農相、陸相など二一人の閣僚が「聖人」の気紛れによって次々と罷免《ひめん》された。

皇帝みずから司令部に入ったにもかかわらず、ロシアの敗色は濃かった。戦争が始まって動員された将兵は一四三〇万人という莫大な数に達し、開戦後の二年間だけで死傷者は五〇〇万人を超えた。つまり三人に一人が傷つき、死んでいったのである。

一九一六年一二月一六日夜半のことである。皇帝の遠縁にあたるユースポフ伯爵はラスプーチンを客として自分の持つモイカ宮殿に招いた。周到な打ち合わせ通り地下室で青酸カリの入った酒を飲ませ、そしてラスプーチンの胸目掛けて銃を発砲したのである。それでも彼は「信じられないほどの生命力」を示したというが、致命傷を負ったラスプーチンはロープで縛られ、凍結したモイカ川の氷に開けられた穴のなかに投げ込まれた。主犯のユースポフはニコライの姪と結婚しており、またこの殺害計画にはドミトリー大公も加わっていた。つまりロマノフ家の大公たちの大部分はこの企てを支持していた。ここでも皇帝夫妻は孤立していたのである。

「二月革命」とニコライ退位

ラスプーチンは死んだ。だが一九一七年に入っても国内状況は改善されなかった。輸送網が麻痺して、前線の兵士たちや一般市民への食糧の補給が難しくなった。二月一九日、ペトログラード市当局は食糧の配給制を決めて、市民に通告した。きびしい寒さのなか街のパン屋の店先に人びとが行列を作りはじめた。またロシア最大の軍需工場で、何万人もが働いていたプチーロフ工場では労働者の解雇が始まった。物資の不足のために操業を中止しなければならなかったからである。生活と将来に不安をかかえた女性たちはデモ行進にでた。

プチーロフ工場　1915年。1872年に創業したロシア最大の重機械工場で、首都の労働運動の拠点でもあった

二月二三日の「国際婦人デー」には労働者街であるヴィボルグ地区の女性労働者たちのデモに凍結したネ

ヴァ川を渡ってきた男の労働者たちが加わった。「パンをよこせ」の叫びに、「ツァーリを倒せ」が加わった。コサック兵はいつものようにデモ隊を追い払うことはなかった。デモ隊はネフスキー大通りに繰り出し、カザン大聖堂前で深夜まで集会を開いた。デモは翌日も続き、二五日にはゼネストに発展した。事態はパンだけの問題ではなくなっていた。

国会議長ロジャンコは皇帝に「ナロードの信任を得た政府の任命」を進言したが、ニコライは事の重大さを認識していなかった。軍隊の力で「ペトログラードの暴動」の鎮圧をという彼の命令によって、二六日の日曜日には厳戒態勢がしかれた。街の中心部にやってきた労働者のデモ隊に警察と軍隊が銃を向け、一五〇人以上が斃れた。だが若い将兵たちは自分たちの兄弟である労働者への発砲を悔やみ、発砲を拒むようになった。この動きはすぐに広がり、翌二七日のデモは「革命」へと転化していた。

労働者と兵士たちのデモ隊は兵器廠を襲って武器を手に入れた。店を略奪して、他人を襲うという「逸脱」も少なくなかったが、旧体制に対する長くつのらせてきた憎しみの現れであった。その場に「革命」を「指導」する著名なリーダーはいなかったが、午後にはタウリーダ宮殿で「労働者代表ソヴィエト臨時執行委員会」ができた。べつの部屋では国会（ドゥーマ）議員たちによる「臨時委員会」ができた。両者の長い交渉をへた三月二日朝、首相リヴォフ、外相ミリュコーフなどカデットの代表者たちが率いる臨時政府が発足したのである。ソヴィエト側は臨時政府を「憲法制定会議」の招集までの一時的な権力とみなしており、入閣はケレンスキー一人だけであった。

以上の経過はニコライ帝の与《あずか》り知らぬところであったが、臨時政府の樹立によって事実上彼の権力はすべて失われていた。アレクセーエフ最高総司令官は「国家の独立を守り、王朝の存続のために」ニコライに譲位を進言した。彼は弟のミハイル大公を摂政として、一三歳の病気の皇太子を立てることを考えたが、それはできなかった。ミハイル大公が呼ばれ譲位が伝えられた。その知らせが届くとペトログラードでは「ロマノフ王朝を倒せ」の激しい抗議行動がおきた。国民の敵意を感じたミハイル大公は受諾を拒んだ。こうして三〇〇年記念祭のわずか四年後、ついにロマノフ王朝は最期を迎えた。三月三日臨時政府の樹立が声明され、翌四日ニコライ帝の退位勅書が公にされたのである。

第九章　王朝なき帝国

レーニンと「十月革命」

「十月革命」から内戦へ

ロマノフ王朝が崩壊して間もない四月初め、亡命先のスイスから一人の革命政治家が帰国した。ウラジーミル・イリイッチ・ウリヤーノフ、つまりレーニンである。一八九〇年にカザン大学を退学して以来、心身ともに革命運動に捧げてきた彼はすでに四七歳になっていた。三年間のシベリア流刑、二度の亡命生活を経た彼には確かな展望があった。

ペトログラードに着いた彼は、翌日臨時政府を一切支持せず、ソヴィエト権力の樹立を訴えた。「四月テーゼ」がそれである。つまり現在行われている「略奪的な帝国主義戦争」を止めて「真に民主的な講和で終わらせる」こと、「労働者ソヴィエトこそ唯一可能な革命政府の形態」であること、そして農村については「国内のすべての土地を国有化し、土地の処分は地域の雇農・農民ソヴィエトに」委ねることを主張したのである。当初レーニンの方針に驚き、否定的だったボリシェヴィキたちも四月末には党の方針としてこれを受け入れた。

こうしてブルジョア社会の成熟を待たずに一息に権力を奪う「ボリシェヴィキ革命」が始ま

ったのである。

五月、臨時政府は自由主義的ブルジョアジー、メンシェヴィキ、農民政党エスエルの連立政権と性格を変えた。首都の労働者と兵士たちは「すべての権力をソヴィエトへ」のスローガンの下に、農民たちは「土地社会化」の即時実現を求めてそれぞれ行動をおこした。その年の秋には両首都でボリシェヴィキと左派エスエルがソヴィエトの多数派を占めた。首都では武装蜂起が始まった。こうして旧暦一〇月二五日、革命の本部となったスモーリヌイ女学院で臨時政府の打倒が公示され、「平和にかんする布告」と「土地にかんする布告」が公にされた。「十月革命」はこうしてわずか一日で達成されたが、「社会主義社会」の実現の道は長く、そして困難をきわめたのである。

翌一九一八年は一月の憲法制定会議の開催ではじまったが、「革命」は内外からの試練に立たされた。農民たちは「革命」を契機として、ストルイピンの土地改革、つまり個人主義的農業経営をご破算にした。こうして「共同体」を再建した農民たちは穀物供給を拒否したため、都市の食糧事情は危機を迎えた。新政府は農村に労働者部隊を派遣して、穀物の供給を拒む農民を「クラーク」、つまり富農と規定して強制的な徴発を実施した。地元の「貧農委員会」が組織され正当化が図られたが、村はこうしたやり方に強く反発した。各地で一揆が勃発したのである。

他方で五月にチェコ軍団の反乱が起こり、ロシア東部の諸都市で反ソヴィエト派が権力を握り、さらにフランス、イギリスの軍事干渉も始まった。アメリカ、日本もシベリア出兵の

皇帝ニコライ２世一家

準備に入った。
内戦が本格化するなかで、レーニンたち政府首脳はシベリアのトボリスクに幽閉されていた皇帝ニコライ二世一家をエカテリンブルクに移した。だがそこも危険であった。七月一七日の夜半、一家七名はイパチェフ館の地下室へ連れ出され、「一家の銃殺」の決定を告げられた。ニコライが叫ぶ間もなく、発砲が命令された。一家の遺体はトラックで近くの廃坑に運ばれ、焼却された。すべての痕跡を消すために硫酸が注がれたという。その後も、ロマノフ一族は見つかると手当たり次第銃殺された。ニコライ二世の母マリアは辛うじて難をのがれ、イギリスの軍艦で故郷のデンマークに帰った。

赤軍の創設

「十月革命」、つまりペトログラードにおける武装蜂起の中心メンバーは、具体的にはこの都市の工場労働者たちが二月革命後に形成した、四万人の「労働者赤衛隊」、守備隊兵士、そしてバルト海艦隊兵士などであった。だが「革命」の成果を守り、「反革命」と闘争を続けるにはそれだけでは不十分なことは明らかであった。そこで一九一八年初めから「労農赤

トロツキーと赤軍　後にスターリンとの権力闘争に敗れて追放され、1940年、メキシコで暗殺される

軍」の形成が始まった。一八歳以上の志願制で、当初は出足は鈍かった。だが二月後半にドイツ軍の侵攻が始まると、「革命の防衛」という呼びかけに応ずる志願兵が急増して、三月に赤軍は二〇万に達した。それでもなお不足していたが、ドイツとのブレスト・リトフスク条約によって、「息つぎ」が与えられた。五月には志願制から徴兵制に切り替えられ、夏には兵士の数は五四万人に達した。

問題は指揮官であった。赤軍創設の中心になった軍事人民委員トロツキーは、軍事専門家として旧軍将校を利用することを考えた。というよりもそれ以外の人材はなかった。だが政治的統制のために一人の将校につき二人の政治コミサールが付けられた。つまり「党の優越性」を確保しながら軍を再編したのであり、二万人もの大量の旧軍将校が採用・任命された。ボリシェヴィキの軍隊民主化構想は、旧軍将校団を解体して反ソヴィエト派将校の職を解くこと、そして軍隊における階級と称号を廃止することにあった。特に兵士たちによる指揮官の選挙がその目玉であった。それから見ると大幅な後退だが、当時としてはこれが最も現実的な解決策であった。赤軍はソヴィエト社会のなかでは最も高い党員組織率を誇り、また政治に口出しすることもほとんどなかったのである。

内戦は止むことなく、北でも南でも東でも続いた。八月三〇日にはレーニン自身がテロルの標的とされた。工場集会でエスエルの女性テロリストが彼を狙撃したのである。幸い命に別状はなかったが、一発は左肩の上部を貫いた。九月初め全ロシア中央委員会は「白色テロル」に対しては「大量赤色テロル」でもって断固報復すると宣言した。ペトログラードでは帝政側の政治家と軍人五一二人が処刑された。

赤軍はまだ形成途上で、トロツキーがいうように「敵は革命を四方から包囲していた」。一一月、西シベリアのオムスクには黒海艦隊の元司令官コルチャークの政権が生まれ、翌年三月、モスクワを目指して攻め込んだ。赤軍は農民パルチザンに助けられ、六月、コルチャーク軍の攻勢をなんとかくい止めた。七月、今度は南ロシアからデニーキンの義勇軍が攻めのぼってきた。一〇月にはモスクワも危うくなってきた。しかしマフノの農民軍が後方から義勇軍を脅かし、辛うじて白軍の攻勢をくい止めることができた。それも束の間、タンボフではアントーノフの「農民戦争」が勃発した。「人と馬の解放」をスローガンとしたこの反乱では在地の共産党員が皆殺しになったのである。

そうした激しい内戦も一九二〇年末にはようやく終息に向かった。だが、翌年夏ロシアは旱魃にみまわれた。その年の収穫はほとんど期待できず、飢餓で亡くなったものは数百万人に達した。「革命ロシア」に対する世界の世論はさまざまだったが、ロシア人救済の人道的な国際的キャンペーンが繰り広げられた。政府はネップ、つまり「新経済政策」の導入によって都市と農村の間に「市場経済」を認め、危機からの脱出を試みた。こうしてロシア経済は息を吹きかえし、新しい階層「ネップマン」が登場した。

亡命者たち

「十月革命」の大きな喪失はかつてない数の亡命者の続出であった。一九二二年の強制的な追放を含めて、少なくとも一五〇万人が「革命ロシア」を離れた。多くは帝政期の政治的、社会的、そして文化的なエリートであった。彼らの多くは亡命を一時的と考えていたが、結局多くは外地に骨を埋めることになったのである。

「ロシアの大富豪」エリセーエフ家の出で、一八八九年生まれの日本文学研究者のセルゲイの場合をみることにしよう。夏目漱石などとも交友を持った六年間の日本留学を終えて、一九一四年、ペトログラードに帰国して研究生活を送っていた彼は「ロマノフ一家を帝位から引きずり下ろ」した二月革命に「ウラー」を叫んだ。だが「十月革命」後には邸宅をはじめ、一切の私有財産を没収され、飢えと闘わなければならなかった。一時身柄を拘束されたこともあり、一家四人は亡命を決意した。一家が危機のなかペトログラードを脱出してフィンランドに上陸したのは一九二〇年九月のことであった。その後パリに出たセルゲイ・エリセーエフは亡命の一部始終を大阪朝日新聞に『赤露の人質日記』として連載した。一九二一年、つまり大正一〇年夏のことである。その後彼は当時のヨーロッパとアメリカの大学で数少ない日本学者として研究と教育にあたった。後の駐日アメリカ大使ライシャワーも彼の弟子である。

亡命者たちはパリ、ベルリン、ベオグラードなどヨーロッパの大都市に分散した。極東にも一九三四年までに約一三万人が押し寄せたが、中心はハルビンであった。ロシアのインテリの「ディアスポラ」だが、特に集中したのがプラハであった。同じスラブ人で言葉にさほど不自由しないこともあったが、なによりもチェコスロバキア大統領トマス・マサリクの受け入れ態勢にある。西欧デモクラシーの支持者で、ロシア思想研究者でもあるマサリクは積極的に亡命者の支援に乗り出した。つまり彼らを受け入れるとともに、高等教育機関での教育のために資金を援助した。一九二〇、三〇年代のプラハには約三万五〇〇〇人のロシア人亡命者がいたが、ロシア人学生の多くはロシア人教授による教育を受けていた。「ユーラシア主義」という新しい思想が打ち出されたのもプラハの地においてであった。

「ロシアはヨーロッパともアジアとも異なる独特の地理、文化、そして民族を持つ。それはユーラシアである」。この場合ユーラシアは地理的にはほぼロシア帝国と重なるが、文化的にはビザンツの伝統だけでなく、ウラル・アルタイ諸民族のそれをも含む。「ユーラシア主義」はヨーロッパ的な要素をすべて否定するものではないが、明らかに「東方志向」であった。歴史学の問題としてこれを受け止めたのが一九二〇年にプラハにやってきたゲオルギー(ジョージ)・ヴェルナツキーであった。彼の構想では、ロシア史においては広大なステップと森林の関係が決定的な意義を持つが、とりわけモンゴル人がロシアの歴史に主要な貢献をなしたという点にあった。このような見解は同じくプラハの「ロシア歴史協会」の議長で、同じく亡命歴史家のキゼヴェッテルの批判をうけた。ヴェルナツキーは七年後プラハを離れてアメリカに渡り、アメリカにおけるロシア史学の基礎を築いたのである。

共産主義の「理想」

以上のような大混乱のなかにあって、共産主義の「理想」が追求されたことも忘れてはならない。一九一八年一〇月末、コムソモールつまり「共産主義青年同盟」が結成された。一四歳から二八歳の若者を組織したもので、彼らを共産党と国家の活動に積極的に参加させることをねらいとしていた。具体的には労働組合、文化、スポーツなどの諸団体と協力してさまざまな活動を行った。共産主義の宣伝と将来の指導者の育成がはかられたのであり、四〇年代はじめに加入者は一〇〇〇万人を超えた。一九二二年には一〇歳から一五歳までの少年少女を組織したピオネールができた。コムソモール員の指導の下に当初は居住地ごと、間もなく学校を単位としてほとんどの子供たちがピオネール団に加入した。ピオネール宮殿やピオネールの家、キャンプ場などの郊外施設を持ち、クラブ活動や奉仕活動、夏休みのキャンプなどが実施された。「学習」と「労働」の結合、祖国愛や社会主義建設への献身が教えられたのである。

他方で一九一九年三月にコミンテルン、つまり「共産主義インターナショナル」が組織された。共産主義思想の世界への普及と活動家の育成がその目的で、モスクワでの創立大会には二一ヵ国の代表が参加した。だが組織は次第にソ連政治への従属が強まり、その対外的道具となった。コミンテルンの働きかけのもとに一九二二年七月、日本でも初めて共産党が結成された。間もなくコミンテルン日本支部として公認されたが、その方針はモスクワの指令によって左右されていた。

経済については一九二一年二月、国家計画委員会（ゴスプラン）が設立され、国民経済の計画化が始まった。ゴスプランは長期計画の作成を受け持ち、スターリン時代の三度にわたる「五ヵ年計画」の作成を担当したが、その部局で重要な職責を担っていたのはかつてのゼムストヴォの統計家たちであった。一九一八年七月に「中央統計局」が設立された際には、基本的な部局や県のビューローの責任者の多くにかつてのゼムストヴォの統計家たちがリクルートされた。彼らは革命前に蓄積した方法と経験をそこに持ち込んだ。中央統計局長は後にソヴィエト閣僚会議のメンバーとなったが、一九二八年に始まる五ヵ年計画の実施にともなって、中央統計局はゴスプランの一部局に格下げされた。帝政期のゼムストヴォの統計家たちは統計を「現実の鏡」として、「政策」からの独立を掲げた。だが今やそれは「政策」に仕える道具とされ、そしてしばしば歪められたのである。

ソ連邦の形成

一九二二年一二月、ソヴィエト社会主義共和国連邦、つまり「ソ連邦」が誕生した。原案では「ヨーロッパとアジアの国家連合」とされており、ソヴィエト社会主義であればどの国であれ新規の参加を歓迎するとされていた。このとき参加したのはロシア共和国、ウクライナ、ベロルシア、そしてザカフカース（一九三六年一二月からグルジア、アルメニア、アゼルバイジャンに分かれた）の四つであった。一九二四年にはトルクメンとウズベク、二九年にタジク、三六年にカザフとキルギス、四〇年にいわゆるバルト三国のエストニア、ラトヴィア、リトアニア、そしてモルダヴィアが加わった。

こうして一九四〇年までに一五共和国の「連邦」の形ができあがった。名目的には「離脱自由な」共和国連邦ができたわけだが、現実はかなり違う。共和国を指導する各国共産党はすべてモスクワに本部があるロシア共産党の「支部」であった。つまり実際は離脱できなかったのであり、ソ連邦はかつてのロシア帝国以上に中央集権的な国家となったが、以上の経過については書記長スターリンの強い関与が明らかにされている。

カフカースのイスラム教徒　女性たちは顔を隠している。1920年、共産党員の演説会で

ソ連邦が誕生する半年前のことである。スターリンはグルジア、ウクライナなどの独立共和国がロシア連邦共和国との個別の同盟によって連邦を結成する「連邦案」ではなく、例えばバシキール自治共和国などのように前者が後者に加入するという「自治化案」を提案していた。簡単にいうと、ロシア中央の「威令」がソ連邦の全土におよぶような案で、一旦はスターリン案が公式方針

として通った。だが病気療養中のレーニンはこの件を知ると、「平等な諸共和国の連邦」、つまり「連邦案」を強く支持した。このようなレーニンの「民族主義的リベラリズム」に対してスターリンは反発したものの、間もなく態度を一変させた。レーニン案を自分の案としてロシア共産党中央委員会総会で採択させたのである。

だが総会の直後からもう一つの闘いが始まった。「ザカフカース連邦」を介さずに、グルジアが独立に連邦に加入するという要求を掲げるグルジア党中央委員会と、それを「民族排外主義」として批判するザカフカース地方委員会との闘いである。「グルジア反対派」と呼ばれた前者によると、中央集権化の「軍事命令的な」強行は、諸民族の不信を決定的につのらせる「植民地主義」「大ロシア大国主義」にほかならない。だが「グルジア反対派」のそうした主張は「民族主義」「民族主義的偏向」として切り捨てられ、スターリンは彼らに対して弾圧と統制を強めた。実はスターリンはグルジアの出身だが、四月に書記長になったばかりの彼には「反対派」にたいする一片の共感もなかった。「ザカフカース連邦」はこうしてソ連邦の一翼を形成したのである。グルジア問題を乗り切ったスターリンは、その後もソ連邦の諸地域と民族の「多様性と独立性」を切り捨て抑圧することで、きわめて中央集権的な体制を築きあげていくのである。

中央アジアでは民族別に再編成された五共和国が形成されたが、ここにいたる過程はきわめて複雑であった。「十月革命」は中央アジアの知識人たちにも自治実現への期待をふくらませ、それに向けて活発な動きが展開された。ソヴィエト体制のなかに活路を見出すものもいたが、より大きな流れは反ソ闘争であった。特に赤軍によるトルキスタン自治政府の打倒とコーカンド旧市街の破壊を契機として、「バスマチ（チュルク語で匪賊）」運動が激化した。「ロシア人よ、去れ」「トルキスタンに自治・独立を」というスローガンを掲げた彼らは赤軍やソヴィエト関連施設を次々と襲った。五つの共和国が形成されたのは、「反革命」というレッテルが貼られたこの運動が徹底的な弾圧を受けた後のことであった。

レーニン廟の建設

一九二二年五月末のことである。帰国以来つねに先頭にたって「革命」を進めてきたレーニンが脳溢血の発作のために倒れた。一時恢復の兆しがみえたものの、一二月に二度目の発作が起きた。死を予期したレーニンは、のちに「遺書」とされる文章を口述筆記させた。問題は当然次の指導者である。「遺書」のなかでレーニンは中央委員のなかの「対立」について述べ、主な人物についてその長所と短所を述べている。誰を指導者にとは言っていないが、それまで重用してきた書記長スターリンについては、「彼がつねに十分慎重にこの権力を行使できるかどうか、私は確信がもてない」。「スターリンは粗暴すぎる」と指摘した。スターリンはレーニンの妻のクループスカヤに対してもしばしば暴言を吐いていた。

翌年三月、レーニンは三度目の発作ののち再起不能となった。亡くなったのは二四年一月二一日の午後六時で、遺体は列車でモスクワに運ばれ、旧貴族会館の「円柱の間」に安置された。厳しい寒さのなか、夜も昼も、ひきもきらず老若男女がこの広間を訪れ、レーニンに

レーニン廟参観者の行列　右の時計塔手前がレーニン廟。1970年撮影

最後の別れを告げた。その数は二〇〇万人に及んだという。二日後のレーニン葬儀の日に共産党には数千通の入党申し込み書があった。中央委員会はこの機会にさらなる入党を呼びかけた結果、二四万人もの労働者が入党したという。この「レーニン記念入党キャンペーン」によって党員数は一九二五年一月までに倍増し、八〇万人を超えた。このキャンペーンによって「古参党員集団の寡頭支配」の安定化がなされた。四月から五月にかけて、スターリンは新しい党員に対して「レーニン主義の基礎」と題する講演をした。レーニン死後間もなくペトログラードは「レニングラード」、つまり「レーニンの町」に改称された。

レーニンがまだ生きていた一九二三年末、共産党政治局では彼の死後の遺体の永久保存の問題が討議されていた。そのころエジプトで「ツタンカーメンの墓」が発掘されたという報道が世界に知られていた。そこでレーニンの遺体もエジプトのミイラのように防腐処理を施して永久保存ができるはずだと考えた者たちがいた。推進派はスターリン、カリーニンらで、トロツキー、ブハーリン、カーメネフらは反対したという。

レーニンが死ぬと、夫人と家族の抗議にもかかわらず、遺体の保存措置がとられた。遺体はクレムリンの赤の広場前に作られた木造の廟のなかに置かれ、公開された。五年後の二九年には赤い御影石のレーニン廟の建設が決定され、翌年末に完成公開された。兵士が守る廟の入り口を入って地下に降りる階段があり、ガラスで覆われたレーニンの遺体が地下室に安置されている。四隅には兵士が立ち、参観者は立ち止まることを許されない。一一月七日の「革命記念日」にはレーニン廟の上に党と政府の指導者が立ち、赤の広場のパレードを観閲するという馴染みの光景の舞台がこうして整えられたのである。

独裁者スターリン

「五ヵ年計画を三年で」

スターリンはレーニンより九歳年下で、十月革命後は民族人民委員を務めていた。一九二二年に党書記長に就任した彼は、ブハーリンとともに社会主義の建設には「世界革命」は必要ではなく、一国でも可能だとする「一国社会主義論」を唱えた。ヨーロッパ革命の展望は持ちえなかったから、現実的な判断ではあった。スターリンはジノーヴィエフ、トロツキーらの「合同反対派」を抑え込み、一九二六年一二月の党大会でトロツキーを除名した。だが一九二八年から続いた「穀物調達危機」に際して、スターリンはブハーリンとも袂を分かった。敵の包囲という状況下で工業力、軍事力の飛躍的な強化が必要だと考えたスターリン

スターリン　約30年間、最高権力者の地位にあった

は、全面的な農業集団化に踏みきった。工業化をはかるには輸出のための穀物が確保されなければならないからだが、そこに「社会主義的」な理念を付け加えたのである。

ネップの市場経済を廃止して、全体計画に基づく新しい社会主義経済を建設するという「実験」は、一九二九年四月に採択された第一次五ヵ年計画となって現れた。当初のゴスプラン、つまり「国家計画委員会」案よりははるかに高い目標とテンポが掲げられた。その五ヵ年計画さえ「三年で実現できる」という大きな声の陰で、合理的だが、より「低い目標」を掲げた旧メンシェヴィキ系の経済学者たちは「右翼反対派」として批判された。

ソヴィエトの工業生産は、大恐慌下の資本主義諸国を尻目に急テンポで増加した。各地に工場やコンビナートが建設され、「社会主義的熱情」に燃える一部の労働者たちによる「突撃作業運動」が展開された。ドンバス（ドネツ炭田）の鉱夫スタハーノフが採炭方法の改良によって飛躍的に生産性を向上させたことに由来する「スタハーノフ運動」はその象徴である。かつて労働者の「権利」を擁護した労働組合はいまや国家機関となり、増産、合理化、生産性向上の尖兵となった。もとより労働者が高いノルマを課され、何の保護もなく一方的に「搾取」されていたわけではない。賃上げや食糧供給には関心が払われていた。多くの労働者は「適度に」働くこと、そしてしばしば職場を替えて渡り歩くこともできたのである。

『コルホーズにおける楽しく幸福な生活』

内戦の洗礼を受けて誕生したソヴィエトはきわめて軍事的な国家であり、内戦はこの国の経済も社会も著しく軍事化させた。工業化においては「軍事的要因」が決定的な役割を果たした。つまり軍需工業が工業化の第一の優先順位を占めていた。こうしたなかで厳しい状況に立たされたのが人口の多数を占めた農民である。工業化をより一層推進するためには欧米から設備や機械を輸入しなければならず、そのために穀物輸出は増加した。農民たちは都市の労働者だけでなく、輸出のためにも「余剰の」穀物を供出しなければならなかった。しかし実際は穀物の「余剰」などはなかったから、実態は帝政期にまさる「飢餓輸出」であった。「農業集団化」は新政府によるこうした「穀物調達」の延長線上にあった。

一九三〇年に作成されたパンフレット『コルホーズにおける楽しく幸福な生活』によると、「各コルホーズは、集団農場のセンターを中心にして秩序立てられており、センターは託児所、学校、独身者のための寮、無料診察所、体育館、バレーボール運動場、洗濯場、美容院、既製服工場からなっているであろう」と約束されていた。だがこれは「社会主義時代」を通してほとんど達成されなかった「理想」であり、集団化直後におきたことは悲劇そのものであった。

五ヵ年計画によると、「集団化」は世帯数の二〇パーセントという低い数字が設定されていた。だが一九二九年一一月スターリンは一年以内に主要穀物地域の「集団化」を完了すること、さらに「階級としてのクラークの絶滅」を宣言した。「クラーク」とは農民を雇って地主的経営をしている富農を指しているが、そうした農民はロシアではわずかであった。つまり抵抗する農民たちに「富農（クラーク）」というレッテルを貼って排除し、その上で集団化を強行しようとしたのである。さらに「自発性」という外見を整えるために、村共同体の取り決め、総意に基づくこととされた。実際には「集団化」は、党の全権代表のイニシアティヴで一部の貧農、雇農に拠りながら強引に実施された。当然のごとく各地で農民たちの激しい抵抗がおきた。村を挙げて「武装抵抗」の挙に出たり、党員にテロルを加えた例もある。あるいは家畜の引き渡しを拒否して、自分たちの食用にしたのである。

一九三〇年春、スターリンは「成功による眩惑」という有名な論文のなかで、集団化の暴力的な実施、地域的な条件の無視、あるいは家畜と農具の強制的な社会化などを批判した。つまり一定の譲歩が示されたわけだが、基本方針に変化はなかった。「クラーク」清算という名目のもとに、穀物調達とコルホーズ設立に反対するものすべてが裁判、あるいは行政処分で財産没収と村外追放に処された。特に強く抵抗するものはラーゲリへの収容、あるいは銃殺刑が適用された。一九三〇年と翌年だけで村から追放された「強制移住者」は三九万家族、一八〇万人と推測されている。

こうして設立されたコルホーズではトラクターや農機具の不足、家畜・役畜の不足、土地の未整理など解決されなければならないさまざまな問題があったが、第一の問題は農民の労働意欲の喪失であった。政府は個人副業を認めるなど一定の譲歩をはかるが、機械トラクター・ステーション（ＭＴＳ）に「政治部」を付設して、コルホーズの活動と生活の全領域を党の監視と統制下においた。集団化された世帯は、統計によると一九三三年に七一パーセント、三七年には九四パーセントとなったが、あらゆる局面で強制的手段が行使された「成果」であった。

コルホーズは当初構想されていた大規模なものではなく、伝統的な共同体が基礎とされた。したがって一九三八年の段階で、六〇世帯以下のコルホーズが半数以上を占めていたのである。

教育の普及と無神論

教育と文化面についてはどうだろうか。社会主義の理念と工業化の要請に応じて、さまざまなレヴェルで教育の普及がみられた。新政府の識字運動によって、革命後の人びとの識字率は著しく向上した。一九三〇年に四年制の初等学校が義務化され、八歳から一一歳の児童のほとんどが通学した。中等・高等教育を受けた専門家も短期間のうちに急増した。女性の進出も著しく、工業労働者に占める割合は四〇パーセントを超えたのである。

大学教育は根本的な改変を余儀なくされた。モスクワとペテルブルクの帝国大学の伝統ある「歴史・文献学部」は廃止され、「社会科学部」の一学科に格下げとなった。「ブルジョア的」教授たちは歴史教育から排除され、新しいマルクス主義理論に立つ教授の養成のために

ポクロフスキー　歴史家。ソヴィエト歴史学界の指導者として終生、権威をもった。1932年没

「赤色教授学院」が設立された。一九二八年にはいわゆる「プラトーノフ事件」が起きた。ペテルブルク大学ロシア史講座の長老教授プラトーノフとその弟子たちが反革命組織の陰謀に加担したとして大学を追われたのである。事件はモスクワ大学にも飛び火したが、まったくのでっち上げであった。両大学に「歴史学部」が再建されたのは一九三四年のことで、すでに帝政期の「ブルジョア的」教授は一掃されていた。それまで一手に文部行政を握り、「ロシア史」の教科書を著したマルクス主義歴史家ポクロフスキーは、死後「社会学的図式主義」のために批判された。

革命はロシアの教会を窮地に立たせた。「宗教はアヘンである」というのがマルクス主義の原則で、レーニンもスターリンも「無神論者」であった。ボリシェヴィキはいちはやく「蜂起」への呼びかけの可能性を絶つために、特別の日を除いて「鐘をつく」ことを禁止した。また教会から法人格を奪い、教会財産を「人民の財産」と宣言した。こうして教会財産の国有化のキャンペーンが繰り広げられた。聖職者と信者たちはこれに抵抗したが、教会の閉鎖の動きは、二〇年代半ばに、その財産の四〇パーセントを地方の歳入とするという「力強い刺戟」によって加速された。破壊のあと教会のなかの宝石や貴金属が集められ、イコンの「覆い」は溶かされ、銀だけが取り出された。イコン画そのものは薪代わりに燃やされた。こうした粗野な手法によって全国各地で教会が破壊されたのだが、コルホーズの設立も教会の破壊から始まったのである。

中央アジアでも同じことがおきた。帝政時代には徹底されなかったイスラム対策は、ソヴィエトの無神論イデオロギーの下で本格化した。女性の外出用ヴェールの廃棄運動、イスラム法の完全な廃棄、そしてモスクの閉鎖が行われた。こうした結果、イスラムの実践は日常生活のなかから次第に失われていった。

教会の破壊　1927年、教会から装飾品や貴重品を持ち出す赤軍兵士たち

幻のソヴィエト宮殿

首都モスクワでは、一九二八年から三〇年だけで二五の修道院を含む約八〇の聖堂が解体され、三〇年代初めには毎年三五から五〇の聖堂が閉鎖された。最もシンボリックな出来事は一九三一年一二月の救世主キリスト聖堂の爆破である。対ナポレオン戦勝記念として建造されたこの教会の爆破はきわめてイデオロギー的であった。「社会主義的都市建設」を

進めていたモスクワ市当局はレーニンを記念する高さ三四〇メートルの塔とレーニン像の付いた「ソヴィエト宮殿」の建設用地を探していた。モスクワの市街図を広げて、赤線を引いて邪魔な建物を次つぎと除去した建築家たちは、それに相応しい場所としてこの聖堂に着目したのである。いまにも泣き出しそうな顔をした老婆などモスクワの庶民が見守るなかで大聖堂は爆破されたが、宮殿の方は結局建てられなかった。

一九三六年六月二〇日、モスクワで新生ソヴィエトの「社会主義リアリズム」を代表する作家マキシム・ゴーリキーの葬儀が行われた。重篤の報を受けてフランスからやってきた作家アンドレ・ジッドは「ゴーリキーは、この新しい世界を過去の世界につなげ、かつ未来にむすびつけた異常な、かつ輝かしい運命を担った作家であった」と追悼の辞を述べた。ジッドはその後二〇日余り滞在して、この国の社会的、文化的施設を見学するとともに、各層の代表たちとも会った。

ジッドが帰国後に発表したのが『ソヴィエト旅行記』である。彼はピオネールのキャンプでみた少年少女たちの明るさ、健康さを素直に讃えるとともに、行列の長さと商店の棚におかれている「がっかりさせるような粗悪な」品物についても書いた。「かつての、草摺りでできたロシア布はじつに綺麗であった。それは民衆の芸術であり、また工人の仕事であった」。もちろんジッドはこうした現実の背後の「思想」について語ったわけである。ヨーロッパの知識人の訪ソと「旅行記」は、初めてではなかった。けれどもジッドのような著名人による率直な発言は、フランスでも欧米各国や日本でも、左右の両陣営からの批判を含めて、まさに歴史的と言える反響を呼んだ。フランスでは本書が刊行されるや否や侃々諤々《かんかんがくがく》たる論戦がおこり、三ヵ月の間に一五〇刷をこえたという。ソヴィエト「情報」は、その後も同じように賛否両論で迎えられたのである。

「大テロル」の実態と論理

以上のように経済と文化の「社会主義化」は、一切の妥協を排した強制的な措置であった。そして嵐のような時期を経て新しい社会システムが形成された。それまで相対的に自立していた社会諸団体が国家および党と一体化され、党が政治も経済も文化も一元的に指導・支配した。一党独裁の新しい「ソヴィエト文明」が誕生したのである。

一九三四年一二月、レニングラードで党第一書記キーロフが暗殺された。その年の党大会で、スターリンに代わる指導者に推す動きさえあった人物である。党指導部は、この暗殺の背後に「旧反対派」がいるものと広く宣伝した。スターリンは葬儀で、護衛の兵士を殴るというパフォーマンスで悲しみを表したが、実はキーロフの人気を危険視した彼の指示があったという噂は今にいたるまで完全に消えていない。

暗殺を契機にしてモスクワで「合同本部」裁判が開かれた。党と政府の指導者暗殺のために「合同テロリスト本部」を組織した、という容疑でジノーヴィエフ、カーメネフをはじめ一六名が裁かれた。併せてキーロフ暗殺の実行者ニコラーエフおよびスターリン暗殺準備に対する裁判も含むものであった。被告たちを非難し、銃殺を求める集会が各地で開かれるという異常な雰囲気のなかで被告たちは一九三六年八月、死刑判決を受け、ただちに銃殺された。いわゆる「見世物裁判」であり、裁判キャンペーンを組織したエジョーフは同年九月末、内務人民委員に就いた。「エジョフシチナ」として知られる「大テロル」がこうして始まったのである。

こうして過去に「トロツキスト」という烙印を押された反対派、あるいはその関係者のすべてが「人民の敵」として摘発された。実施にあたった「国家保安部（エヌカヴェデ）」は密告あるいは集会、投書などでの告発を利用して「罪状」を捏造した。拷問によって「罪状」を認めさせられた「被告たち」は裁判により、あるいは裁判抜きで銃殺されるか、長期刑でラーゲリに送られた。犠牲となったのは党と国家の幹部、上級将校、専門家、そして文化人と広範囲にわたるが、特に標的となったのは「旧反対派」、そして省庁、地方党の幹部であった。例えば第一七回党大会の代議員一九六六人のうち半分以上は逮捕され、また大会で選出された中央委員、同候補の一三九人のうち九八人が逮捕の後、銃殺された。また「赤軍」の幹部も多く犠牲になった。

「古参ボリシェヴィキ」は一掃され、かつて工業化、集団化の政策でスターリンの手足となって働いた幹部たちでさえ排除された。「階級闘争の先鋭化」というかつての論理が再び援用されたが、意味あいは若干異なる。つまり現在の「人民の敵」は「ポケットに党員証を」もっているために見分けにくく、よりいっそう危険である、また「真面目に活動して、成果を挙げている者こそ疑わしい」という奇妙な論理が用いられた。テロルを支えた活動家たちが、一転して犠牲になった理由もここにある。

最近の研究によると、一九三七年から翌年にかけて、政治的事由で有罪とされたものは約一三四万五〇〇〇人に達し、うちの五〇パーセント余りが銃殺された。驚くべき数字であり、「大テロル」は社会全体を恐怖に陥れた。それを発動し、コントロールしていたのはスターリンその人だが、その「成果」を競う「社会主義的競争」が展開された。かつてないほど徹底的かつ残酷に遂行された大テロルの原因を内外の「階級敵」に対する「暴力」を理論的に正当化していたマルクス主義のイデオロギーに求める見解があることも付け加えておこう。

大祖国戦争

一九四一年六月、ナチス・ドイツはスターリンの予測に反して、電撃的にソ連に侵攻した。不意を打たれたソ連軍は敗走を続け、二ヵ月後にはレニングラードが包囲された。一〇月、ドイツ軍はモスクワに迫った。スターリンは一一月七日の革命記念日の演説でアレクサンドル・ネフスキー、ドミートリー・ドンスコイからクトゥーゾフまでのロシアの英雄を引き合いに出し、愛国主義を鼓舞して国民に徹底抗戦を呼びかけた。戦意を高揚させるために芸術家や作家が動員され、ロシアの正教会とも一時的な和解が図られた。ようやく反攻の準備が整えられたのである。

レニングラードは約八〇万人の餓死者を出しながらも、二年間の包囲に耐え、モスクワも守られた。人びとは勇敢に戦い、そしてスターリンはアメリカ、イギリスと反ファシズム同盟を結んだ。ヴォルガ下流の町スターリングラード（旧ツァーリツィン）で一九四二年七月から半年にわたってナチスと死闘を繰り広げたソ連軍は、翌年夏のクールスクの戦いでも勝利を収め、ドイツ軍を退却に追い込んだ。一九四五年四月、ソ連軍はベルリンに入った。ヒトラーは自殺し、五月八日、ドイツは無条件降伏した。こうしてソ連は、二七〇〇万人（そのうち五五〇万人はウクライナ人）を失う途方もない犠牲を払ってナチス・ドイツを破り、ファシストからヨーロッパを救った。ソ連軍が占領したポーランド、チェコ、ハンガリーなど東ヨーロッパの八ヵ国で共産主義政党が民衆の一定の支持のもとに政権を獲得した。

だが戦勝の喜びも束の間であった。犠牲はあまりに大きく、ソヴィエト全体で近親者の誰かを失わなかった家族はなかった。戦時下の農村では一八歳から五〇歳の男子人口は徴兵と徴用のために、女子の半分か三分の一に減ったため結婚難がおきたが、戦後もほとんど改善されなかった。戦死者の圧倒的多数が男子であったからである。戦争未亡人が社会問題化し、街は孤児であふれた。戦争捕虜の長期間の拘束の原因の一つを戦後ソヴィエト社会における深刻な労働力不足に求めるものもいるが、このような戦争の後遺症は、最も包括的とされる一九五九年のソ連国勢調査にもはっきりと現れた。男子人口は全体の四五パーセントで、女子を一〇パーセント下回っていた。農村部ではさらに二ポイント下回るという著しい「性別人口の不均衡」がみられたのである。

戦後復興のなかで、スターリンは戦時にゆるんだ統制の再建を企てた。レニングラードの文化人批判、党幹部抑圧事件、そしてユダヤ人を標的にした反コスモポリタニズム批判である。戦後のソ連は最大のユダヤ人国家となっていたのである。

第二次大戦後アジア・アフリカの民族解放運動は隆盛をきわめ、ソヴィエトの役割は高まった。だがスターリンのアジア政策は失敗に終わった。中国について彼は当初は蔣介石《しょうかいせき》政権を認めていた。毛沢東《もうたくとう》の共産党が勝利し、一九四九年一〇月、中華人民共和国の建国後はじめて「中国革命」を承認したのである。翌年六月に朝鮮戦争がはじまるとスターリンは全面的に金日成政権をバックアップしたが、武力統一という目的を達成できなかった。日本についてはアメリカの単独占領に挑戦することはなく、サンフランシスコ講和条約には中国とともに調印せず、ヤルタ協定で約束された南サハリンとクリル諸島の領有も国際的な承認を得られなかったのである。

一九五二年一〇月の党大会は「人類の教師スターリン」に対する世界の共産党の指導者からの賛辞で埋められた。だが「独裁者」スターリンは、その半年後の一九五三年三月はじめクンツェヴォの別荘で倒れた。脳梗塞で、享年七四歳であった。

ソヴィエト体制下の中央アジア

ここでソ連邦成立後の中央アジアの動きについてみておこう。中央アジアの諸民族に対しては、一九二〇年代に採られた「現地化」政策によって、各民族語が固有の言語として認められるとともに、そのラテン文字の導入が図られた。だがそれも束の間であった。一九三八年からはロシア語教育が義務化され、そして中央アジア諸語もキリル文字に変更された。結果として中央アジアは民族語とロシア語の「バイリンガル社会」となり、一九五〇年代末には識字率は一〇〇パーセントに近づいたのである。「現地化」政策は、もとより一方的な押し付けではあったが、民族語教育と共和国幹部への現地民族の登用が奨励されただけでなく、ソヴィエト体制のなかで立身出世する可能性を開いたことも忘れてはならない。

他方でイスラム信仰はソヴィエト体制下では明確に否定された。イスラム法は完全に棄てられ、モスクは閉鎖された。またムスリム知識人は逮捕・投獄され、他方で女性の外出用ヴェール廃棄運動が女性解放運動の一環として行われた。第二次大戦下での一時的な「復活」はみられたものの、イスラム的な実践は日常生活のなかから失われていったのである。

ソヴィエト政権による「農業集団化」政策は中央アジアの生活伝統に文字通り「文明的な変容」をひき起こした。特に遊牧民に対する強制的定住化によって、彼らの生業が「定住型の畜産」への変化を余儀なくされた。こうして伝統的な遊牧はほとんど消滅したのである。他方でフェルガナ運河の建設などの大型開発も実施されたが、これも諸共和国のバランスのとれた発展を配慮したものではなかった。フェルガナ盆地は、「白い金」と呼ばれた綿花の最大の供給地としてソヴィエト経済にとっても重要な位置を占め続けたのである。

第二次大戦下の中央アジアは民族強制移住の地でもあった。ロシア帝国のなかで自治的に生活していたクリミア・タタール、朝鮮人やドイツ人などが敵国への協力やスパイ容疑で移住を強制されたのである。

フルシチョフからゴルバチョフまで

フルシチョフと「雪どけ」

「スターリンが死んだ」。すべての権力を握っていた独裁者の死を聞いたソヴィエトの人びとは驚き、そして悲しんだ。スターリンの遺体も永久保存措置がほどこされ、レーニンと並べられた。人びとは「レーニン・スターリン廟」の上に立つ新しい指導者の登場を怖々と待った。後継首相にはひとまずマレンコフが就いたが、彼を含む数人の共産党幹部の権力闘争のなかから出てきたのはニキータ・フルシチョフであった。ウクライナ生まれで、元はドンバスの炭鉱夫であったフルシチョフはスターリンに忠実で、彼の数々の「犯罪」とも無縁ではなかった。すでに五九歳で若くはなかったが、陽気な人柄であった。フルシチョフは政治において独自色を出すことに成功した。

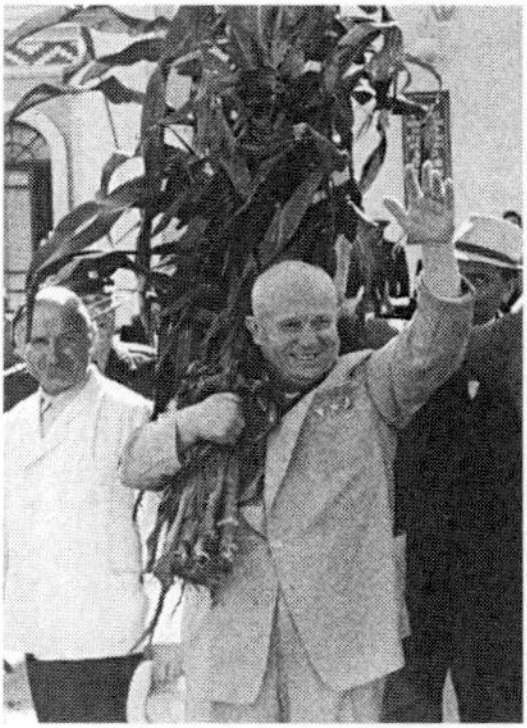

フルシチョフ　1961年、故郷のウクライナでトウモロコシを担いで宣伝する

フルシチョフの最大の成果はスターリン時代の「大テロル」の犠牲者に対する名誉回復の求めに応じたこと、さらにもう一歩進めて「個人崇拝批判」に踏み切ったことである。もとより問題の所在は幹部ならずとも知られ

ていた。スターリン死後しばらくして、「大量抑圧」についての調査委員会が設置された。報告はフルシチョフらの指導者たちをも愕然とさせるものであった。フルシチョフはすぐに動いた。一九五六年二月の第二〇回ソ連共産党大会の最終日の二月二五日にフルシチョフは、非公開の秘密報告「個人崇拝とその諸結果について」でスターリン批判を展開した。報告はすぐに党員たちの知るところとなり、六月にはアメリカ国務省が英訳テキストを公表した。

フルシチョフのスターリン批判は世界中に強い衝撃を与えた。ハンガリーのように「動乱」にまで進んだ国は稀だが、その直前まで神格化されていたスターリンの権威を引きずりおろし、世界の社会主義の運動家と信奉者に与えた衝撃は計り知れないものがあった。ロシアではテロルやラーゲリ刑の犠牲者たちの名誉回復の動きが始まった。「再審」によって一〇〇〇万をこえる人びとが釈放され、同数の死者が名誉回復を受け、いずれもわずかばかりの補償を受けた。一九六一年、スターリンの遺体は廟から出され、焼却された。廟の裏にある革命功労者たちの墓に「格下げ」されたのである。

スターリンの死後、知識人のあいだから自由化の要求が生まれていた。文学界ではエレンブルクの『雪どけ』（第一部は一九五四年）が発表された。「雪どけ」という言葉はこの時代の自由化を象徴するものとして、広く使用されたが、もとより全面的なものではなかった。詩人パステルナークが書いた小説『ドクトル・ジヴァゴ』は「政府に批判的」という理由で国内で発表できず、一九五七年にイタリアで刊行された。翌年のノーベル文学賞にも決定されたが、ソ連当局の組織的な攻撃のためにパステルナークは受賞を辞退した。他方で八年におよぶ長い収容所体験をもつソルジェニーツィンは、一九六二年『イワン・デニーソヴィチの一日』を発表するが、その雑誌掲載を認めたのはフルシチョフであった。

「アメリカに追いつき、追い越せ」

フルシチョフ時代が始まって間もない一九五七年一〇月に人類初の人工衛星「スプートニク」の打ち上げが成功した。これも世界を驚かせたが、特にアメリカに強い衝撃を与えた。翌年、アメリカのジャーナリスト、ジョン・ガンサーは『ソヴィエトの内幕』で次のように述べた。「きわめてはっきりしていることは、スプートニクの大気圏外への推進は、アメリカおよび自由世界にとって動かしがたい、電撃的な敗北を意味したこと、しかもこの敗北はアメリカ人が自己満足の結果、みずからの優位を確信していた領域、すなわち科学の技術への応用という領域で起きたということである」。

革命四〇周年の記念集会で、フルシチョフはソヴィエトは主要一一物資で一五年後には「アメリカに追いつき、追い越す」ことになると宣言した。人口一人あたりの肉、牛乳、バターの生産では「近年中に」それが達成されるとも述べた。当時のソヴィエト人の生活水準はアメリカ人の五〇パーセントとされていたが、「革命」「内戦」「第二次大戦」というほとんど半世紀におよぶ混乱のなかで、米ソの生産力水準の違いは歴然としていた。それが今や「米ソ経済競争」について語られるまでになった。社会主義は計画経済によって資本主義に固有の「恐慌」を取り除くだけでなく、経済を発展させ、人びとの生活水準を向上させるとするスローガンが実現に向かったのである。フルシチョフは新たに「七ヵ年計画」を出発させた。

二年後にフルシチョフは訪米して、「平和共存」の路線をとるが、これは一面である。一九六一年八月にはベルリンに「壁」を築くことで西ヨーロッパ諸国と決定的な対立に陥り、翌年にはキューバへの核ミサイルの配備をめぐって、アメリカとの間に核戦争の危機が生まれた。他方で同盟国の中国も「ソ連修正主義」を批判して、関係が悪化した。

国内では穀物生産の拡大のために中央アジア、カザフスタンの処女地開拓が進められ、コムソモール員が送りこまれた。またトウモロコシの作付けが拡大され、コルホーズ規模も大きく拡大された。こうした農業政策は当初こそ成果を挙げたものの、行きづまり失敗に終わった。一九六四年一〇月、フルシチョフはその責任を問われ職を解かれた。ブレジネフ第一書記とコスイギン首相、そして最高会議議長ポドゴールヌイの「トロイカ」へ移行した。

ブレジネフ時代の「停滞」

一〇年におよぶフルシチョフ時代の最大の成果は、理由のない「逮捕」「流刑」、さらには「処刑」という悪夢から人びとが解放されたことであった。だが後継のブレジネフ体制は、それ以上のスターリン批判を許さなかった。社会の民主化に歯止めをかけ、「歴史の見直し」は封印された。公的な活動に意見を表明するものは抑圧され、「異論派」は「地下出版」を

ブレジネフ書記長　1974年６月、ソ連を訪れたニクソン米大統領（左）を案内する

余儀なくされた。人びとはソヴィエト体制への忠誠を誓い、私生活での「自由」の享受に向かった。都会では週休二日制が導入され、都市郊外に小さな菜園付きの「別荘」を手に入れることが流行した。そうしたなかで一九六七年、「ロシア革命五〇周年」が祝われた。

　だがブレジネフ時代もそこまでであった。政治、経済、そして社会生活のあらゆる面で「停滞」が始まった。もともとブレジネフは「無難な指導者」として選ばれたのであり、根本的な改革の意図はなかった。人脈・縁故の横行といった政府幹部の腐敗、老人政治化などは年を追うごとにひどくなった。工業の中心であり、将来ともこの国の最優先部門とされる機械製作工業をみると、国際的な水準に達している製品は三〇パーセント足らずで、コンピューター部門は平均して一〇年遅れていた。農業生産性も低く、一九七九〜八一年の段階で穀物の単位収量（ヘクタールあたりトン）は、アメリカの四・二に対して一・四、つまり三分の一であり、隣の同じ社会主義国ポーランドよりも低かった。一九七〇年代末、ソ連の経済成長はゼロに近づき、国防産業重視のシステムは破綻をきたしつつあったのである。

　こうしたなかで「社会的腐蝕」が深く進んだ。人びとの無気力と無関心、アルコール中毒や犯罪の増加などが

酔った人びと　今も昔も、ロシア最大の社会問題は「飲酒」である。*THE RUSSIAN CENTURY*, 1994より

それであり、労働規律も弛緩した。無断欠勤は多く、その理由の第一は「呑みすぎ」であった。住宅問題は切実であり、大衆消費財や薬剤の不足も深刻であった。他方で闇経済が横行し、公認の個人副業経営を含めると、「アングラ・ビジネス」がGNPの二五パーセントを占めたという推測もある。党の機関紙『プラウダ』でさえ、「どの家庭でもお祝いの日に訪ねてみたら、店舗の棚にはないものがテーブルに揃っているのを見て驚くだろう」と認めた。

以上のようにスターリン批判後も、この国の行政システムとその骨格である官僚制装置は手つかずのまま残り、「権威主義的官僚主義」が続いていた。人びとの目は「私生活の充実」に向けられたのだが、その根底で「動脈硬化」が進行していたのである。

一九八〇年にモスクワでは「華々しく」オリンピックが開催されたが、同じ年ポーランドでは自主労組「連帯」が組織された。改めて社会主義体制の正当性に根本的な疑問を投げかけたのである。翌年アメリカ大統領に就任したレーガンは対ソ強硬派で、厖大なコストと科学技術をもってSDI計画を打ち出した。ブレジネフは八二年に亡くなり、後継のアンドロポフ、チェルネンコは高齢のため、短命に終わった。若手の指導者が必要なことは誰の目にも明らかであった。一九八五年、五四歳のミハイル・ゴルバチョフが登場したのには、このような背景があった。

ゴルバチョフのペレストロイカ

ゴルバチョフは南部のスタヴローポリのコルホーズ農家に生まれた。モスクワ大学を出て地元のコムソモールで働き、ブレジネフ期の一九七八年に農業担当の共産党中央委員会書記に抜擢された党のエリートであった。その二年後政治局員となり、さらに五年後の一九八五年三月に党書記長として登場したのである。彼がソヴィエト社会の全面的なペレストロイカ、つまり「立て直し」と「情報公開」の必要性を強く主張したのは翌年四月末にチェルノブイリ原発事故があったからである。事故によって失われた人命は約三五〇〇人にのぼり、そして多くの被曝者を出した。人びとは立ち退きを余儀なくされ、チェルノブイリの周辺地域は無人地帯と化した。事故は世界の人びとに根源的な不安を与えたのである。

ゴルバチョフ大統領　1991年、日本の国会で演説

一九八七年に入ると「社会の民主化」が打ち出され、訪米したゴルバチョフは中距離核戦力全廃条約に調印した。「軍拡から軍縮へ」という方向転換が表明されたのである。

「教会」の復活　クールスクの修道院の有名な十字架行列。ゴルバチョフの政教和解でキリスト教信仰が復活した。*THE RUSSIAN CENTURY*, 1994より

インテリたちは新聞、雑誌に拠って彼の改革を支持し、「結社」活動や市民運動も始まった。「停滞の時代」には阻止されていたスターリンによる抑圧の犠牲者約八〇万人の名誉回復と復権がなされた。「歴史の空白を埋める」ゴルバチョフの改革は、予想をこえて「東欧革命」に道を拓いた。「ベルリンの壁」が撤去されたのは一九八九年一一月のことで、東西ドイツの統一がなされた。ポーランド、チェコスロバキア、ハンガリーなどでも政治の「自由化」と「市場経済」の動きが加速された。

一九八八年はロシアの「受洗千年」にあたっていた。「十月革命」から七〇年間、「無神論」に立つソヴィエト政府によって教会は受難の日々を送ってきた。教会は次々と破壊され、残された大修道院は「博物館」とされた。スターリンは「大祖国戦争」期に戦意高揚のために一時的な「和解」を図ったが、フルシチョフの時代には教会の数は三分の二に減少していた。けれどもロシア人の多くは信仰を捨てたわけではなかった。密かにイコンを保持して、家庭で祈りを捧げていたのである。

ゴルバチョフは宗教政策の転換に踏み切った。「受洗千年」を前に、彼はピーメン総主教

などの高位聖職者をクレムリンに招いて、過去のソヴィエト政権の宗教政策の誤りを認め、「政教和解」に最終的な決定を下した。ザゴルスクのトロイツェ・セルギエフ修道院では六月はじめロシア正教会の全体会議が開かれ、「千年祭」を契機に信仰は公然となった。ロシア正教会はこの時ロシア語訳聖書一〇万部を発行した。ロシア人にはかなり高価であったが、即日完売したという。モスクワはもとより、全国各地で放置され荒れるに任されていた教会の再建が始まった。再建が報ぜられると多くの寄付が集まったのである。

ソヴィエトの旗、降りる

だがゴルバチョフの求めていたのは「革命」ではなく、共産党主導の「改革」であった。一九八九年三月の議会選挙でも「複数政党制」は問題として提出されていなかった。ところがペレストロイカは急進的改革派を勢いづけ、その動きに乗ったボリス・エリツィンが登場してきた。一年後にゴルバチョフは「ソ連邦大統領」となったが、「共産党」を捨てたエリツィンがロシア共和国大統領に選ばれた。実質的な権力は後者に移行したのである。

加えてさまざまな形で抑圧を余儀なくされてきたソヴィエト内の諸民族の「独立」の動きに火がついた。ソ連邦は一五の共和国が「加盟」していたが、歴史的に関係が深いウクライナ、ベラルーシ、あるいはグルジア、アルメニア、またいわゆるバルト三国のラトヴィア、エストニア、リトアニアではロシア人の比重は大きかった。だがどこでも「独立」の動きは強かった。中央アジアのウズベキスタン、トルクメニスタン、タジキスタンでは「ロシア人」の比重は一〇パーセント以下であったのに対してキルギスタンは一五パーセント、カザフスタンは三〇パーセントを占めた。ゴルバチョフはロシア共和国を中心にして「主権国家連合」の形成をはかった。

どの共和国でも経済は大混乱の状態にあった。とくに「帝都」モスクワでは街の店から普段でさえ不足していた商品が消えた。人口のほぼ三割が政府のいう「最低生活水準以下」となったが、実態はそれ以下であった。こうした事態を招いたゴルバチョフに強い批判が向かったのはやむを得なかった。世界では危機を回避した指導者として評判がよかったゴルバチョフだが、国内ではそうではなかった。

一九九一年四月一六日から三日間、ゴルバチョフ大統領は日本を訪問した。ソヴィエト時代を通じて、国家元首の訪日は初めてのことであった。だがその年八月末のクーデタ騒ぎを契機にゴルバチョフの権威は明らかに失墜した。一二月末ゴルバチョフは大統領を辞任して、ソヴィエト連邦は崩壊した。クレムリンの尖塔からソヴィエト旗が静かに降ろされた。

結びにかえて

ロシア社会史の試み

本書はロマノフ家が支配した約三世紀の歴史を中心に、ロシアの社会史を描こうとする試みである。

本書執筆の二年前、私は講談社選書メチエの一冊として『よみがえるロマノフ家』を書いた。前著はモスクワのクレムリン、あるいはペテルブルクの宮廷の動きだけを追った「王朝史」ではなく、皇帝たちの動きを一般の社会と民衆とのかかわりのなかで考える、その意味で「政治」に対する社会史的アプローチをとるものであると述べた。それはその通りなのだが、調べれば調べるほどロマノフ家にまつわる「エピソード」には興味尽きないものがあり、それを欠かしては彼らの「政治」そのものの理解も不十分なままに終わるように思われた。ツァーリ「個人」とその周辺の事情についてかなり詳しく述べたのはそうした理由からだが、その反面、社会と民衆については十分に書き込むことができないという憾みが残った。

本書は「ロマノフ家の歴史」と銘打ったものではない。対象はあくまで彼らの支配した時代の「帝政ロシア」である。したがってツァーリ「個人」とその周辺の事情については思い切って削減して、多くのページを社会と民衆の問題に割いた。併せてロマノフ王朝の前後の時代についてもそれぞれ一章を設けて、通史という性格を持たせることになった。もとよりそれだけでは不十分なことは誰よりも著者が承知している。そこで最後に通史としてのロシア社会史を考えるうえで筆者が特に重要と考える三点について、覚え書きを記すことにしよう。

多民族国家ロシアの形成

多民族国家ロシアの形成、とくに東方拡大の画期となったのは一六世紀半ばのイヴァン雷帝によるカザン・ハン国の征服にあった。さらにアストラハン・ハン国そしてシビル・ハン国の征服という形で南と東への領土拡大が進められた。この点はどの概説書にも必ず記されるところだが、本書ではその前提として中世の二四〇年間におよぶ「タタールのくびき」、そしてその後遺症という問題についても注意を喚起しておいた。この点について歴史家クリュチェフスキーは、かつて「八世紀からほぼ一七世紀まで続いたステップの遊牧民族、ポロヴェツ人および凶悪なタタール人との闘争はロシア民族の記憶に、特に深く刻みつけられ、その叙事詩にもっとも鮮明に表現されたところのもっとも苦しい歴史的な思い出である」と書いた。

だが一八世紀以来、攻守は逆転した。ロシアはヴォルガをこえてカザフスタンに進出した。本格的な征服は一九世紀に入ってからだが、さらにカフカースのアゼルバイジャン、アルメニア、グルジアは一九世紀半ばまでに、中央アジア・トルキスタンは一八六五年から二〇年の間に軍事的に制圧された。

もとより拡大は東方や南方だけではない。一七世紀半ばに穀倉地帯のウクライナ東部が「自治国」としてロシアに吸収され、一八世紀末までに完全に併合された。ピョートル時代にはスウェーデンからいわゆる「バルト三国」を獲得した。世紀末にはプロイセン、オーストリアとともにロシアは中世の大国ポーランドを「三分割」して、大きな領土を加えた。こうして西方にも拡大を続けたのである。

帝政ロシアは、こうして一九世紀末までに沿バルト地方、ポーランドとウクライナなどのヨーロッパ地域、カフカース地方、中央アジア、シベリア・極東をふくむ巨大な植民地帝国に発展した。その結果帝国は宗教、言語などの異なる二〇〇もの「民族」を抱え込むことになった。なかにはアレウト人のように一九一〇年の調査で一五〇〇人に満たない「少数民族」もいた。ロマノフ王朝が成立して間もない一六四六年の段階では、ロシア人の割合が約九五パーセントであったのに対して、帝政末期の一九一七年には「呼び名の民族」であるロシア人の割合が約四五パーセント、つまり半数以下にまで低下したのである。

多民族帝国の実態

以上のようなロシアの拡大に特徴的なことは、経済的な利益を目指すというよりも、戦略的・政治的な考慮が優先していたことである。つまり先進的なヨーロッパ諸国とは違って経済的な利益、あるいはキリスト教的使命は弱く、安全保障の要素がより強かった。女帝エカテリーナ二世の宗教的寛容まで、きびしい改宗政策がとられたことは否定できないところだが、帝国の民族政策をみると、一九世紀半ばで大きく二分される。それまでは異民族の「行政的な支配」に留まっていたのに対して、一九世紀後半からはロシア語やロシア正教の強制のような「文化的なロシア化政策」が強力に展開された。例えばウクライナでは一八六三年の内務大臣指令によってウクライナ語の使用が禁止された。また正教の布教団が各地に派遣され、民族運動に対しても厳しい措置が取られた。この点では特にポーランドの二度にわたる反ロシア蜂起（一八三〇、一八六三）が画期とされている。ユダヤ人に対する抑圧措置も「ポグロム」という言葉で広く知られている。

だが帝国の中枢機関ともいうべき官僚や軍隊に占める「非ロシア人」の割合は決して少なくなかった。一八六八年の段階で、軍の将校の二三パーセントが「非正教徒」であった。民族や宗教への所属よりも、帝位への忠誠、専門性、名門が高く評価されたのである。また責任あるポストに「民族地域」出身の優れた人物が任用されたが、こうした「抜擢」人事の例も決して少なくない。これによって「中央」の強化とともに、ややもすると遠心的な「地域」の統合が図られたのである。

ソヴィエトが受け継いだのは、以上のような性格をもつ多民族国家であった。ロシア連邦と一五の民族共和国から構成されたソ連邦は、憲法で「自由な離脱」が保障されていた。ソ連邦の崩壊は皮肉にもその実践であったわけだが、離脱の引き金となったのは、ロマノフ家の帝政時代よりもはるかに抑圧的で、強力な中央集権化であった。

だがいかなる帝国も「ムチ」だけで支配することはできない。連邦崩壊についても抑圧と解放という単純な図式でみることはできない。支配を受けた「民族地域」のエリートたちはさまざまなルートでモスクワと繋がった。また「抜擢」人事も続いたが、見逃すことができないのは、ロシア人にみられる帝国維持の「高コスト感情」という問題である。つまり帝国を維持するために犠牲を強いられてきた、遅れた周辺諸民族に恩恵を与えすぎたという感情である。いささか身勝手な言い分だが、多くの資金が「民族地域」に注がれてきたことは事実である。ロシア人の「高コスト感」を「支配民族の被害者意識」と呼んだ論者もいるが、改めて多民族帝国ロシアの実態について冷静で具体的な分析が求められているのである。

植民問題再考

ロシアの拡大という問題は、本書の最初に述べた植民問題と深く関連していた。というよりも二つの問題は表裏一体をなしていたのである。

ピョートル大帝の時代からの二〇〇年間で、ロシアの領土は平均すると一日につき四〇〇平方キロメートルの割合で増加した（東京都の面積は約二二〇〇平方キロだから、せいぜい六日分ということになる）。もとより人を寄せ付けない不毛の土地もあったが、肥沃な土地には事欠かなかった。ロシアの農民には、ほとんど何時でも植民の可能性が開けていたのである。少しでも土地が狭隘《きょうあい》になると、農民たちは移住した。聖俗の領主は自分たちの農民を手に入れた肥沃な新開地に移動させ、あるいは残った農民たちもしばしば不法に移住、つまり逃亡したのである。

かくて農民たちは移住をいわば理想化した。逃亡農民にとって、移住は領主による「不公正な」搾取からの脱出であり、遠くの地に「地上の楽園」を探す試みであった。人びとはそこに自由とゆたかな暮らしを期待したのである。いわゆる「白水境（ベロヴォージエ）」伝説の存在から、「遠くにあるゆたかな地域」の理想化の起源を一七世紀半ばの「古儀式派」に求める見解がある。たしかに「古儀式派」の運動は、そうした農民の志向を強めたが、移住を理想化する傾向は中世からあった。そしてそれは二〇世紀初めまでロシアの農民の間に深く根を下ろしていたのである。

以上のような農民の移住と逃亡は領土拡大と一体のもので、もはやその点に多くの説明は不要であろう。他方でこの現象はネガティヴな側面をもったことも指摘しておかなければならない。農民たちは新しいゆたかな土地に「旧来の農法」を持ち込んだ。つまり彼らは人口増加に農業集約化と増産によって対処するのではなく、いつも移住によって問題の解決を図ったのである。新しく集約的な農業に移行するためには、時間と知識と資金が必要であった。またそれに立ち向かう心構えも求められた。農民たちが集約化を試みたのは土地不足に陥った場合、移住の可能性が閉じられている場合だけであった。土地の余剰がある場合には、新しいゆたかな土地で旧来の粗放的な農業を続けたのである。

このように領土拡大は、資金のない農民が集約的な経営へ移行するのを阻むことになった。農業の集約化、農業生産の拡大などをふくめて「農業革命」の根本には「人口圧」があるというのは農業経済学の有力な命題だが、その意味では領土拡大は人口増加がもたらす効果を無にした。帝政末期までロシアの農民は生産性こそ低いが、社会的には平等で「正義にかなった」中世以来の共同体的農業を続けた。ロシアに一六世紀イギリスのような「農業革命」は生まれず、また一九世紀のフランス、ドイツのような個人主義的農業への移行もなかった。もとより何一つ改善がなかったわけではないが、基本的には以上のような「農民の伝統」が支配的であったのである。これに終止符を打とうとしたのがストルイピンの土地改革であったが、第一次大戦の勃発と革命によってご破算となった。それに息の根を止めたのがスターリンの強制的な農業集団化であったが、空前絶後ともいうべき厖大な犠牲を伴ったのである。

都市にみる「ロシアとヨーロッパ」

以上のようなロシアの農業と農民のあり方は、都市の未熟、弱さという問題とも深く関連している。

ロシアの都市は、すでに述べたように「タタールのくびき」、つまりモンゴル人の侵攻に際して、かなりの程度破壊されてしまった。そしてくびきからの解放後に建設された都市はほとんどが「要塞」を出発点としていた。つまり第一義的には軍事・行政的な都市であった。都市の安全が確保されると、商人たちが来住して軍事的な性格は薄められた。だがそこに「自治と自由」が芽生えることはなかった。都市は専制に仕える「担税共同体」という性格を持ちつづけたのである。加えてロシアの都市はあらゆる面で農村とは明確に切り離されておらず、一七世紀半ばの都市一揆を経て、ようやく都市身分による商業・手工業活動の独占が認められたが、「商業農民」は跡を絶たなかった。一七七五年の地方改革の実施にさいして、エカテリーナ二世は新たに郡の中心都市の設置に迫られたとき、大きな村を都市に格上げしなければならなかったことはよく知られている。つまり都市は近代にいたるまでロシアの社会形成において何らポジティブな役割を果たすこともなかったのである。これと対照的なのはヨーロッパの都市である。

一二、一三世紀に誕生したヨーロッパの中世都市は、古い学説によって唱えられたように近代民主主義の起源をなす「自治と自由の砦」ではなかった。「自治と自由」の担い手は「市民権を持つ市民」であって、他の大勢の非市民は市政から排除されていた。また一方に寡頭制で市政を独占するゆたかな市民がいるが、他方で都市住民の平均二〇パーセントは貧民であった。そうしたなかでの「自治と自由」であったことはすでに常識であろう。

だからといって、その伝統を軽視することはできない。「中世史に関する二〇世紀最大の業績」として高い評価を受けたソヴィエトの歴史家アーロン・グレーヴィチの『中世文化のカテゴリー』(一九七二)は、西欧の中世都市が「中世の生活の最も本質的な特徴」を持ちながらも、西欧の「文化に唯一無二の独自性」を付与したことを指摘している。彼によると都市の「市民とは、自分の市自治体の成員であり、所有者であり、労働する主体であった。

市民はその社会関係の多面性ゆえに封建社会の他の階層の代表者よりも優位に立っていた」。

私見では、このような都市と市民なくして、近代の曙を告げるルネサンスと宗教改革も起こりえなかった。ルターの教えはまず都市に広がったのだが、市民たちは公開討論会や市民総会を開き、あるいは拡大参事会つまり市政府の判断で彼の教えを受け入れるか否かを決定した。言うまでもなく、市民たちは自ら武装して自分たちの都市とその特権を守ったのであり、その伝統はヨーロッパ社会に深く根を下ろした。いかに排他的、特権的な性格をもつとはいえ、ヨーロッパ近代の「市民社会」は中世都市に源をもつと言うことができるだろう。

再びグレーヴィチに戻ると、たしかに彼はロシアの都市については何も言っていない。だが「中世の東洋の都市」「ビザンティン帝国の都市」について次のように指摘する。

> （都市は）いかに経済的・文化的に発達していたにせよ、中世の発達段階の限界を越えて、その外に社会全体を導きだすような進歩の根源となることはできなかった。これらの都市には、自由な、自治権をもつ都市共同体の成員たる市民という社会的タイプが欠如していたのである。——この社会的類型は独裁政治《デスポチズム》が支配しているところや社会的無権利という条件が全般にわたっているところでは考えられないものであった。
>
> （川端香男里／栗原成郎訳）

この指摘はロシアの都市について述べているものと解釈してほぼ間違いないであろう。ちなみにグレーヴィチはソ連史学会にあって不遇をかこったユダヤ人であった。

ロシアに固有な条件

ロシアは九八八年の「受洗」以来、一貫して西洋キリスト教世界の一員であった。コンスタンティノープル経由のギリシア正教ではあるが、ロシア人の歴史的アイデンティティをキリスト教に求める歴史家は少なくない。もとより私もそれに異論はなく、教会と信仰の問題については本書の随所で言及したところである。それとともに、あるいはそれ以上に重要と思われるのは「タタールのくびき」を経験することでロシアはヨーロッパとは異なる道を歩むことになったことである。くびきからの離脱のなかから生まれたモスクワ専制国家も首都をクリミア・タタールに蹂躙《じゅうりん》され、その後も多くのロシア人が捕虜として連れ去られた。長いあいだ防衛、特に国境警備は政府にとって文字通り最重要課題であったのである。南方、東方へのロシアの領土拡大の裏側に「タタールのくびき」の心理的な後遺症を見ることはさほど的外れではないだろう。結果としてロシアはイスラムをはじめ多くの非ロシア人を抱える「植民地帝国」となった。近代ロシアの構造的な特質とされる「強大なツァーリ権力」と「脆弱《ぜいじゃく》な社会」というあり方も以上のような歴史と深く関連しているように思われる。

ロシアの歴史を大きく規定したのは、一千年におよぶステップの遊牧民族との敵対を余儀なくされた地理的な条件、つまりユーラシア大陸の東側、「ヨーロッパとアジアの狭間」に位置したロシア固有な条件であった。先に紹介したクリュチェフスキーの鋭い指摘があるように、この論点は新しいものではないが、歴史の見直しに当たっては、改めてこの点の確認から出発しなければならないのである。

学術文庫版のあとがき

本書の原本が刊行されたのは二〇〇七年三月です。成稿はその半年ほど前で、ちょうど一〇年が経過したことになります。今読みかえすと説明の不十分な点が目につきますが、本書に示された私なりのロシア史観は今でもほとんど変化はありません。したがって本文の修正は日露戦争等どうしても手直しが必要な二、三ヵ所に限り、参考文献についてだけ入れ替えを含めて補充しました。本書刊行後の成果はきわめて多数にのぼり、研究の方向も多様です。二〇一二年九月に刊行された『ロシア史研究案内』第一部の参照を併せてお願いしておきます。

筆者専攻の「近世ロシア」では勿論そうですが、ロシア史全体でも焦点とされてきたのがピョートル大帝の評価の問題です。本書では「改革」ではなく「革命」という、より刺激的な表現が用いられていますが、その評価については一九世紀三〇年代以来の長い論争の歴史があります。歴史学上の論争が常にそうですが、今後も決着ということは到底望めないと思います。ただ改めて確認しておきたいのは、よく言われるようにピョートル大帝はやみくもな「西欧主義者」ではなかったことです。古典中の古典ともいうべきクリュチェフスキーの『ロシア史講話』第四巻（一九〇九）でも指摘されていますが、「ヨーロッパとの接近は、ピヨートルの眼中にあってはただ目的達成のための手段であって、目的そのものではなかった」（訳文は改変。以下同）。この点はすでに異論もないところだと思いますが、クリュチェフスキーはさらにもう一歩進めて、「我々にヨーロッパが必要なのは数十年であって、その後我々はそれに背を向けるであろう」というピョートルの「発言」を紹介しているのです。ヨーロッパに「背を向ける」というのは、その後そして現在のロシアの対西欧の態度を考えると意味深長に思われます。クリュチェフスキーによると、これは「ピョートルが語り、オステルマンが書き留めたと称する言葉についての、多くの人を通じて我々にまで伝えられた」「伝説（プレダーニエ）」であるといいます。オステルマン（一六八六〜一七四七）とは、本文でも言及されたように、一七〇八年以来ロシア政府に仕えたドイツ人で、一七二三年に外務参議会の副長官に任ぜられたピョートル大帝の寵臣です。クリュチェフスキーの『講話』には「伝説」の典拠はなく、その後の研究者の言及もありません。この点は以前から気になっていたのですが、残念ながら私も調べがついていません。ただピョートルの「発言」が示唆しているのは、みずからを大帝の後継者と位置づけた女帝エカテリーナ二世よりも、むしろピョートルを尊崇しながらも、「国民性」、つまりロシア固有の価値を追求したニコライ一世の方を重視する視点です。後者については本書でも多少触れたところですが、その視点からピョートル期全体の読み直しも必要と考えています。

こうしたピョートル大帝の評価の問題は、明治以降の日本の「西洋化」とも無縁でないと思われますが、それはさておき、日露関係の起源もピョートルの時代にまで遡ることができます。「大使節団」の旅から帰国後の一六九八年六月、彼はある手紙のなかで、北京におけるギリシア正教会の設立を伝える部下の報告に対して、ロシアの聖職者たちが中国の当局者を刺激して、「日本におけるイエズス会の轍」を踏まぬように警告しています。恐らく長崎出島に商館をもうけていたオランダ人を通しての日本情報かと推測されます。他方で、ピョートルは一七〇二年に一人の日本人と会っています。モスクワのシベリア官署で、取り調べのためにカムチャツカから送られて来た漂流民、大坂の商人「デンベイ（伝兵衛）」を引見したのです。エカテリーナ二世の時代の漂流民大黒屋光太夫とは違って帰国は許されず、伝兵衛はモスクワに留まってロシア人に日本語の読み書きを教えるように命じられます。日本に対するピョートルの関心は、その後カムチャツカ探検隊の派遣やカムチャツカ・千島地図の作成となって現れますが、当時のロシア人にとって、日本は「いつもかなたに見えてはいるが、それに近付くと消え去ってしまう蜃気楼のようなもの」であったのです（ズナメンスキー『ロシア人の日本発見』秋月俊幸訳）。

両国の人びとの直接の接触が始まるのは一八世紀末のことで、最初の日露交渉の場は蝦夷地でした。ラッコ等の毛皮獣を求めてカムチャツカから千島諸島を南下してきたロシア人商人たちが、蝦夷地で通訳のアイヌを介して松前藩の役人と出会ったのです。一七七八年のことで、翌年厚岸（アッケシ）に会見の場が設けられます。「アッケシの日露会見図」（左図）は同行の商人シャバリンが描いたもので、現在ドイツのゲッチンゲン大学のアッシュ・コレクションに所蔵されています。その経緯もまた興味深いものがあります。アッシュとはピョ

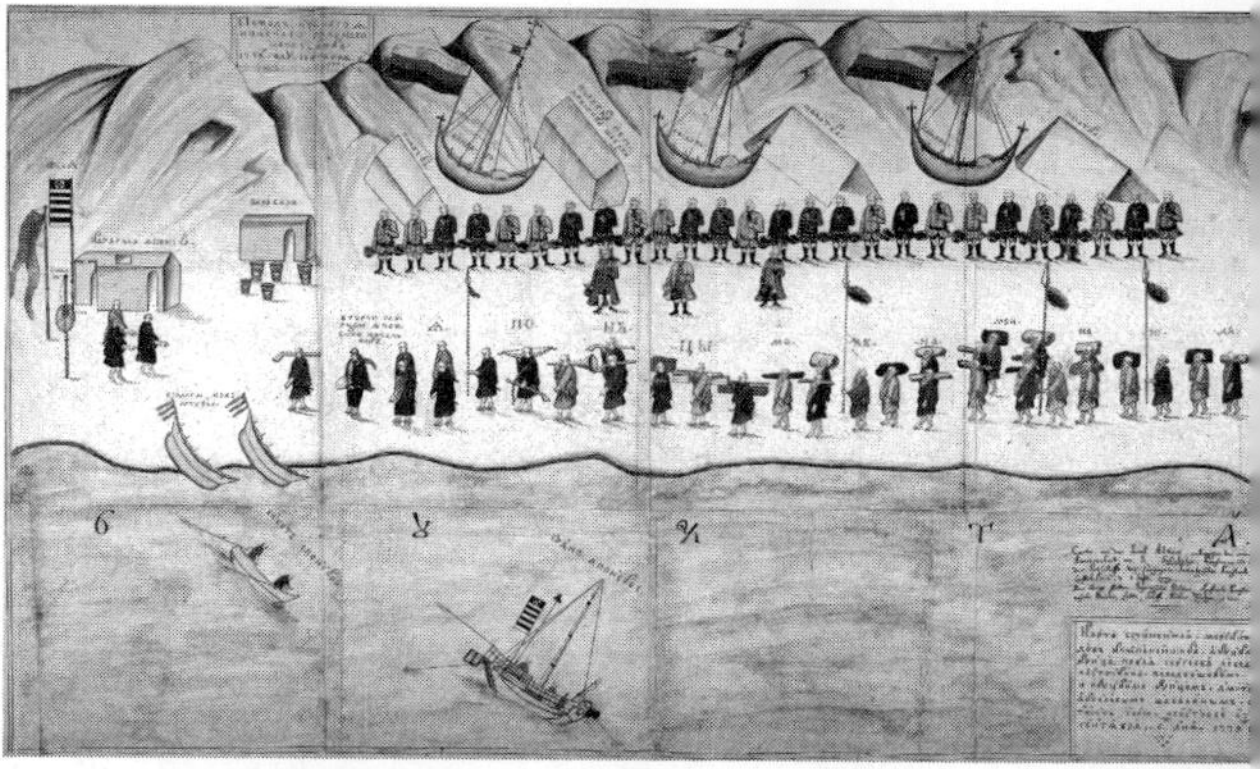

アッケシの日露会見図　1779年

ートル時代に「お雇い」としてロシアにやって来たドイツ人の息子で、ドイツ系ロシア人のゲオルグ・アッシュ（一七二九～一八〇七）のことです。ペテルブルクに住む外国人で最大多数を占めたのがドイツ人で、ドイツ人社会は首都にしっかりと根を下ろしていました。アッシュの生まれ育ちはロシアですが、創立間もないゲッチンゲン大学で学び、卒業後ロシア陸軍の軍医になります。勤務の傍ら蒐集した多くの歴史資料を母校に送り続けますが、その一つがこの会見図です。ゲッチンゲン大学はヨーロッパのロシア学の拠点で、統計学者・歴史家のシュレーツェルを筆頭にモスクワ大学との関わりが深いことも知られています。アッシュの友人にキリル・ラクスマンがいることから、大黒屋光太夫に会った可能性があるという推測もなされています（伊藤恵子「ドイツ資料から見た大黒屋光太夫」）。

以上短く記した初期の日露関係は、ロシア史の本流から見ると「単なるエピソード」に類することかも知れません。けれども本書でも言及した「植民地帝国」としてのロシア、あるいは今や大きな流れとなっている「ユーラシア帝国としての近代ロシア」把握を念頭に置くとき、従来の付随的な位置付けでは済まない多くの問題が浮かびます。「アッケシの日露会見」がそうだとは言いませんが、些細な事実の積み重ねが歴史像の大きな修正に至ることもまた「歴史の教訓」なのです。

二〇一六年　七月末

土肥恒之

・廣岡正久『ロシア・ナショナリズムの政治文化』創文社　2000年
・ベルジャーエフ他『道標』『深き淵より』長縄光男他訳　現代企画室　1991、92年
・マーチン『アファーマティヴ・アクションの帝国』半谷史郎監修　荒井幸康他訳　明石書店　2011
・松井憲明「ソ連時代の農民家族」『ロシア史研究』74　2004年
・松井康浩『スターリニズムの経験』岩波書店　2014年
・松戸清裕『ソ連史』筑摩書房　2011年
・メイリア『ソヴィエトの悲劇』上下　白須英子訳　草思社　1997年
・フルシチョフ『フルシチョフ秘密報告「スターリン批判」』志水速雄訳　講談社学術文庫　1977年
・フレヴニューク『スターリンの大テロル』富田武訳　岩波書店　1998年
・ワース『ロシア農民生活誌1917−1939』荒田洋訳　平凡社　1985年
・和田春樹『歴史としての社会主義』岩波新書　1992年
・和田春樹『スターリン批判　1953〜56年』作品社　2016年

- 横手慎二『日露戦争史』中公新書　2005年
- 保田孝一『ニコライ二世と改革の挫折』木鐸社　1985年
- 保田孝一『最後のロシア皇帝ニコライ二世の日記』朝日新聞社　1985年
- 和田春樹・和田あき子『血の日曜日』中公新書　1970年
- 和田春樹『日露戦争』上下　岩波書店　2009、10年

第九章

- 石井規衛『文明としてのソ連』山川出版社　1995年
- 伊藤恵子『革命と音楽』音楽之友社　2002年
- 岩上安身他『ソ連と呼ばれた国に生きて』JICC出版局　1992年
- 宇山智彦『中央アジアの歴史と現在』東洋書店　2000年
- 奥田央編『20世紀ロシア農民史』社会評論社　2006年
- カー『ロシア革命』塩川伸明訳　岩波現代文庫　2000年
- 菊地昌典『歴史としてのスターリン時代』盛田書店　1966年
- キム編『ソヴェト・インテリゲンチャ』中西治訳　東京創元社　1972年
- コンクエスト『スターリン』佐野真訳　時事通信社　1994年
- 斎藤治子『令嬢たちのロシア革命』岩波書店　2011年
- 塩川伸明『終焉の中のソ連史』朝日新聞社　1993年
- 塩川伸明『多民族国家ソ連の興亡』全3巻　岩波書店　2004～07年
- ジッド『ソヴェト旅行記／ソヴェト旅行記修正』小松清訳　新潮文庫　1969年
- 下斗米伸夫『ソ連＝党が所有した国家』講談社選書メチエ　2002年
- 関啓子『多民族社会を生きる』新読書社　2002年
- 高橋清治『民族の問題とペレストロイカ』平凡社　1990年
- 立石洋子『国民統合と歴史学』学術出版会　2011年
- 土肥恒之『岐路に立つ歴史家たち』山川出版社　2000年
- 富田武「ペレストロイカの背景」菊地昌典編『社会主義と現代世界③』山川出版社　1989年
- 富田武『スターリニズムの統治構造』岩波書店　1996年
- トロツキー『レーニン』松田道雄・竹内成明訳　河出書房新社　1972年
- 西山克典『ロシア革命と東方辺境地域』北海道大学図書刊行会　2002年
- パイプス『ロシア革命史』西山克典訳　成文社　2000年

・山本俊朗『アレクサンドル一世時代史の研究』早稲田大学出版部　1987年
・レーピン『ヴォルガの舟ひき』松下裕訳　中央公論社　1986年
・和田春樹『テロルと改革』山川出版社　2005年

第七章

・青木恭子「帝政末期ロシアのシベリア移住政策」『富山大学人文学部紀要』41　2004年
・帯谷知可「『近代』への胎動―植民地経験、革命、民族―」間野英二・堀川徹編著『中央アジアの歴史・社会・文化』放送大学教育振興会　2004年
・木村英亮・山本敏『ソ連現代史II　中央アジア・シベリア』山川出版社　1979年
・阪本秀昭『帝政末期シベリアの農村共同体』ミネルヴァ書房　1998年
・タッパー『大いなる海へ―シベリヤ鉄道建設史―』鈴木主税訳　フジ出版社　1971年
・浜由樹子『ユーラシア主義とは何か』成文社　2010年
・原暉之『ウラジオストク物語』三省堂　1998年
・黛秋津『三つの世界の狭間で』名古屋大学出版会　2013年

第八章

・池田嘉郎『革命ロシアの共和国とネイション』山川出版社　2007年
・ウェーバー『ロシア革命論』I、II　雀部幸隆・肥前栄一他訳　名古屋大学出版会　1997、98年
・加納格『ロシア帝国の民主化と国家統合』御茶の水書房　2001年
・カレール＝ダンコース『甦るニコライ二世』谷口侑訳　藤原書店　2001年
・小島修一『ロシア農業思想史の研究』ミネルヴァ書房　1987年
・小島修一『二十世紀初頭ロシアの経済学者群像』ミネルヴァ書房　2008年
・スイチン『本のための生涯』松下裕訳　図書出版社　1991年
・鈴木健夫『近代ロシアと農村共同体』創文社　2004年
・崔在東『近代ロシア農村の社会経済史』日本経済評論社　2007年
・土屋好古『「帝国」の黄昏、未完の「国民」』成文社　2012年
・マクレイノルズ『〈遊ぶ〉ロシア』高橋一彦他訳　法政大学出版局　2014年

・オーウェン『未完のブルジョワジー』野口建彦・栖原学訳　文眞堂　1988年
・菊地昌典『ロシア農奴解放の研究』御茶の水書房　1964年
・ギリャローフスキイ『世紀末のモスクワ』中田甫訳　群像社　1985年
・ケナン『シベリアと流刑制度』全２巻　左近毅訳　法政大学出版局　1996年
・ザイオンチコーフスキー『ロシヤにおける農奴制の廃止』増田冨壽・鈴木健夫訳　早稲田大学出版部　1983年
・佐藤芳行『帝政ロシアの農業問題』未来社　2000年
・下里俊行「聖なるロシアの『乞食』」坂内徳明他編『ロシア―聖とカオス―』彩流社　1995年
・鈴木健夫『帝政ロシアの共同体と農民』早稲田大学出版部　1990年
・トゥルゲーネフ『ロシアおよびロシア人』山本俊朗訳　廣文堂書店　1962年
・高田和夫『近代ロシア社会史研究』山川出版社　2004年
・高橋一彦『帝政ロシア司法制度史研究』名古屋大学出版会　2001年
・竹中浩『近代ロシアへの転換』東京大学出版会　1999年
・田中真晴『ロシア経済思想史の研究』ミネルヴァ書房　1967年
・外川継男『ゲルツェンとロシア社会』御茶の水書房　1973年
・冨岡庄一『ロシア経済史研究』有斐閣　1998年
・橋本伸也『エカテリーナの夢　ソフィアの旅』ミネルヴァ書房　2004年
・橋本伸也『帝国・身分・学校』名古屋大学出版会　2010年
・畠山禎『近代ロシア家族史研究』昭和堂　2012年
・バーンズ『Ｖ・Ｏ・クリュチェフスキー』清水昭雄他訳　彩流社　2010年
・バロン『プレハーノフ』白石治朗他訳　恒文社　1978年
・肥前栄一『ドイツとロシア』未来社　1986年
・フォン・ラウエ『セルゲイ・ウィッテとロシアの工業化』菅原崇光訳　勁草書房　1977年
・プレーヴェ／ゲルマン『ヴォルガ・ドイツ人』鈴木健夫・半谷史郎訳　彩流社　2008年
・ベーリュスチン『十九世紀ロシア農村司祭の生活』白石治朗訳　中央大学出版部　1999年
・マズーア『デカブリストの反乱』武藤潔・山内正樹訳　光和堂　1983年

- 黒澤岑夫『ロシア皇帝アレクサンドルＩ世の時代』論創社　2011年
- 関口武彦「聖職者独身制の形成」『歴史学研究』754　2001年
- 高田和夫『ロシア帝国論』平凡社　2012年
- 土肥恒之『ステンカ・ラージン』山川出版社　2002年
- 土肥恒之『ピョートル大帝とその時代』中公新書　1992年
- 土肥恒之『「死せる魂」の社会史』日本エディタースクール出版部　1989年
- 土肥恒之『ロシア社会史の世界』日本エディタースクール出版部　2010年
- 土肥恒之『ピョートル大帝』山川出版社（世界史リブレット人）2013年
- 豊川浩一『ロシア帝国民族統合史の研究』北海道大学出版会　2006年
- 鳥山成人『ロシア・東欧の国家と社会』恒文社　1985年
- 長縄光男『評伝ゲルツェン』成文社　2012年
- 中村喜和『聖なるロシアを求めて』平凡社　1990年
- ネクルィローヴァ『ロシアの縁日』坂内徳明訳　平凡社　1986年
- 坂内徳明『ロシア文化の基層』日本エディタースクール出版部　1991年
- プーシキン『プガチョーフ叛乱史』草鹿外吉訳　現代思潮社　1971年
- マーカー『ロシア出版文化史』白倉克文訳　成文社　2014年
- 松木栄三編訳『ピョートル前夜のロシア』彩流社　2003年
- 森永貴子『ロシアの拡大と毛皮交易』彩流社　2008年
- 森永貴子『イルクーツク商人とキャフタ貿易』北海道大学出版会　2010年
- 矢沢英一『帝政ロシアの農奴劇場』新読書社　2001年
- 吉田金一『近代露清関係史』近藤出版社　1974年
- ラヂーシチェフ『ペテルブルグからモスクワへの旅』渋谷一郎訳　東洋経済新報社　1958年
- ロートマン『ロシア貴族』桑野隆・望月哲男・渡辺雅司訳　筑摩書房　1997年

第五、六章

- 有馬達郎『ロシア工業史研究』東京大学出版会　1973年
- ヴァリツキ『ロシア資本主義論争』日南田静真他訳　ミネルヴァ書房　1975年
- 石川郁男『ゲルツェンとチュルヌィシェフスキー』未来社　1988年

XXv.). 2t. SPb. 1999
- Riasanovsky,N.V *Russian Identities. A Historical Survey.* Oxford UP., 2005

第一章

- 『イーゴリ遠征物語』木村彰一訳　岩波文庫　1983年
- 石戸谷重郎『ロシアのホロープ』大明堂　1980年
- 井上浩一「都市コンスタンティノープル」岩波講座『世界歴史』7巻　1998年
- グーレウィチ『バイキング遠征誌』中山一郎訳　大陸書房　1971年
- 栗生沢猛夫『ボリス・ゴドノフと偽のドミトリー』山川出版社　1997年
- 栗生沢猛夫『タタールのくびき』東京大学出版会　2007年
- 栗生沢猛夫『「ロシア原初年代記」を読む』成文社　2015年
- スクルィンニコフ『イヴァン雷帝』栗生沢猛夫訳　成文社　1994年
- 中村喜和編訳『ロシア中世物語集』筑摩書房　1970年
- 中村喜和編訳『アファナーシエフ　ロシア民話集』上下　岩波文庫　1987年
- 濱本真実『「聖なるロシア」のイスラーム』東京大学出版会　2009年
- ハルパリン『ロシアとモンゴル』中村正己訳　図書新聞　2008年
- 松木栄三『ロシア中世都市の政治世界』彩流社　2002年
- 三浦清美『ロシアの源流』講談社選書メチエ　2003年
- 森安達也『東方キリスト教の世界』山川出版社　1991年
- ヤーニン『白樺の手紙を送りました』松木栄三・三浦清美訳　山川出版社　2001年
- リハチョフ／パンチェンコ／ポヌィルコ　『中世ロシアの笑い』中村喜和・中沢敦夫訳　平凡社　1989年
- 『ロシア原初年代記』国本哲男・中条直樹・山口巌他訳　名古屋大学出版会　1987年
- 『ロシアの家庭訓(ドモストロイ)』佐藤靖彦訳　新読書社　1984年

第二、三、四章

- アニーシモフ「ピョートル改革とロシアにとってのその歴史的帰結」田中良英訳『現代思想』25-4 1997年
- カレール＝ダンコース『エカテリーナ二世』上下　志賀亮一訳　藤原書店　2004年

参考文献

以下では基本的で、比較的入手の容易な日本語文献を中心に選んだ。ただし文学と思想の作品および研究については、膨大な数に上るため省略した。

本書全体にわたるもの

・川端香男里『ロシア』講談社学術文庫　1998年
・高尾千津子『ロシアとユダヤ人』東洋書店（ユーラシア・ブックレット）2014年
・田中陽兒『世界史学とロシア史研究』山川出版社　2014年
・田中陽兒・倉持俊一・和田春樹編『世界歴史大系　ロシア史』全３巻　山川出版社　1994〜97年
・中嶋毅編『新史料で読むロシア史』山川出版社　2013年
・中村喜和・和田春樹『世界歴史の旅　ロシア―モスクワ・サンクトペテルブルク・キエフ―』山川出版社　2013年
・藤本和貴夫・松原広志編『ロシア近現代史』ミネルヴァ書房　1999年
・米川哲夫編『世界の女性史・ロシア』評論社　1976年
・和田春樹編『新版ロシア史』山川出版社　2002年
・『新版ロシアを知る事典』平凡社　2004年
・クリュチェフスキー『ロシア史講話』全５巻　八重樫喬任訳　恒文社　1979〜83年
・スミス／クリスチャン『パンと塩　ロシア食生活の社会経済史』鈴木健夫他訳　平凡社　1999年
・ニコリスキー『ロシア教会史』宮本延治訳　恒文社　1990年
・ビリントン『聖像画と手斧　ロシア文化史試論』藤野幸雄訳　勉誠出版　2000年
・ファン＝デル＝オイェ『ロシアのオリエンタリズム』浜由樹子訳　成文社　2013年
・ミルナー＝ガランド／デエフスキー『ロシア・ソ連史』吉田俊則訳　朝倉書店　1992年
・ロシア史研究会編『ロシア史研究案内』彩流社　2012年
・リハチョーフ『文化のエコロジー』長縄光男訳　群像社　1988年
・Hosking,G　*Russia. People and Empire.* Harvard UP., 1997
・Mironov,B.N　*Sotsial'naia istoriia Rossii perioda imperii(XVIII-nachalo*

西暦	ロシア	その他の世界
1959	フルシチョフが訪米し、アイゼンハワー大統領と会談	キューバ革命
1960	中ソ対立が表面化	
1961	ガガーリンが地球一周の宇宙飛行に成功	ベルリンの壁の構築
1962	キューバ危機。ソルジェニーツィンが『イワン・デニーソヴィチの一日』発表	
1964	フルシチョフ退陣、ブレジネフが第一書記に	
1968	チェコスロヴァキアの「プラハの春」にソ連軍が侵攻	1966年、中国で文化大革命が拡大
1974	ソルジェニーツィンを国外追放	1973年、第1次石油ショック
1979	ソ連軍がアフガニスタンに侵攻	
1980	モスクワでオリンピック開催。物理学者サハロフがゴーリキーに流刑（1986年解除）	ポーランドで「連帯」の活動が活発化
1982	ブレジネフ死去。後継の書記長アンドロポフ、チェルネンコはいずれも短命政権	
1985	ゴルバチョフが書記長に就任	
1986	チェルノブイリ原発事故。ペレストロイカの開始	
1988	ロシアの「受洗」1000年祭	1989年、ベルリンの壁崩壊。東欧各国で「革命」
1990	大統領制を導入し、共産党一党制を廃止。市場経済への移行	
1991	反ゴルバチョフのクーデタ失敗。ロシア連邦大統領にエリツィン就任。ソ連邦の廃止	ユーゴで内戦勃発
1996	エリツィン大統領再選	1993年、EU創設
2000	プーチンが大統領に就任	

西暦	ロシア	その他の世界
1918	ブレスト・リトフスク条約。内戦と干渉戦の開始。皇帝ニコライ一家、殺害される	
1919	コミンテルンの結成	ヴェルサイユ条約調印
1921	新経済政策（ネップ）の導入	
1922	ソヴィエト連邦の成立。スターリンが共産党書記長に就任	
1924	レーニンが死去	
1928	穀物調達の危機。五ヵ年計画の開始（計画案採択は1929）。スターリンとブハーリンの対立深まる。ショーロホフ『静かなドン』発表	
1929	トロツキーを国外追放。全面的農業集団化、文化革命の開始	アメリカで経済恐慌
1934	国際連盟加入。キーロフ暗殺される	1931年、満州事変
1935	モスクワの地下鉄開通。スタハーノフ運動の開始	
1936	スターリン憲法制定。翌年にかけて「大テロル」が起こる	日独防共協定 1937年、日中戦争始まる
1939	ノモンハン事件。独ソ不可侵条約結ぶ	
1941	日ソ中立条約結ぶ。独ソ戦の開始	
1943	スターリングラード戦の勝利	
1945	対独戦に勝利。対日参戦。第二次大戦が終結、ロシアは2700万人の犠牲者を出す	
1946	東西冷戦の開始。アフマートワらがソ連作家同盟から除名	チャーチルが「鉄のカーテン」演説
1950	朝鮮戦争が始まり、ソ連は「北」を支援	
1953	スターリンが死去。水爆実験	
1954	エレンブルクが『雪どけ』発表	
1955	ワルシャワ条約機構軍の発足	
1956	第20回党大会でフルシチョフがスターリン批判。ハンガリー事件	
1957	人工衛星スプートニクの打ち上げ成功。パステルナークが『ドクトル・ジヴァゴ』発表	

西暦	ロシア	その他の世界
1881	アレクサンドル２世暗殺。アレクサンドル３世が即位。専制護持の詔書	
1882	ポグロムが頻発し、ユダヤ人特別規定を制定	
1883	マルクス主義結社「労働解放団」の設立	
1891	シベリア横断鉄道の建設着工。南ロシアで大飢饉が発生	大津事件起こる
1892	セルゲイ・ヴィッテが財務大臣に就任	
1894	ニコライ２世が即位	日清戦争始まる
1897	金本位制の導入。初めての国勢調査	アメリカ、ハワイ併合
1898	モスクワ芸術座の設立	米西戦争始まる
1901	エスエル党結成。宗務院がトルストイを破門	
1902	農民運動の勃発。ゴーリキー『どん底』発表	
1903	社会民主労働党（後の共産党）第２回大会。キシニョフでポグロム起こる	
1904	日露戦争勃発。内務大臣プレーヴェが暗殺	
1905	「血の日曜日」事件と第１次革命。日本とポーツマスで講和条約。十月詔書による「市民的自由」の付与。カデット党の創立	孫文らが中国同盟会を結成。アインシュタインが相対性理論を発表
1906	国家基本法（憲法）制定。国会を開設。ストルイピン首相による土地改革の開始	
1909	ストルーヴェらが『道標』を刊行	
1911	ストルイピン首相、キエフで暗殺	中国で辛亥革命
1912	シベリアのレナ金山労働者射殺事件。『プラウダ』創刊	
1913	ロマノフ王朝300年記念祭が行われる	
1914	第一次世界大戦に参戦、ドイツに宣戦布告	
1915	霊能者ラスプーチンの皇帝夫妻への影響力が強まる	
1916	ラスプーチン殺害される。戦況の悪化	
1917	二月革命により帝政廃止、臨時政府が発足。「十月革命」で、レーニンのボリシェヴィキが権力掌握	

西暦	ロシア	その他の世界
1810	国家評議会の設置	
1812	ナポレオンのロシア遠征。モスクワ大火	
1814	アレクサンドルのロシア軍、パリ入城	
1816	屯田制の実施	
1819	ペテルブルク大学の設立	
1825	ニコライ１世即位。デカブリストの蜂起	
1830	スペランスキーによる『ロシア法大全』の編纂始まる	
1832	「名誉市民」身分の創設	
1834	カフカース戦争（～1861）	
1836	グリンカのオペラ『皇帝に捧げた命』、チャアダーエフ『哲学書簡』発表	1837年、イギリスでヴィクトリア女王即位
1842	ゴーゴリの小説『死せる魂』第１部発表	1840年、アヘン戦争起こる
1848	ヨーロッパ革命にロシア軍を派遣。ペトラシェフスキー事件起こる	
1851	モスクワ―ペテルブルク間の鉄道開通	
1853	クリミア戦争始まる	ペリーが浦賀に来航
1855	ニコライ１世死去、アレクサンドル２世即位	
1856	パリ条約。「上からの解放」の準備	
1861	農奴解放令。「大改革の時代」の開始	リンカーンがアメリカ大統領に就任。アメリカで南北戦争起こる（～1865）
1863	チェルヌイシェフスキーの『何をなすべきか』発表	
1864	ゼムストヴォ制度の導入。司法改革始まる	
1865	トルストイ『戦争と平和』発表	
1866	カラコーゾフ事件。ドストエフスキー『罪と罰』発表	
1867	アラスカをアメリカ合衆国に売却	マルクス『資本論』第１巻刊行
1868	中央アジアのサマルカンドとブハラ占領	
1874	「民衆のなかへ」運動始まる	1875年、日露間で樺太千島交換条約
1878	トルコとサン・ステファノ条約を結ぶ	

西暦	ロシア	その他の世界
1754	ペテルブルクに冬宮を建設。貴族貸付銀行の開設	
1755	モスクワ大学の開設	
1761	ピョートル３世が即位	
1762	「貴族の解放令」発布。クーデタにより女帝エカテリーナ２世が即位	ルソー『社会契約論』刊行
1765	自由経済協会の設立	
1767	法典編纂委員会を招集。「訓令」の発表	
1768	オスマン帝国との戦争開始	
1772	第１次ポーランド分割（第２次は1793年、第３次は1795年）	
1773	プガチョフの大反乱が起こる（～1775）	
1774	オスマン帝国とクチュク・カイナルジ条約を結び、黒海へ進出	
1775	地方行政基本法発布	アメリカ独立戦争(1775～1783)
1776	ポチョムキンにより黒海艦隊が編制される	
1782	「青銅の騎士像」の除幕	
1783	クリミア・ハン国を併合。ウクライナに農奴制の導入	
1785	貴族と都市への恵与状	1786年、最上徳内ら千島を探検
1790	ラジーシチェフが『ペテルブルクからモスクワへの旅』を刊行する	1789年、フランス革命
1791	日本人の大黒屋光太夫、エカテリーナに謁見	1792年、ロシア使節ラクスマンが根室に来航
1796	エカテリーナが死去、パーヴェルが即位	
1799	ロシア・アメリカ会社の設立	
1801	クーデタによりパーヴェル殺害。アレクサンドル１世が即位	
1802	参議会廃止と８省設置。大臣会議の創設	
1803	「自由耕作民について」の勅令	1804年、ロシア使節レザノフが長崎に来航
1806	カラムジーン『ロシア国家史』の刊行開始(～1826)	
1807	フランスと「テルジットの和約」	

西暦	ロシア	その他の世界
	ヴァの戦い」で敗れる	
1702	日本人漂流民デンベイ（伝兵衛）がピョートル１世に謁見	
1703	サンクト・ペテルブルクの建設開始	
1705	徴兵令の実施。アストラハンの蜂起	
1707	ブラーヴィンの反乱	
1708	ロシア全国を８県に分けるなど、地方・軍制改革の実施	
1709	「ポルタヴァの戦い」でカール12世のスウェーデン軍に勝利	
1712	モスクワからサンクト・ペテルブルクに遷都	
1714	ハンゴー沖海戦でスウェーデン海軍に勝利。算術学校の設立。貴族に通学義務	1716年、徳川吉宗の享保の改革始まる
1718	皇太子アレクセイ事件。参議会の設置	
1719	全国人口調査の実施	1720年、清軍がチベット制圧
1721	「ニスタットの和平」で北方戦争終結。ピョートルに「皇帝」「大帝」「祖国の父」の称号が与えられ、ロシア帝国が成立。聖職参議会の発足。翌年「聖なる宗務院」と改称	
1722	帝位継承法の制定。官等表の公布	
1724	人頭税の導入。ポソシコフの『貧富の書』	
1725	ピョートル大帝が死去、エカテリーナ１世が即位。科学アカデミーの設立	
1726	最高枢密院の設置	
1727	ピョートル２世が即位	
1730	専制権力制限の試み失敗。アンナ・イワーノヴナが即位	
1731	陸軍幼年学校の設立	
1736	貴族の勤務義務を緩和	1740年、オーストリア継承戦争始まる
1741	クーデタによりイヴァン６世退位。エリザヴェータ・ペトローヴナが即位	1751年、フランスで『百科全書』刊行開始
1753	国内関税の撤廃	

西暦	ロシア	その他の世界
1613	ミハイル・ロマノフをツァーリに選出、ロマノフ王朝の始まり	なる
1619	ミハイルの父・フィラレートがポーランドから帰還して総主教となり、統治を開始	1618年、三十年戦争始まる
1632	ポーランドとの間でスモレンスク戦争	
1637	ドン・コサックによるアゾフ要塞占領(～1642)	
1645	アレクセイ帝が即位	
1648	モスクワで塩一揆、全国会議の召集	ウェストファリア条約締結
1649	「会議法典」が制定され、農奴制強化	
1652	総主教ニコンの教会改革始まる。モスクワ郊外に「外国人村」できる	
1654	ウクライナを併合	1661年、中国・清朝の康熙帝が即位。フランスでルイ14世の親政始まる（～1715）
1662	モスクワで銅貨一揆	
1666	教会会議（～1667）で儀式改革を承認、「古儀式派」が発生	
1670	ステンカ・ラージンのドン・コサック反乱が起こる（～1671）	
1676	フョードル３世が即位	
1682	フョードル帝死去。「二人のツァーリ」体制と摂政ソフィアの統治。門地制の廃止	
1687	モスクワにスラヴ・ギリシア・ラテン・アカデミーが設立される	
1688	クリミア遠征の失敗とソフィアの失脚で、ピョートル派が政権掌握	
1689	中国・清朝との間でネルチンスク条約	
1694	ピョートル１世の親政開始	松尾芭蕉『奥の細道』
1695	第１次アゾフ遠征。翌年第２次遠征でオスマン帝国を破る	
1697	西欧へ「大使節団」を派遣し、「外国人」を大量雇用	
1700	スウェーデンとの大北方戦争の開始、「ナル	

西暦	ロシア	その他の世界
1476	ハン国への貢納停止	
1478	モスクワ公国がノヴゴロド併合	
1480	「タタールのくびき」からの離脱	
1497	「法令集」の編纂	
1505	ヴァシリー３世即位。この頃、プスコフの修道士フィロフェイが「第三のローマ、モスクワ」を提唱	1501年、アメリゴ・ヴェスプッチが新大陸を探検
1533	イヴァン４世（雷帝）即位、実権は母エレーナが握る	1517年、ドイツで宗教改革始まる
1547	イヴァン４世「ツァーリ」として戴冠、親政の開始	
1549	「選抜会議」の設置（～1560）	
1552	カザン・ハン国を征服、赤の広場にヴァシリー聖堂建立。４年後にはアストラハン・ハン国を征服	
1558	リヴォニア戦争が始まる（～1583）	イギリスでエリザベス１世即位
1565	イヴァン４世のオプリチニナ政策が始まる	
1570	ノヴゴロド略奪、反対派の大量処刑の開始	
1571	クリミア・ハン国によるモスクワ破壊	レパントの海戦
1581	「ユーリの日」における農民移転を制限	
1582	イェルマークによりシビル・ハン国を征服	
1584	イヴァン雷帝死去、フョードル１世即位	
1589	モスクワに総主教座の創設	
1591	フョードル帝の弟ドミートリーが「事故死」	
1598	フョードル帝死去でリューリク王朝断絶。全国会議がボリス・ゴドノフを選出。「動乱時代」の開始	フランスのアンリ４世がナント勅令を発布し、ユグノー戦争終結
1601	大飢饉による被害甚大（～1603）	1600年、イギリス東インド会社設立
1606	ボロトニコフの反乱（～1607）	
1612	国民軍が、２年前からポーランド軍に占領されていたモスクワを解放	1611年、グスタフ２世、スウェーデン王と

年　表

西暦	ロシア	その他の世界
4-8世紀	スラヴ諸民族が、各地に分散、移住	
860頃	キリロスとメドディオスがキリル文字を考案	
862	ヴァリャーグ人のリューリク兄弟がノヴゴロド占領	
882	オレーグがキエフ国家を統一	
988	キエフ大公ウラジーミル（980〜1015）、ビザンツ皇女を娶り、ギリシア正教を受容	
1019	ヤロスラフ１世（賢公）が、キエフ大公になる（〜1054）	1054年、東西ローマ教会が分裂
1037	キエフのソフィア大聖堂建立	
1110頃	『原初年代記』が編纂される	1096年、第1回十字軍が出発
1156	ユーリ・ドルゴルキーがモスクワを建設	
1187頃	キエフ・ルーシの代表的叙述文学『イーゴリ軍記』が成立	1206年、テムジンがモンゴルを統一
1237	バトゥ指揮下のモンゴル軍、ロシアに侵攻	
1240	キエフが陥落	
1242	アレクサンドル・ネフスキーが「氷上の戦い」でドイツ騎士団を破る	
1243	キプチャク・ハン国の樹立、首都はサライにおく。「タタールのくびき」の始まり	1260年、モンゴルのフビライがハン位につく
1270	ノヴゴロドがハンザ同盟に加入	
1299	府主教座がキエフからウラジーミルへ移管	オスマン朝樹立
1325	イヴァン１世（巾着公）がモスクワ大公に。府主教座がウラジーミルからモスクワへ移管	1328年、フランスでヴァロワ朝創始
1340頃	トロイツェ・セルギエフ修道院建立	1338年、足利尊氏征夷大将軍になる
1380	モスクワ大公ドミートリー・ドンスコイが「クリコーヴォの戦い」でモンゴル軍を破る	
1425	ヴァシリー２世（盲目公）がモスクワ大公に。大公位をめぐり内乱（〜1450）	1453年、コンスタンティノープル陥落し、ビザンツ帝国滅ぶ
1462	イヴァン３世（大帝）がモスクワ大公に即位	
1472	イヴァン３世、ビザンツの皇姪ゾエと結婚	

ていたが、第一次大戦と革命の勃発によって土地改革は破綻した。彼自身もキエフで観劇中に警察のスパイによって射殺された。

パーヴェル・ニコラエヴィチ・ミリュコーフ Pavel Nikolaevich Milyukov（1859～1943） 立憲君主党カデットの指導者。モスクワ大学歴史・文献学部でクリュチェフスキーに師事して、1886年から専任講師としてロシア史を研究・講義した。その後政府の反動政策に抗議して大学を辞め、1905年にはカデット党を組織して自由主義の立場に立った政治活動を展開した。1917年の二月革命後は臨時政府の外相に就任して、「勝利に終わるまでの戦争の遂行」政策を掲げたが、四月デモによって退陣した。十月革命後パリで長く亡命生活を送った。著書に『18世紀第一四半期の国家経済とピョートル大帝の改革』『ロシア文化史概論』などがある。

レフ・ダビドヴィチ・トロツキー Lev Davydovich Trotsykii（1879～1940） ロシア十月革命の指導者。本名はブロンシュテインでユダヤ系ロシア人、ウクライナのエリザヴェトグラード近郊に生まれる。オデッサの中等学校を出て、メンシェヴィキに加わる。1905年革命時に「永久革命」論を唱えて、ペテルブルク・ソヴィエト議長となる。革命の敗北後にシベリア流刑となるが、欧米に亡命して、1917年の二月革命後帰国する。ボリシェヴィキ党員となった彼はレーニンとともに十月革命を指揮した。ソヴィエト政権では外務人民委員として対独講和にあたった。のちにスターリンとの党内闘争に敗れて1929年に国外追放となり、1940年にメキシコで暗殺された。著書に『ロシア革命史』『裏切られた革命』などがある。

1915）　帝政期の財務大臣、ロシア最初の首相。グルジアのチフリス（現トビリシ）生まれだが、オデッサ大学物理・数学科を卒業して民間鉄道会社に入った。その手腕が認められて鉄道事業局長に抜擢され、さらに1892年に財務大臣に就任した。酒類の専売制の導入などによる財政改革、保護関税による産業保護政策、金本位制の確立、外貨の積極的な導入などを図った。シベリア横断鉄道などの鉄道建設とその関連産業の促進などに象徴される彼の工業化政策は大きな成果を挙げた。また1905年革命後はニコライ２世に譲歩を求めて、十月詔書を起草した。ロシア史上初めて立法権を持つ議会と市民的自由の導入によって革命の収拾を図るが、ニコライには疎んじられ、辞任を余儀なくされた。彼はむしろ保守的な政治家であったが、現状維持に固執せず、新しい時代にふさわしい大国ロシアを形成しようとする考えは皇帝に理解されなかったのである。

ゲオルギー・ヴァレンチノヴィチ・プレハーノフ　Georgii Valentinovich Plekhanov（1856～1918）　ロシア・マルクス主義の理論家で、メンシェヴィキの指導者。タンボフの小地主の家に生まれ、鉱業専門学校在学中にナロードニキ思想に接して運動に加わる。1876年に結成された「土地と自由」の理論的指導者となり、その分裂後にできた「土地総割替派」に属した。だが亡命後マルクス主義に転向して「労働解放団」を創設するとともに、ナロードニキのロシア資本主義没落論を理論的かつ実証的に批判する先駆的分析を行った。ロシアの現在と未来は資本主義のものであり、プロレタリアートが革命運動の担い手になる。だが当面の課題は専制体制を打ち倒すブルジョア革命であり、プロレタリア革命はその先であるとする「非連続二段階革命論」を説いた。当初レーニンと協力関係にあったが、1905年革命以後は対立した。豊かな学識で知られ、『史的一元論』『ロシア社会思想史』など多くの著書がある。

ピョートル・アルカジェーヴィチ・ストルイピン　Peter Arkadievich Stolypin（1862～1911）　帝政末期の首相。名門貴族の出で、ペテルブルク大学の卒業後は内務省に入った。グロドノとサラトフの県知事を経て、1906年に内務大臣となってロシア最初の国会運営で手腕を発揮した。同年首相となった彼は、一方で戒厳令、軍事法廷、行政流刑などの手段で社会の引き締めを図りながら、他方で言論・出版・結社および集会の自由、地方自治の近代化などの改革を推し進めた。特に共同体的農業を廃止して、「フートル農」「オートルプ農」という近代的個人農の創出を目指した土地改革に力を注いだ。そのためには国内外の「平静」が不可欠と考え

グリゴリー・アレクサンドロヴィチ・ポチョムキン Grigorii Aleksandrovich Potemkin（1739〜1791）　女帝エカテリーナ２世の寵臣。スモレンスク県の小領主の出で、1762年６月にエカテリーナ２世を担ぐクーデタに参加した。その後彼女の寵愛を得て、秘密結婚説もある。特にオスマン帝国との戦争で軍人として優れた手腕を発揮し、クリミア・ハンの併合というロシア積年の課題を成し遂げた。また黒海北岸地方の開拓を手がけ、クリミアにセヴァストーポリの街を建設して、黒海艦隊を創設した。晩年に彼はエカテリーナをクリミア旅行に招待した。この旅行は後世に急拵えの「ポチョムキンの村」という不名誉な言葉を残したが、ポチョムキンの功績に対してエカテリーナは「タウリーダ（クリミアの古い呼び名）公爵」という称号を授与して報いた。

アレクセイ・アンドレーヴィチ・アラクチェーエフ Aleksei Andreevich Arakcheev（1769〜1834）　アレクサンドル１世の寵臣。ノヴゴロド県の中小領主の出で、貴族士官学校の卒業後、優れた砲兵士官として頭角を現して1808年に陸軍大臣となった。アレクサンドル１世が政治への関心を失う1815年からの10年間は事実上国家経営の責任者であり、「アラクチェーエフの時代」と呼ばれる。特に戦後の財政再建のために立案された屯田制の実施責任者となった。これは軍隊の維持費の削減、新兵補充の円滑化、老兵の生活安定をうたっていたが、過酷な実施方法のために屯田兵の反乱を招いた。彼はアレクサンドル帝に誠心誠意仕え、いわば最後の寵臣であった。

ドミートリー・アレクセーヴィチ・ミリューチン Dmitrii Alekseevich Milyutin（1816〜1912）　帝政期の陸軍大臣。貴族の出で、モスクワ大学付属貴族寄宿学校を卒業した。いわゆる開明派官僚として農奴解放の計画立案に深く関与するとともに、解放後には陸軍大臣として軍管区制の導入、士官養成、そして国民皆兵などの軍制改革を実施した。改革によってロシアの臣民は身分の別なく等しく兵役義務を負うこととなった。現役は陸軍では６年（海軍７年）に短縮され、９年の予備役（海軍３年）が新たに設けられた。1877年からの露土戦争を戦ってロシアを勝利に導き、サン・ステファノ条約の締結にこぎつけるなどその功績はきわめて大きなものがある。次弟ニコライは内務次官、末弟ウラジーミルは経済学者として知られる。

セルゲイ・ユーリェヴィチ・ヴィッテ Sergei Yulievich Vitte（1849〜

アレクサンドル・ダニロヴィチ・メーンシコフ Aleksandr Danilovich Mensikov（1673～1729） ピョートル大帝の協力者。モスクワの庶民の出で、父親は馬丁ともいわれる。少年期にピョートルの「遊戯連隊」に加わって頭角を現し、文字通り彼の右腕として改革を支えた。北方戦争の重要な局面で彼が率いる連隊の活躍は決定的であり、また県制の導入にともなってペテルブルク県知事を任された。他方で数々の汚職や職権濫用のためにしばしばピョートルの怒りを買った。ピョートル死後に皇后エカテリーナを擁立して政治の実権を握り、また彼女から自分の娘を次期ツァーリとなる大帝の孫ピョートル２世に嫁がせる約束を取り付けた。だが彼の飽くなき権力欲は名門貴族たちと衝突して、1727年に失脚した。厖大な財産は没収され、一家はシベリアのベレゾフに流刑された。

ビロン Ernst Johan Buren（1690～1772） 女帝アンナの寵臣。バルト沿岸のクールランドの小貴族の出のドイツ人。名前はエルンスト・ヨハン・ビューレンだが、ロシアではビロンと呼ばれた。1718年からクールランド宮廷に仕えて公の未亡人アンナ・イワーノヴナの寵臣となった。1730年にアンナがロシア皇帝として招かれたとき彼もロシアにやってきて、その後10年間彼はアンナを通して事実上権力を握った。ドイツ人やバルト・ドイツ人を庇護したためロシア人の反感を買い、アンナの死亡にともなうクーデタ騒ぎのなかで権力を失った。アンナの時代はビロンが私的な利益を追求した「ビロノフシチナ」という悪名で知られているが、正確にはオステルマン、ミニフらとともに「ドイツ人の時代」であった。ピョートル大帝のように彼らドイツ人を手足として使う強力な皇帝の不在がその原因であった。

ピョートル・イワノヴィチ・シュヴァーロフ Peter Ivanovich Shuvarov（1710～1762） 女帝エリザヴェータ政府の首脳。エリザヴェータ擁立のクーデタに参加した彼は女帝の近親者と結婚し、1740年代末から政府の第一の実力者であった。特に遅れたロシア経済の近代化を進めた。国内関税の廃止と輸入関税の引き上げにみられる関税政策、領地の農民を担保にして貸し付ける貴族貸付銀行の設立、間接税への切り替え、醸造業の貴族の独占化などがそれである。もとよりそれらは親貴族的な政策で、社会にはネガティヴな影響をももたらしたが、経済の近代化政策として評価される。彼の従兄弟イヴァン・シュヴァーロフは西欧的教育を受けたフランス啓蒙の崇拝者で、モスクワ大学、芸術アカデミーの設立に尽力した。

主要人物略伝

フィラレート Filaret 俗名=フョードル・ニキーチッチ・ロマノフ Fedor Nikitich Romanov（1554頃～1633） ロマノフ王朝初代ミハイルの父親。ロマノフ家は14世紀に遡る名門貴族で、リューリク王朝断絶後のツァーリ候補でもあった。だがボリス・ゴドノフのツァーリ選出にともない一時失脚した。ゴドノフ後に彼は府主教（後に総主教）フィラレートとして復活したものの、今度はポーランドに囚われた。1613年のゼムスキー・ソボールで息子ミハイルがツァーリに選ばれた要因のひとつは、ロマノフ家の当主である彼に対する同情があったとされる。捕囚からの解放後の1619年、ミハイルの共同統治者として政治の実権を握ったが、ポーランドとのスモレンスク戦争のなかで失意のうちに亡くなった。

ボリス・イワノヴィチ・モロゾフ Boris Ivanovich Morozov（1590～1661） アレクセイ・ミハイロヴィチ帝の寵臣。特に目立った家柄の出ではないが、1633年に２代目アレクセイの扶育官に就任して貴族の官位を与えられた。アレクセイの即位にともなって政治の実権を握るとともに、アレクセイ妃の妹と再婚するなど縁戚関係を強めた。だが1646年に実施された塩税の引き上げという彼の税制改革は、モスクワの都市住民の反発と塩の買い控えを招き、撤回を余儀なくされた。モスクワの塩一揆は社会改革のきっかけとなり、モロゾフは政治の表舞台から退いた。また彼はきわめて貪欲なことで知られ、全国19郡に330ヵ村を持ち、9100農民世帯から地代を徴収していた大領主でもあった。

ヴァシリー・ヴァシリェヴィチ・ゴリツィン Vasily Vasilyevich Golitsin（1643～1714） 摂政ソフィアの寵臣。ゴリツィン家は宮廷官の官位を経ずに貴族の官位を受ける権利を持つモスクワ国家の16名門のひとつである。彼は外務官署の長官として摂政ソフィアに仕え、外交官として優れた能力を発揮した。ラテン語、ポーランド語、ドイツ語、そしてギリシア語に通じ、たくさんの蔵書を持つ当時最大の「西欧派」として知られた。その意味で「ピョートル大帝の先駆者」とされるが、クリミア遠征では成果を挙げることができず、敗北を偽ったために信頼を失った。ピョートル派の政権獲得とともに失脚して、ほとんど25年間北方で流刑生活を送った。ゴリツィン一族のなかにはピョートル派を支持したものもいて、一族すべてが途絶えたわけではなかった。

〈ワ行〉

〈マ行〉

〈ヤ行〉

〈ラ行〉

〈ナ行〉

〈ハ行〉

〈タ行〉

〈サ行〉

〈カ行〉

索 引

本巻全体にわたって頻出する用語は省略するか、主要な記述のあるページのみを示した。
＊を付した語は巻末の「主要人物略伝」に項目がある。

〈ア行〉

KODANSHA

本書の原本は、二〇〇七年三月、「興亡の世界史」第14巻として
小社より刊行されました。

土肥恒之（どひ　つねゆき）

1947年北海道生まれ。小樽商科大学卒業、一橋大学大学院社会学研究科博士課程修了。一橋大学大学院社会学研究科教授を経て、一橋大学名誉教授。社会学博士。専門はロシア社会史、史学史。おもな著書に『ロシア近世農村社会史』『ステンカ・ラージン』『岐路に立つ歴史家たち』『ピョートル大帝とその時代』『よみがえるロマノフ家』『図説帝政ロシア』『西洋史学の先駆者たち』ほか。

講談社学術文庫

定価はカバーに表示してあります。

興亡の世界史

ロシア・ロマノフ王朝《おうちよう》の大地《だいち》

土《ど》肥《ひ》恒之《つねゆき》

2016年9月9日　第1刷発行
2022年4月8日　第7刷発行

発行者　鈴木章一
発行所　株式会社講談社
東京都文京区音羽2-12-21　〒112-8001
電話　編集（03）5395-3512
販売（03）5395-4415
業務（03）5395-3615

装　幀　蟹江征治
印　刷　大日本印刷株式会社
製　本　株式会社国宝社

ISBN978-4-06-292386-6

「講談社学術文庫」の刊行に当たって

これは、学術をポケットに入れることをモットーとして生まれた文庫である。学術は少年の心を養い、成年の心を満たす。その学術がポケットにはいる形で、万人のものになることは、生涯教育をうたう現代の理想である。

こうした考え方は、学術を巨大な城のように見る世間の常識に反するかもしれない。また、一部の人たちからは、学術の権威をおとすものと非難されるかもしれない。しかし、それはいずれも学術の新しい在り方を解しないものといわざるをえない。

学術は、まず魔術への挑戦から始まった。やがて、いわゆる常識をつぎつぎに改めていった。学術の権威は、幾百年、幾千年にわたる、苦しい戦いの成果である。こうしてきずきあげられた城が、一見して近づきがたいものにうつるのは、そのためである。しかし、学術の権威を、その形の上だけで判断してはならない。その生成のあとをかえりみれば、その根は常に人々の生活の中にあった。学術が大きな力たりうるのはそのためであって、生活をはなれた学術は、どこにもない。

開かれた社会といわれる現代にとって、これはまったく自明である。生活と学術との間に、もし距離があるとすれば、何をおいてもこれを埋めねばならない。もしこの距離が形の上の迷信からきているとすれば、その迷信をうち破らねばならぬ。

学術文庫は、内外の迷信を打破し、学術のために新しい天地をひらく意図をもって生まれた。文庫という小さい形と、学術という壮大な城とが、完全に両立するためには、なおいくらかの時を必要とするであろう。しかし、学術をポケットにした社会が、人間の生活にとってより豊かな社会であることは、たしかである。そうした社会の実現のために、文庫の世界に新しいジャンルを加えることができれば幸いである。

一九七六年六月

野間省一